英国工党国有化理论和实践研究：1945—1951

高 永 著

ZHEJIANG UNIVERSITY PRESS
浙江大学出版社

前　言

　　本书研究的是 1945—1951 年英国工党的国有化理论与实践,目的是为国内关于民主社会主义的本质及其历史作用的研究奠定一个更坚实的理论与实践方面的基础。民主社会主义是国际共产主义运动史研究的重要课题。二战结束以后,欧洲各国社会党纷纷上台执政,进行民主社会主义改革,英国工党在 1945—1951 年的改革是其中的典型代表。工党政府对基础行业的国有化最能体现这次改革的民主社会主义性质。因而,研究工党国有化的理论和实践,探究资本主义国有化的本质,有利于我们对民主社会主义的本质做出正确的判断,也有利于我们研究当代资本主义的新变化。

　　十月革命后,资本主义世界体系进入总危机阶段。总危机促使资本主义国家调整经济和社会政策,以缓和阶级矛盾。随着二战的爆发,总危机进入第二阶段,各国资产阶级面临着严重的统治危机,妄图阻止社会主义革命进一步扩展。为此,资本主义国家纷纷采取改良措施,借鉴社会主义的某些做法,以延缓总危机的进一步深化。英国是殖民帝国主义国家。英国资本家坐享殖民地带来的丰厚利润,长期疏于对基础工业的技术改进,导致生产落后,经济衰退。这说明垄断资本对高额垄断利润的追逐已经阻碍了资本主义再生产的顺利进行,只有以国家政权的力量进行固定资本更新,提高技术水平,才能保障资本积累的顺利进行。进入垄断资本主义阶段后,国有化主张逐渐为英国资产阶级所接受。英国工党将费边社会主义和凯恩斯主义结合起来,提出了通过国有化来和平渐进地实现社会主义的纲领,为战后进行的民主社会主义改革奠定了理论基础。战后殖民体系的瓦解和社会主义思潮的兴起冲击着英国的资本主义制度。工党顺应人民群众的要求,实行了一系列社会改良,对煤炭、电力、煤气、自来水、通信、铁路、钢铁等基础行业进行了国有化改造。这些改革维护了资本家的利益,提高了私营部门的盈利能力。民主社会主义改革扭转了英国日益左倾的社会氛围,避免了社会矛盾的激化和革命形势的出现,使资本主义制度逐渐稳定下来。

为了保证资本主义再生产过程顺利进行,必须不断提高资本主义私有制实现形式的社会化程度,以适应生产社会化的要求。国有化就是垄断资本主义阶段资本主义私有制实现形式日益社会化的表现。资产阶级利用国家政权进一步加强了私有制,虽然在一定程度上恢复了资本主义实现资本积累的能力,但也进一步加深了资本主义的基本矛盾。

本书得出两个结论:1945—1951 年工党国有化实践的特殊本质是英国资产阶级在资本主义总危机的历史背景下,为缓和阶级矛盾,挽救资本主义私有制而对所有制进行的局部调整。资本主义国有化的一般本质是垄断资本主义实现资本积累的一种辅助的但必要的手段,是国家垄断资本主义的一种表现形式。因此,资本主义国有化是私有制的一种实现形式,并不具备社会主义的性质。

本书的分析及结论是否成立,希望能得到学界同人的批评指正。

高 永

2020 年夏于杭州紫金西苑

目　　录

第1章　引　论……………………………………………………… 1

　1.1　选题的背景和意义 …………………………………………… 1

　1.2　研究对象和研究范围………………………………………… 10

　1.3　以往研究述评………………………………………………… 14

　　1.3.1　国内研究述评 ………………………………………… 15

　　1.3.2　国外研究述评 ………………………………………… 24

　1.4　研究方法……………………………………………………… 29

　　1.4.1　历史辩证法 …………………………………………… 30

　　1.4.2　抽象归结法 …………………………………………… 32

　　1.4.3　阶级分析法 …………………………………………… 34

　1.5　写作思路、篇章结构与创新之处 …………………………… 37

第2章　历史背景：资本主义总危机中的英国……………………… 40

　2.1　资本主义总危机的阶段性和周期性………………………… 41

　2.2　总危机第一阶段与英国垄断资本主义的发展……………… 53

　　2.2.1　第一次世界大战与英帝国的衰落 …………………… 54

　　2.2.2　十月革命和苏联社会主义建设对英国的影响 ……… 58

　　2.2.3　大萧条与英国资本主义发展模式的转换 …………… 65

　2.3　总危机第二阶段与1945年工党执政 ……………………… 73

　　2.3.1　第二次世界大战对英国的影响 ……………………… 74

　　2.3.2　英国社会左倾氛围的进一步发展 ……………… 78

　　2.3.3　第二次世界大战对工党执政的利弊 ……………… 81

第3章　理论准备：英国工党国有化思想的形成 …………… 85

　3.1　英国工党的民主社会主义理论 ………………………… 85

　3.2　英国国有化思想的理论来源 …………………………… 91

　　3.2.1　英国空想社会主义者的公有制思想 ……………… 92

　　3.2.2　费边社早期的公有制理论 ………………………… 99

　3.3　工党对国有化理论的探索 ……………………………… 105

　　3.3.1　工党主要领导人的国有化思想 ………………… 105

　　3.3.2　工党纲领中的国有化主张 ……………………… 114

　3.4　凯恩斯主义与工党民主社会主义理论的融合 ………… 119

　3.5　1945年以前工党关于国有化的争论 ………………… 122

第4章　实践进程：1945—1951年英国国有化改革经过 ……… 128

　4.1　1945—1951年工党国有化改革概述 ………………… 128

　4.2　开端：英格兰银行的国有化 …………………………… 132

　4.3　扩展：基础行业的国有化 ……………………………… 134

　　4.3.1　煤炭行业的国有化 ……………………………… 134

　　4.3.2　自然垄断性行业的国有化 ……………………… 139

　　4.3.3　运输业国有化 …………………………………… 143

　4.4　尾声：钢铁行业国有化与反国有化运动 ……………… 145

　　4.4.1　钢铁行业的国有化 ……………………………… 145

　　4.4.2　关于国有化的争论和反国有化运动 …………… 146

　　4.4.3　国有化实践的结束 ……………………………… 149

第5章　历史影响:英国资本主义的稳定与发展 ························ 153

5.1　对战后英国经济的影响 ······························· 154

5.2　对英国阶级关系的影响 ······························· 166

5.3　对英国工党的影响 ································· 174

　　5.3.1　对英国工党执政的影响 ······················ 175

　　5.3.2　对工党国有化理论的影响 ···················· 177

第6章　讨论与结论:1945—1951年英国工党国有化实践的本质 ······ 182

6.1　特殊本质:缓和英国资本主义制度危机的手段 ··············· 182

6.2　一般本质:实现资本积累的辅助而必要的形式 ··············· 185

参考文献 ··· 190

　（一）中文文献 ····································· 190

　（二）英文文献 ····································· 198

后　　记 ··· 205

致　　谢 ··· 207

第1章 引 论

1.1 选题的背景和意义

回顾 20 世纪的世界历史,最为引人注目的,莫过于人类社会分裂为两大体系:社会主义和资本主义。两大体系之间的对立和交流、和平与斗争,构成了整个 20 世纪最为浓墨重彩的篇章。一方是社会主义取得胜利、得以扩展和遭遇困境,进而在部分国家探索出一条新的社会主义道路的历史;另一方则是资本主义的危机、复苏和繁荣交替进行,并成功地实现了对苏联、东欧社会主义国家的和平演变的历史。

在回顾这段历史时,我们不应仅仅满足于还原历史的表面现象,而应该对如此波澜壮阔的历史作出更为深刻的解读,探究其起伏进退的根本动因,把握历史变迁的本质。在人类社会中,所有制的变革是一切社会变革的基础,因而,我们要探究历史变迁的根本动力,就不能不研究历史上所有制的变迁。伴随 20 世纪东西方历史的是各国所有制结构的变革:在社会主义国家,表现为公有制的建立、改革或者私有化;在资本主义国家,表现为国有化和私有化之间的摇摆不定。无论西欧老牌的资本主义国家还是新兴的社会主义国家,在第二次世界大战之后都进行了不同程度的生产资料的国有化或公有化。最终因为社会制度的不同,各国的国有化实践呈现出不同的特征,导致了不同的社会经济结果。

在 20 世纪的世界历史中，资本主义国家始终面临着一个共同问题——如何抵御、消除社会主义革命的威胁，以巩固资本主义制度。为此，发达资本主义国家普遍采取了一些措施，例如在国际上抹黑社会主义国家的形象，实施和平演变政策。在国内，一方面打击本国的共产党和工人运动；另一方面采取一些改良措施，改善人民生活，缓解资本主义社会的各种矛盾，以换取人民群众对资本主义制度的暂时容忍。其中，战后在欧洲各国得以广泛实施的国有化政策就是这些改良措施中的一种。在资本主义各国的国有化实践中，战后初期英国工党的国有化实践是其中影响最大、最为典型的代表，为战后西欧各国的民主社会主义改革树立了样板，也为民主社会主义理论体系的正式形成奠定了实践基础。

对资本主义演变历史的研究，国际学界总是把英国作为典型。这一方面是因为英国是资本主义最先发展起来的国家之一。资本主义在英国的发展不仅最为成熟，而且最为典型，对世界各国确立资本主义经济、政治制度的影响也最大，因此，对英国进行深入的研究就能够窥见资本主义历史进程的整体；另一方面是因为，英国曾经长期占据世界霸主的地位，它在 20 世纪逐渐开始衰落，这是否预示了资本主义世界体系即将面临衰落？这种衰落是否意味着资本主义制度将被一种新的社会制度所代替？这些疑问始终是世界各国学者在有关英国的研究中所试图回答的潜在问题。

英国工党是 20 世纪初才成立的一个以工人阶级为主体的政党。以 1918 年工党党章的通过为标志，英国工党成为一个以实现社会主义为宗旨的党，并成为欧洲民主社会主义的肇始者。二战结束以后，英国迎来了一个十分特殊的时期，英帝国力量急速衰落，殖民体系彻底瓦解，国内危机重重。在这种情况下，两党达成共识，为挽救英国资本主义制度而勠力同心，形成了一直为世人所称道的"共识政治"局面。工党得以在危机中上台，并较为广泛地实践了其民主社会主义的理论，对一些基础工业实行了国有化改革,建立了让英国人引以为傲的从"摇篮"到"坟墓"的"福利国家"体系,对英国和欧洲资本主义的发展起到了深远影响。1945—1951 年的两届工党政府使工党第一次有机会对其民主社会主义理论进行较为全面的实践。

1951 年,在英国工党的领导下,各国社会党在法兰克福国际社会党代表大会上成立了社会党国际,这一组织成为现代民主社会主义运动的大本营,对战后欧洲各国的民主社会主义实践起到了积极的推动作用。由于英国工党在 1945—1951 年执政期间对民主社会主义理论进行了卓有成效的大规模实践,工党对社会党国际的发展和民主社会主义思想的演变一直发挥着重要影响。英国工党的浮沉也反映了民主社会主义的发展历程及其在国际政治谱系中的地位变化。

在 1945—1951 年艾德礼执政时期,工党的民主社会主义在理论上趋于完善,在实践上得到落实。在工党民主社会主义实践的各个方面,如国有化、"福利国家"体系建设、英联邦的建立等改革中,最能够体现民主社会主义理论主张的便是国有化和"福利国家"建设,而其中最能体现科学社会主义与民主社会主义不同之处的就是国有化实践。国有化是工党为实现所宣称的社会主义目标而提出的主要政策主张。虽然在各国社会党的历史上,他们长期"不敢提出生产资料公有制的问题,不敢分析和面对现实社会中的财产问题"(刘书林,2004)[27],对生产资料公有制也常常含糊其辞,语焉不详。但是在特定的情况下,英国工党却进行了类似生产资料公有制改造的尝试。1945—1951 年的国有化是工党历史上第一次真正将党章中的"第 4 条"——令工党标榜自己是社会主义政党的公有制条款——付诸实施。但这次国有化实践在当时和此后的几十年中却备受诟病,促使工党对民主社会主义理论进行"修正"。此后,英国工党从把公有制视为实现社会主义的前提条件转变到在实践上和理论上逐渐放弃公有制,直至布莱尔时期对公有制条款作出正式的修正。这次修正实际上是以修改党章的方式对逐渐放弃公有制目标的做法加以正式的确认。

对于英国的国有化政策，有两种观点有较大影响。一种是从经济效率的角度考虑，认为英国的国有化改革是导致"英国病"①的主要原因，国有化降低了英国工业部门的生产效率，阻滞了英国经济的发展，因而国有化政策本身就是错误的，应该对国有经济体系进行私有化改革，例如以撒切尔夫人为代表的英国保守党和新自由主义经济学就持这种观点。另一种则认为英国的国有化政策是资本主义社会产生的社会主义因素，可以通过国有化程度的提高最终使资本主义"和平长入"社会主义。这是民主社会主义的观点。国有化究竟阻碍了资本主义的发展还是促进了资本主义的发展？究竟是新的资本主义性质的社会因素还是资本主义社会出现的具有社会主义性质的因素？这些问题关涉人们对当今世界历史发展方式和国有经济历史作用的评价，是长期以来令人感到困惑的问题，值得认真探讨。要判断这两种观点正确与否，就要正确回答上述问题，仅从新自由主义经济学或民主社会主义的视角来判断是难以获得客观和全面的认识的，只根据统计数据和表面现象来考察也是不够的，研究这一问题，必须科学揭示1945—1951年英国工党国有化实践的本质。

笔者开展本课题的研究之时，正值肇端于2008年的世界经济危机

---

① "英国病"是指英国在20世纪70年代所出现的高通货膨胀和低经济增长率相伴随的"滞胀"现象。在这种经济状况下，传统自由放任的经济政策和凯恩斯主义的国家调控政策都失去作用。国内部分经济学家把这种困境归咎于英国的国有经济。这种现象并非英国独有，而是当时资本主义各主要发达国家面临的共同问题。实际上，"英国病"一词从20世纪初英国经济逐渐走向衰落之时就出现了，用以描述英国工业技术落后，设备陈旧，但资本家又不愿更新技术设备，以提高国际竞争力的现象。"英国病"的症状，从纵向看，表现为主要经济指标增长缓慢；从横向看，表现为英国在世界中的经济地位日趋下降。"'停停走走'的经济、通货膨胀——失业并发症与国际收支危机的交织、收入分配与经济效率之间的矛盾、地方经济发展的不平衡性和分权主义日益严重的趋势，这就是'英国病'的主要症状。……'英国病'不等于一般所谓'工业化以后社会'的病症，而是最早实现工业化的资本主义国家特有的病症。"（参见罗志如、厉以宁：《二十世纪的英国经济："英国病"研究》，北京：人民出版社，1982年版，第1页。）这种现象的出现，反映了旧的帝国体系对英国经济发展的阻碍。衰落中的英国经济就像个病人，拖着沉重的"帝国病体"，蹒跚前进，因此称为"英国病"。

不断加深之际。在这次危机中,各资本主义发达国家纷纷加强了对本国经济的控制,并对金融业等关键行业实施了一定程度的国有化。以往关于资本主义已经克服了自身的基本矛盾,资本主义制度将成为人类历史终结的观点,关于自由市场至上的新自由主义的观点受到广泛的质疑。人们开始反思二战之后资本主义国有化和私有化交替进行的理论和实践。时至 2020 年,世界各国正在经历 COVID-19(Coronavirus Disease 2019,新型冠状病毒肺炎)疫情,面对空前严重的公共卫生危机以及由此引起的经济和金融动荡,各发达资本主义国家都出现了不同程度的民众抗议浪潮和底层社会舆论的"左转"倾向,对包括医疗卫生机构在内的诸多行业进行国有化的呼声再次响起。2015 年,杰里米·科尔宾在工党党内选举中出人意料地获胜。作为工党"左翼",科尔宾长期坚持民主社会主义理念,主张对铁路和公用事业进行国有化。"作为一个传统的民主社会主义者,科尔宾对布莱尔时期工党的新自由主义化十分痛心,提出一系列回归传统的政策主张。在看似早已成为定论的所有制和国有化问题上,科尔宾不满足于米利班德发挥私人和公共部门两种优势的看法,而对公有制的优点进行详细的阐述,提出在金融、铁路、教育、能源等多个领域重新国有化,把公用事业重新纳入公有制行列的主张,从而给民众提供更好的公共服务。"(李华锋,2019)虽然 2019 年底的英国大选中工党出现策略失误,损失惨重,科尔宾也黯然下台,但科尔宾能够上台本身就反映了英国民众对社会主义的态度正在发生变化。这些变化表明,在这样一个特殊的历史时期,深入研究 1945—1951 年英国工党的国有化实践,具有十分重要的理论意义和现实意义。

第一,弄清英国工党国有化实践的本质,可以为我们判定英国工党等社会党的性质打下坚实的基础,有利于正确处理与各国社会党的关系。社会党是现代国际社会中一类重要的政治力量,中国共产党从 20 世纪 80 年代开始与各社会党建立关系,并将其确定为友党。在今后可以预见的较长时期内,社会党仍旧会长期存在并对资本主义国家产生持久的影响。正确处理与各国社会党的关系，对扩大我国对外交流的范围，提高党和政府在国际社会的影响力，改善我国的国际形象，具有重要作用。而正确的党际交往政策的制定，必须以对各国政党的历史、理论和政策的科学把握为基础，其中对各政党性质的准确判断，更是我们制定党际交往政策的根基。

英国工党究竟是什么性质的政党？这个问题一直存在争议。学界有人认为，英国工党是工人阶级的政党，因为它的大部分党员都是工人，并且其政策主张能够反映工人的要求。有人则认为英国工党是一个资产阶级政党，因为它主张在资本主义制度的框架之下进行缓慢、渐进的改良，这无疑有利于维护资产阶级的根本利益。对于如何判断政党的性质，列宁曾经指出："确定一个党是不是真正工人的政党，不仅要看它是不是由工人组成的，而且要看它是由什么人领导以及它的行动和政治策略的内容如何。只有根据后者，才能确定这个党是不是真正无产阶级的政党。"（列宁，2017）[249]要准确地判断工党的性质，应该按照列宁提出的判断政党性质的标准，即根据这个政党的领导人及其行动纲领来判断。因此，我们应该具体地考察英国工党所采取的政策，考察它的政策的实际效果是有利于无产阶级，还是有利于资产阶级。在 20 世纪的大部分时间里，国有化都是英国工党所宣扬的实现社会主义的主要手段，也是工党奋斗的重要目标，是最能体现工党的民主社会主义色彩的政策，所以，国有化政策可以集中地反映英国工党及其民主社会主义主张的真实性质。

第二，可以为我们研究当代资本主义的新特点、新变化提供历史依据。对当代资本主义的新变化进行追踪研究具有重要意义，列宁曾经指出，要"理解帝国主义的经济实质这个基本经济问题，不研究这个问题，就根本不会懂得如何去认识现在的战争和现在的政治"（列宁，2012b）[576]。同样，国有化作为战后资本主义各国普遍出现的现象，如果不对其进行系统全面的研究，就不能准确认识当代资本主义，不能全面把握当今国际政治经济演变的新态势。工党是英国两大政党之一,在战后的英国政坛中发挥着至关重要的作用。工党的民主社会主义实践"对英国资本主义生产关系的调整产生着不容忽视的影响。因此,研究工党民主社会主义的理论及实践,同时也是考察英国资本主义发展演化的过程"(张晓,1995)[1]。国有化是战后英国资本主义的一个重要变化。资本主义国家进行生产资料国有化改革的根本原因是什么? 这种国有化改革采取了哪些形式,产生了什么影响? 资本主义国有化的本质究竟是什么? 研究战后资本主义新变化,这些问题都是我们必须回答的。

随着资本主义的发展和扩张,资本主义生产关系在全世界得以确立,因此马克思对英国资本主义的研究也同样适用于其他国家。恩格斯曾说:"现代大工业已经在如此大的程度上使所有出现了这种工业的国家的经济关系趋于平衡,以致我要向德国读者说的和要向美、英两国读者说的几乎没有什么两样了。"(马克思,恩格斯,2012)[65]本书对战后初期英国国有化的研究也同样适用于其他资本主义国家,特别是欧美发达资本主义国家。在这个意义上可以说,对英国的研究就是对一般资本主义的研究。研究英国工党的国有化实践有利于加深对资本主义发展一般规律的认识,有助于揭示资本主义发展到国家垄断资本主义阶段后所出现的新特征、新表现,从而弄清楚资本主义国有化这种新因素究竟是社会主义性质的新因素,还是资本主义性质的新的社会因素,进而回应和批判民主社会主义思潮关于资本主义可以"和平长入"社会主义的观点。

第三,研究战后初期英国工党国有化实践的本质,有助于进一步推进和发展马克思主义政治经济学。对现代资本主义生产方式的新情况进行追踪研究是当代马克思主义者的历史任务。马克思是在对资本主义生产方式进行了彻底的研究之后才最终创立了科学的理论体系的,但他并没有终结这一研究过程。遵循马克思主义的立场、观点和方法,沿着马克思的足迹继续研究 19 世纪末以来,特别是第二次世界大战以来资本主义生产方式的新变化,揭示这种变化的世界历史意义,才能使马克思主义彰显与时俱进的理论品质。国有化是资本主义国家进入国家垄断资本主义阶段后在一定程度上普遍采取的经济政策,为什么国家垄断资本主义需要国有化来作为资本主义私有制的补充? 国有化是不是国家垄断资本主义发展的必然结果? 这种生产资料所有制上的变化对资本主义的未来发展是否具有某种预示的历史意义? 抑或只是暂时的调整和纠偏? 1945—1951 年的工党国有化实践虽然只是当代英国经济史的一个局部的、阶段性的现象,但却反映了 19 世纪末以来资本主义私有制所面临的困境:如何在私有制的范围内解决或者缓解生产资料的资本主义私有制与生产的社会化程度不断提高之间的矛盾?[①] 从这个意义上讲,研究 1945—1951 年英国工党的国有化实践有助于我们推进马克思主义政治经济学对当代资本主义新变化的研究,有利于增强马克思主义对当代资本主义的解释力,有利于我们继承和发展马克思主义。

第四,为准确判断民主社会主义的本质,厘清科学社会主义和民主社会主义的本质区别提供历史依据。回顾 20 世纪的国际共产主义运动史,有些国家的共产党逐步向社会党蜕变,这是 20 世纪国际社会主义运动最惨痛的教训之一。这种蜕变导致了东欧剧变和苏联解体,给世界社会主义运动带来沉重的打击。因此,划清社会党和共产党的根本界限,杜绝共产党向社会党的蜕变,是保证马克思主义政党健康发展的前提条件。在世界社会主义运动中,社会党人的国有化到底做了些什么,其国有化的性质是什么? 社会党人实施的国有化与共产党人在社会主义革命中进行的公有制改造之间有什么不同? 科学准确地回答这些问题是

[①] 资本主义不可能解决资本主义私有制和生产社会化之间的矛盾,但资本主义可以通过调整和改良来使这一矛盾暂时得到缓和,虽然这种调整和改良"不过是资产阶级准备更全面更猛烈的危机的办法,不过是使防止危机的手段越来越少的办法"。(参见《马克思恩格斯文集》第 2 卷,北京:人民出版社,2009 年版,第 37 页。)因此,这种调整也不过是使缓解资本主义基本矛盾的手段越来越少,使资本主义生产关系的调整空间越来越狭小。

我们划清资本主义和社会主义在所有制上的根本界限的前提。因此,研究战后英国工党的国有化改革,可以从生产资料所有制这一根本维度上为我们划清科学社会主义和民主社会主义的根本界限提供坚实的历史依据,使我们在坚持科学社会主义的道路上走得更加稳健。

第五,可以为我们研究资本主义政党与所有制的关系奠定基础。在1945—1951年工党执政期间,在对待国有化的态度上,工党和保守党时而表现出高度的一致性,乃至出现"共识政治"的和谐局面,时而又态度迥异,针锋相对,这种态度的变化究竟是出于何种原因? 两党交替执政的民主制度对国有化改革和国有企业的生产经营有什么影响? 执政党的更迭对维护资本主义制度究竟有什么作用? 这些问题都可以从对工党的国有化实践的考察中得到启示。1945—1951年是英国工党的民主社会主义理论出现重大变化的一个转折点,而造成这种转折的原因之一就是工党在国有化实践中暴露出的种种问题。因此,研究这一时期工党的国有化实践,对于我们探索现代资本主义政党的变化规律有一定的启发意义。

第六,研究战后初期英国工党的国有化实践,有利于我们总结资产阶级保持资本主义制度长期稳定的基本经验,总结国际共产主义运动和国际工人运动的教训。作为一项社会改良政策,国有化是英国统治阶级统治策略的一个重要部分,在 20 世纪曾不同程度地实施过多次,对英国的阶级状况产生了重大影响。英国工人阶级曾经具有很强的革命性,但英国历史上却一直没有爆发过大规模的无产阶级革命,对现代英国民主制度影响深远的宪章运动也主要采取和平的方式。在 20 世纪上半期,世界社会主义革命风起云涌,但英国却相对平静。除了在世界资本主义体系中处于有利位置这一原因之外,英国资产阶级还采取了哪些措施来缓和社会矛盾,保持社会稳定? 在 20 世纪 40 年代,英国工党的一个领导人拉斯基曾经概括道:"英国政治的特点,就在握有特权的人能在革命前自动放弃特权。"(费孝通,1994)[164]国有化可以算是这种特点的一个体现。面对战后国际共产主义运动对资本主义制度的威胁，英国资产阶级又是如何应对的？工人阶级应该从中得出什么样的经验教训？国际共产主义运动应当如何避免滑向改良主义和工联主义？研究 1945—1951年英国工党的国有化政策，对研究资产阶级应对工人阶级革命要求的策略，研究资本主义应对蓬勃兴起的社会主义运动的策略，总结英国工人运动的经验教训，具有重要的借鉴意义。

第七，有利于加深对市场经济条件下私人资本发展规律的认识。在战后初期特定的历史条件下，英国实行了"国进民退"的国有化实践，对稳定战后岌岌可危的经济政治形势起到了积极的作用。这时的"国进民退"不仅是工党政府出于政治和意识形态上的考虑，而且在有些行业也受到了私人资本的欢迎。对部分行业进行国有化成为私人资本进一步发展的需要。1945—1951 年英国工党的国有化改革过程中，有些行业的私人资本会要求国家对其进行国有化改造，而在另一些行业，私人资本又反对进行这种改造。不同行业的私人资本对待国有化的态度迥异的原因是什么？20 世纪 80 年代，撒切尔对国有化的行业进行了大规模的私有化改造，成为各资本主义国家纷纷效仿的国有企业改革典范。而现在，由于私有化后铁路系统出现了种种问题，大部分英国民众又开始期待对铁路行业重新国有化(John,2013)。[①] 研究战后初期英国工党的国有化实践，可以对市场经济条件下私人资本的发展规律有进一步的认识，同时也可以给我国的国有企业改革提供某种启示。

1.2　研究对象和研究范围

本书将研究对象和研究范围界定为 1945—1951 年英国工党的国有

---

　　① Ross John 发表于 2013 年的这篇报道提到，有调查表明，70%的英国人希望全部的铁路系统重回国有化。英国民众对铁路国有化的期待至今依然强烈。

化实践。

1945—1951 年英国工党的国有化实践是 20 世纪以来资本主义国有化的一个典型。选取这个典型,更有利于我们研究资本主义生产方式的新变化。在《资本论》中,马克思以英国作为主要的例证和依据来研究"资本主义生产方式以及和它相适应的生产关系和交换关系",这是因为,"到现在为止,这种生产方式的典型地点是英国"(马克思,恩格斯,2001a)[8]。这也是本书选取 1945—1951 年的英国国有化实践作为研究对象的原因,因为资本主义国有化的典型正是 1945—1951 年英国工党的国有化实践。

一方面,选取英国作为研究对象,是因为英国是现代资本主义的开路先锋,对资本主义生产方式在世界范围内的扩展曾起到重要的推动作用,英国资本主义经济制度和政治制度的发展也最为成熟。因此,英国的资本主义最具代表性,最能体现资本主义的发展规律和一般特征。英国不仅是资本主义最先发展起来的国家之一,也是资本主义发达国家中最早走向衰落的国家。英国的资本主义曾经取得过巨大的成就,从 1760 年到 1830 年,英国的工业产量约占欧洲的三分之二。1860 年,英国的经济地位达到了顶峰,它的工业产量占世界工业产量的 19.9%,铁产量占世界铁产量的 53%,煤产量占 50%,并消耗了近一半的世界原棉产量。19 世纪中期,英国人口只占世界总人口的 2%,欧洲的 10%,它所拥有的现代化工业生产能力却能占到全世界的 40%~45%,全欧洲的 55%~60%(肯尼迪,1990)[179]。但是,到 19 世纪末 20 世纪初,曾有"世界工厂"之称的英国逐渐丧失了霸主的地位,工业生产总量先后被美国和德国超过。从 1880 年到 1913 年,英国在全世界制造业中的比重从 22.9% 减少到 13.6%,在世界贸易中的份额也从 23.2% 下降到了 14.1%。经过两次世界大战的打击,英国的经济实力下降得更为严重。到 1953 年,英国的国民生产总值先后被日本、联邦德国、法国等国家超过,制造业在世界总量中的比重则进一步降到了 8.6%(王凤鸣,

1997)[106]。虽然直到今天,英国在世界政治和经济舞台上仍旧扮演着重要的角色,但曾经的世界霸主地位早已风光不再,以至于许多英国史著作都以"帝国夕阳"之类的名字命名,体现出人们在回首这个老帝国时的沧桑感。

作为曾经称霸世界达两个世纪之久的资本主义大国,英国的资本主义发展不仅在上升期具有典型性,其逐渐衰退的历程同样十分典型。马克思曾提醒德国人不要以为英国悲惨的劳工状况不会在德国出现,"工业发达的国家向工业不发达的国家所显示的,只是后者未来的景象"(马克思,恩格斯,2001a)[8]。同样,资本主义已然陷于衰退的国家向仍旧处于资本主义上升期的国家所显示的,也正是后者未来的景象。只要这种衰退是资本主义内在矛盾发展的结果,它就必然会在其他资本主义国家重复出现,尤其是在资本主义世界体系中占据着主导地位的国家重复出现。虽然其他国家走向衰落的具体原因和表现会有所不同,但由于资本主义内在矛盾而导致的资本主义国家衰落的必然趋势却是相同的。正是由于英国资本主义的发展具有典型性,对英国资本主义命运的研究,就成为看清世界资本主义未来走向的一面镜子。

另一方面,笔者之所以选择国有化作为本书的研究对象,是因为按照历史唯物主义的观点,在一切社会变革之中,所有制的变革始终是问题的根本。马克思对资本主义的批判正是立足于对资本主义私有制的深刻分析之上。从这个意义上讲,民主社会主义的国有化实践要比"福利国家"建设等改良措施具有更根本的变革意义,它是资产阶级在特殊的历史条件下对资本主义所有制结构进行的一次局部的调整。只有弄清国有化的本质,才能弄清这一时期资本主义所发生的各种变革的根本原因及其本质。

之所以要截取英国国有化历程中的一个片段,即 1945—1951 年工党的国有化实践,这是因为 1945—1951 年英国工党所进行的国有化实践是战后资本主义国家国有化的典型代表。"国家所有制在战后帝国主义国家的迅速发展,以西欧国家最为突出。……为了使经济尽快恢复和发展,垄断资产阶级迫切需要利用国家的力量。因此,'国有化'的浪潮,曾一度席卷了西欧许多国家,其中英国是一个典型。"(肖德周等,1980)[65]战后英国出现了两次国有化高潮,第一次是 1945—1951 年艾德礼政府时期,第二次是威尔逊执政时期。相对于此后威尔逊和布莱尔当政时期的改革举措,1945—1951 年的工党政府所采取的各项政策,尤其是其国有化政策,具有更为浓厚的民主社会主义的色彩。1945—1951年是英国现代历史的一个转折时期,作为第二次世界大战的战胜国,英国在战后立刻陷入了全面的危机之中,保守党领导英国取得了战争的胜利,但却在战争行将结束之际被选民赶下了台。以实现社会主义为目标的英国工党上台执政,进行了大刀阔斧的改革,对战后英国的发展和欧洲民主社会主义的兴起产生了深远影响。1945—1951 年的工党执政奠定了英国战后多年的政治格局,"福利国家"体系建设一直延续至今,并为欧洲许多国家所借鉴,而国有化政策则直到 20 世纪 80 年代撒切尔上台以后,才开始有根本性的改变。当英国人回顾战后历届政府时,认为政绩最为卓著的两届政府,一个是撒切尔政府,另一个就是艾德礼政府[①]。1945—1951 年的工党政府将煤炭、钢铁、电力、煤气、铁路、航空、自来水、通信等部门的所谓"支配性大企业"先后收归国有,实施了资本主义发达国家中时间最早、规模最大、影响最深远、争论也最多的一次国有化改革,在欧洲各国的民主社会主义实践中具有突出的典型性。综合上述考虑,笔者认为 1945—1951 年的工党国有化实践最能鲜明地体现出资本主义国有化的本质,所以本书选取这次国有化实践作为研究对象。

———————————

① 彼得·亨尼西在《战后英国首相》一书中提供了 11 任战后首相的排名表,并列前两位的是克莱门特·艾德礼和玛格丽特·撒切尔。在英国一家媒体对 20 世纪的首相排名表中,艾德礼也名列前茅,仅仅在丘吉尔和劳合·乔治之后,名列第三。(参见倪学德:《和平的社会革命:战后初期英国工党艾德礼政府的"民主社会主义"改革研究》,北京:中国社会科学出版社,2005。)

专门针对 1945—1951 年英国工党的国有化实践,可以对这一阶段的国有化研究得详细透彻,但也存在不能把握工党国有化实践全貌的缺陷。不过,本书的目的不在于还原工党国有化实践的历史全貌,而在于把握工党国有化实践的本质。对于本质的把握,当然是选取其中最为典型的一段,最能揭示这一实践的本质,因此,就本书所要达成的研究目的而言,对 1945—1951 年工党国有化实践进行深入研究已经足够。为了探究 1945—1951 年的英国国有化的本质,必须弄清这一国有化实践的原因和影响,这就需要把研究的时间跨度延长到导致国有化的各种因素的萌芽时期,以及 1945—1951 年国有化的影响所波及的时期。本书也将在必要的地方探讨一些超出 1945—1951 年国有化范围的内容,以服务于揭示工党国有化实践的本质这一研究目的。

选取 1945—1951 年的英国工党的国有化实践,或许会有人质疑其典型性和代表性,因为此时正是二战刚刚结束的特殊时期。然而,本书将会证明,导致国有化的各种因素在二战之前就已经具备,并逐渐累积,二战的影响不过是加速了这个过程,将实施国有化的需要变得更加紧迫,而不是根本扭转了这个过程。鉴于此,本书也将对二战的影响进行专门的考察。

资本主义国有化的根本原因,不是某个历史时期的暂时的、偶然的因素,而是资本主义内在的基本矛盾发展的结果。1945—1951 年英国工党的国有化实践是资本主义生产方式发展到一定阶段之后的一种特殊表现,是这种生产方式在已经得到充分发展,甚至显露出自身的衰落和腐朽之后,为了延续自身而不得不进行的适应性改变。本书所要研究的就是这种改变产生的原因和影响,从而揭示它的本质。

1.3 以往研究述评

在和平时期对经济体系进行大规模的国有化,这是战后资本主义出现的一种新的社会现象,引起了世界各国学者的广泛关注。各国学者对此进行了大量的研究,出于研究的立场和理论依据的不同,对英国国有化的看法常常截然相反。这需要我们对这些历史材料仔细进行甄别,在运用材料时时刻考虑到材料提供者的立场和倾向,考虑到作者运用这些材料的背后意图。本书需要参阅的文献可分为五个层面:一是有关 19 世纪以来的英国历史的文献;二是关于英国工党历史的文献;三是关于战后英国工党国有化实践的研究文献;四是有关英国国有化的政策文件、对国有经济的统计数据等资料;五是马克思主义关于资本主义占有关系和生产关系的文献。各类文献为我们研究战后初期工党国有化改革提供了不同的角度,本研究需要对材料加以甄别和整理,描绘出这次国有化实践的全貌,从而弄清资本主义的国有化究竟做了些什么,究竟起到了什么作用。

1.3.1 国内研究述评

国内关于战后初期英国工党国有化实践的研究,大多是在研究英国史或英国工党时涉及战后初期的国有化实践。从时期上,大致可做如下划分。

第一个时期是二战结束以后到新中国成立以前。在工党的国有化实践刚刚开始,改革的效果尚未充分显现的时候,就引起了我国社会学家费孝通的注意。1946 年底到 1947 年初,费孝通到英国访问,考察了工党实施社会主义改革的情况,给国内报刊撰写了一些通讯。这些通讯后来以《重访英伦》的书名出版。费孝通回国以后,为了更详细地介绍英国工党的改革,就翻译了霍尔(J. E. D. Hall)写的《工党一年》。在《工党一年》的译序中,费孝通认为英国工党的民主社会主义改革是一场"不流血的革命",是富有英国具体特点的一次渐进的改良。"英国现在所实行的所谓'社会主义'是企图把有关国计民生的基本生产工具收归国有,使一国的资源能充分地为国家的利益而作有效的利用。他们也将逐步使人民生活上基本的需要（衣食住行）得到保障；必需品的分配要根据需要而不根据各人的财富。他们也将以政府的权力计划经济的繁荣，一方面使生产力增高，另一方面使生产品作合理的分配，以避免资本主义中常常发生的不景气。"（费孝通，1999b）[462]费孝通虽然认为英国的改革"在性质上并不是全盘的"（费孝通，1999b）[463]，但他对英国的改革十分欣赏，认为英国的改革虽然费时，但不必流血。他还特别考察了工党的国有化改革，认为"他们只逐步地收买基本的工业为国有。其实他们是想扩充公用事业的范围，使很多的重要生产和服务的事业在政府的监督和计划下，尽量提高人民的生活程度"（费孝通，1999b）[463]。

第二个时期是新中国成立以后到改革开放以前。新中国成立不久，英国即不顾美国的反对，承认了中华人民共和国政府，并建立了代办级外交关系，对我国开拓同资本主义国家的外交关系起到了积极的促进作用。[①] 1954 年 8 月，工党领袖、前首相艾德礼还曾率领英国工党代表团访华。由于英国在新中国对资本主义国家的外交关系中占据着重要的地位，为了了解英国工党的民主社会主义改革，在 20 世纪五六十年代，国内曾组织翻译了一批工党代表人物的著作，其中包括韦伯夫妇的《英国工会运动史》（1959），威尔逊的《英国社会主义的有关问题》（1966），盖茨克尔的《社会主义与国有化》（1962），拉斯基的《论当代革命》（1965）、《国家的理论与实际》（1959）等多部著作。艾德礼关于工党政策的两本著作：《走向社会主义的意志和道路》（1961）和《工党的展望》（1965）也被译介过来。此外，还翻译了一些有关英国工党及其民主社会主义思想和

---

①　1950 年 1 月 6 日，新中国成立仅 3 个月，在西方国家中英国工党政府率先宣布承认新生的中华人民共和国。两国从 1950 年上半年开始进行建交谈判。"英国工党政府承认新中国的行动在西方国家起了表率作用，1 月 6 日当天，挪威也宣布承认新中国。此后的两个星期里，丹麦、芬兰、瑞典和瑞士也加入了承认新中国的行列。……对苏联与中国签订的《中苏友好同盟条约》起了促进作用。"（参见：王凤鸣：《工党在英国政治社会生活中的地位和作用》，北京大学博士论文，1997 年 5 月，第 132-133 页。）但英国在承认新中国的同时，又承认台湾国民党当局，因此 20 世纪五六十年代两国一直没有建立大使级外交关系，直到 1972 年，两国才正式建交。

政策的研究性著作,例如 И. 列敏著、允携翻译的《为帝国主义反动派服务的英国工党底思想和政策》,约翰·伊顿著、李一泯翻译的《英国工党的假社会主义》①,德伏尔金的《英国右翼工党分子的思想和政策》,亨利·佩林的《英国工党简史》等。我们从这些译著的序言或出版说明中,可以看出当时学界对英国工党的基本态度。《走向社会主义的意志和道路》的出版说明中指出,译介艾德礼著作的目的是"供学术界批判英国工党改良主义作参考"(商务印书馆编辑部,1961)。在《工党的展望》序言中,孙静淑介绍翻译此书的目的是"对于英国工党的叛卖性质及其一贯的欺骗言行加以彻底的揭露和批判",并在序言中"对工党的理论和实践有较为详细的批判和揭露"(孙静淑,1961)[1],"批判和揭露"代表了改革开放之前我国学界关于英国工党研究的基本倾向。

这一时期,我国对英国工党改革的批判大多集中于对工党国有化政策的批判,并且大多依据马克思主义的基本观点和立场对英国工党国有化的本质做出论断。本书的研究主旨与这一时期研究的相关度较高,有必要做详细的介绍。

20 世纪 50 年代,新华书店出版的《从英国大选看工党》一书中汇集了国内外学者关于 1951 年英国大选及工党政策的几篇文章,其中胡骑在"工党主义和英国经济"一文中认为工党"这种所谓'国有化',是与社会主义无丝毫共同之处的。它丝毫没有触动资本主义的剥削经济制度,相反,是拯救了濒于破产的资本"(胡骑,1950)[27]。李一泯在"英国工党的所谓'国有化'政策"一文中认为,"这种国家资本主义虽然以各种方式干预和控制本国的工业,但它的干预和控制的目的是在继续保证资本家的、特别是垄断资本家的高额利润。这是资本主义制度下的国家资本主义的本质"(李一泯,1954)[13]。这篇短文对战后初期英国国有化的各个

---

① 《英国工党的假社会主义》,北京:世界知识出版社,1951 年。英文书名是 Marx Against Keynes:A Reply to Mr. Morrison's "Socialism". 此书中文版在 1955 年第二次印刷时把书名改成了《论英国工党的"社会主义"》。

方面进行了简略而不失全面的分析，代表了 20 世纪 50 年代我国学界对这一问题的研究水平。

在 20 世纪五六十年代关于英国工党的译著中，我国学者常通过撰写序言的方式表明自己对工党国有化实践本质的看法。例如，在《工党的展望》中文版序言中，孙静淑认为，"英国工党所实行的改革，就是一种维护资本主义统治、抵制无产阶级革命和社会主义前途的麻醉剂"（孙静淑，1961）[3]。对于工党的改革所起到的历史作用，这一判断恰恰可与战后资本主义发达国家出现的长期稳定局面相互印证，是符合事实的。工党的国有化改革"丝毫没有触犯资本主义剥削制度，仅仅是改变了剥削的形式——由私人股票变成国家债券"（孙静淑，1961）[6]。这一改革的本质是"作为资产阶级专政机器的'国家'同高度发展、高度集中的资本主义生产力的结合——国家垄断资本主义"（孙静淑，1961）[6]。国家垄断资本主义——这是 20 世纪五六十年代我国学者对 1945—1951 年工党国有化改革本质的一个基本的判断。《社会主义与国有化》一书的序言进一步指出，"工党的这种完全不触及资产阶级国家政权本质的所谓'国有化'，只不过是在资本主义条件下，为了垄断资本的利益而实行的国家垄断资本主义，当然不可能有任何社会主义的意义。……1945 年到 1951 年英国工党执政期间所实行的一些国有化措施，完全是为着资产阶级的利益而采取的。实际上是用这种国家垄断资本的形式来改造那些生产经营陈旧、落后的企业，以图弥补英国工业发展中不均衡的矛盾，借以巩固和加强英国垄断资本的经济地位"（弓人，1962）[2]。这篇序言详细分析了英国国有化实践的特点，并指出这一实践对维护英国资产阶级利益的作用："第一，只限于对个别企业部门实行国有化，以便经过国家对这些企业的投资和低利的甚至是亏本的经营，为整个资本家阶级，首先是垄断资产阶级，提供更廉价的商品和劳务。""第二，在实行国有化的企业中，仍然由原来一些资本家的经理人物掌握着管理和支配的大权，从而保证了这些企业的管理方式、经营方针完全是按资产阶级利益办事。"

"第三,这些国有化企业仍继续以补偿和付与投资利息的名义,从企业的收入中拨出巨额的款项向原业主、股东和投资的垄断组织纳贡,从而使这些资本家仍然安享着大量的工人的剩余劳动价值。"(弓人,1962)[2-4]这是这一时期国内学界对英国战后初期国有化实践的代表性观点。

总体来说,在 20 世纪五六十年代,我国出于对外交往的需要,依托于译介国外著作,对战后初期英国工党的国有化政策进行了较为深入的研究,学界的观点基本一致,一般都认为战后初期英国工党的国有化实践是国家垄断资本主义的一种形式,是巩固资本主义制度的措施,而非实现社会主义的手段。这一时期研究的主要特点是依据马克思主义的基本理论和基本立场揭露资本主义国有化的本质,但对英国国有化实践的具体情况了解得尚不够全面,尤其是受历史条件的限制,英国国有化实践的长期影响显现得尚不充分,撒切尔时期的国有企业私有化改革也尚未展开。因此,这一时期的研究角度较为单一,论据略显单薄,研究结论多是对马克思主义基本观点的直接运用,研究的深度有待加强。

学界在回顾这一时期对艾德礼政府国有化实践的研究时,有的学者认为 20 世纪五六十年代,我国学界关于英国工党的国有化的认识并不科学和客观,而是受到了"国内外政治环境"和意识形态的影响。在历史研究中,"客观"与"科学"的基础是历史事实,而要把握纷繁复杂的历史,首先要把握这一历史的主流和本质,把握历史的基本面。工党的国有化实践,尤其是"福利国家"等民主社会主义改革的确对工人阶级有一定的好处,但是这不能改变工党实践的本质和主流,不能改变国有化实践主要有利于稳定资本主义制度,而非有利于"和平长入"社会主义的历史事实。新中国成立初期,我国学界对英国工党的研究虽不全面,但运用马克思主义基本原理对英国工党本质的分析,却是基本正确的。对本质的抽象概括虽然显得简单,但不能因此抹杀这一概括的深刻性和真理性。如果说运用马克思主义进行分析、研究就是受到了政治环境和意识形态的影响,那么运用西方学界的流行理论进行分析是否也是受到了另一种政治环境和意识形态的影响呢? 不管在哪种政治环境和意识形态之中,只要一种理论能够遵循事物的本来面貌,并更为深刻地揭示事物的本质,我们就应该坚持和运用这种理论。回顾战后资本主义发展的历史进程,站在全球资本主义经济危机的时代背景下,重新审视 20 世纪五六十年代我国学者对英国国有化实践本质的剖析,可以说,当时的结论符合马克思主义经典作家对资本主义的分析,符合战后初期英国的历史事实,是经得住历史的检验的。

第三个时期是 20 世纪 80 年代初到 90 年代中期。20 世纪 80 年代初,中国打开了对外开放的新局面,国际局势趋于缓和,亟须了解资本主义世界。为了发展与资本主义国家政党的党际交往,中国共产党将"超越意识形态的差异,谋求相互了解和合作"作为处理与资本主义政党的党际关系的方针①。1980 年 5 月,英国工党领袖、前首相卡拉汉来华访问。1982 年,中国共产党派代表出席了英国工党的年会。为了适应对外交往的需要,许多学者开始系统研究英国史,出现了一大批有分量的学术成果。这一时期,学术界重新审视和评价工党的民主社会主义改革,开始肯定这次改革的进步性质。但对战后工党国有化改革性质的判断开始出现分歧,一部分学者坚持以往的观点,认为英国的国有化改革只是加强了国家垄断资本主义,并不具有社会主义的性质,如蒋孟引(1988)[773]、王章辉(1999)[303]等;另一部分学者则认为,英国的国有化是对适合英国国情的社会主义道路的一种探索,是向社会主义渐进的"准备阶段"(王小曼,1983;1987)。

从 20 世纪 80 年代开始,出现了一些研究英国工党民主社会主义政策的硕士和博士论文。杨光斌(1988)在《论战后英国工党理论上的转变》中探讨了战后到 20 世纪 50 年代英国工党在理论上的变化,认为这

---

① 有人将"超越意识形态的差异,谋求相互了解和合作"的方针理解成了寻求合作,就要"否认意识形态的差异",甚至是"放弃自己的意识形态",以融入所谓的"世界主流"。对共产党和社会党的原则界限认识不清,导致对民主社会主义认识上的模糊,引起了学术研究上的混乱。

一变化是费边主义与凯恩斯主义合流的结果,并探讨了战后工党内部出现的修正主义理论对英国社会性质的判断及对国有化实践的批判性反思。这篇论文为本书探讨英国工党国有化理论的形成及流变提供了线索。张晓在其博士论文的导言中专门探讨了英国工党国有化的原因:"20 世纪以来英国垄断资本主义不断发展的总体趋势,以及英国经济政策自世纪之交以来从自由放任主义向国家干预的转变,是造成工党在战后推行国有化政策的重要历史原因。"(1995)这一判断是正确的,英国资本主义向垄断资本主义的转变是战后国有化实践的基本背景,也是基础性的原因。但仅指出这一点还不够,还应该深入剖析当时英国面临的特殊的历史条件,并指出资本主义向垄断资本主义的转变究竟怎样提出了实行国有化的必然要求以及这一转变与国有化改革之间的具体关系。

同时,20 世纪 80 年代,英国国内舆论开始质疑国有企业的效率,认为国有企业比私有企业效率低。尽管这一讨论并没有得到英国学术界的广泛支持,而多是作为对撒切尔私有化改革的支持性舆论出现的,但我国国内却有不少学者采纳了这一看法,并以此为据开始探讨我国国有企业的改革问题。针对这一时期国内外对英国国有企业效率低的批评,李洪(1990)对英国国有企业的效率进行了深入的研究,认为国有企业不同于私有企业,是以公共福利最大化为目标的,而且在同样的约束条件下,国有企业的效率并不比私有企业低。

回首 20 世纪 80 年代到 90 年代初关于战后初期英国工党国有化的研究,我国学界开始进行较为详细和系统的研究,提出了一些新的观点和看法,打破了以往观点统一的局面,开拓了新的研究领域,但也逐渐脱离了原来着力于探究国有化实践本质的研究路径,试图对国有化进行较为全面的了解。对事实的全面考察虽然不能代替对事实本质的揭示,但为在新的材料的基础上进一步探索国有化实践的本质奠定了基础。

第四个时期是 20 世纪 90 年代中期至今,这一时期研究的角度从多方面展开。一方面,我国国有企业改革进入攻坚阶段,学术界对英国国有化的研究多采纳英国对国有企业的批评,借鉴英国国有企业私有化改革的经验,为我国国有企业改革提供合法性论证。因此,这一时期对英国国有化的研究多着眼于对国有企业效率低的批评,或作为英国国有企业私有化改革的背景来加以研究,如李俊江、马颋的《英国公有企业改革的绩效、问题及其对我国的启示》,刘振林的《英法国有企业改革及其对我国的启示》,张敏蔚的《英国电力工业改革的启示》等。刘成在《论英国艾德礼政府国有化实践的动力和制约》一文中指出,相对于私有制企业,国有企业的生产效率更低,工党的国有化改革没有使英国社会变得更加公正,而是变得更加专制(刘成,2002)[33]。国内曾在1998年10月召开"国有企业改革:中国和英国的经验"的国际研讨会,介绍了英国国有企业私有化的经验(李海舰,1998)。还有些学者对英国的国有化改革的作用和影响进行了研究,部分学者认为英国的国有化提高了就业率,增进了英国在国际市场上的竞争力,但不能解决英国面临的经济问题,反而加重了财政负担,加剧了"英国病"。毛锐(2005)、梁中芳(2004)等人持这一观点。

另一方面,进入21世纪以来,随着对西欧民主社会主义的了解增多,国内对民主社会主义的研究日益深入,民主社会主义思潮在一定范围内兴起。有的学者开始把英国工党的国有化改革作为实现社会主义的一种方式来看待,认为英国国有化改革"具有社会主义的性质"。

2008年爆发世界性经济危机以来,随着各个发达资本主义国家开始新一轮的金融业国有化改革,国内对英国国有化的兴趣再次升温,开始重新估量国有企业的积极作用,但关注的焦点集中在英国当前的银行业国有化上,与本书的研究范围相距较远,故不赘述。

近年来关于战后英国工党国有化研究的两部主要著作是倪学德的《和平的社会革命》和刘成的《理想与现实:英国工党与公有制》。倪学德在《和平的社会革命》一书中对艾德礼民主社会主义的理论和实践进行了考察,认为艾德礼政府的国有化改革是英国工党为实现其所宣扬的社会主义而进行的一次大规模的社会试验,试验的过程和结果都并不完全符合工党最初的设想,但这次改革还是有利于工人群众的,而且也确实促进了战后英国经济的恢复和发展。倪学德认为,战后英国国有化是工党在前所未有的有利条件下对解决英国资本主义制度的矛盾作出的尝试,这一判断是基本正确的。

刘成的《理想与现实:英国工党与公有制》一书,以战后英国的社会阶级变化、经济结构变化、工会的演变、人民价值观念的变化为背景,对二战后工党内部在国有化问题上的不同观点和争论进行了研究,指出工党战后的演变就是围绕公有制条款的争论进行的,争论的核心聚焦于公有制究竟是目的还是手段。刘成认为,工党对公有制条款的修改是英国社会变化的结果,也是英国工党与时俱进和自我改造的产物。公有制条款是研究英国国有化的一条核心线索,"研究英国国有化问题,首先必须弄清楚工党的 1918 年党章中的公有制纲领,并在此基础上具体分析艾德礼政府实行国有化的动力和制约因素,这样才能加深我们对艾德礼政府国有化实践的理解和实质的把握,并从中获得某些启示"(刘成,2002)。对工党党章变迁的研究为考察国有化的本质提供了一个重要的视角,但党章毕竟不是实践本身。党章是意识形态的反映,是在特定的时代背景,确切地说,是在特定的经济状况和阶级状况之下所形成的特定的意识形态的反映。党章的变迁是历史变迁的重要侧面,但对党章的考察不能代替对这一特定的社会实践本身的直接研究。按照历史唯物主义的观点,一个政党的纲领及其变化并不是历史变迁的原因,而是历史变迁的结果。尽管纲领可以推动实践的前进,但仅从纲领出发,我们就无法理解,为什么是这个时期在英国出现了对国有化的明确主张?是什么力量在推动国有化从思想变为纲领,进而变为行动?英国工党党章中的"第 4 条"只有寥寥几十个词,无法涵盖丰富的历史实践。此书把导致英国工党国有化纲领的形成和演变的社会意识形态的变化刻画得比较全面。本书所要重点解释的是导致这种意识形态变化的社会根源。

只有理解了导致国有化的社会根源，才能够理解国有化实践本身，也才能理解与这一实践交互影响的工党意识形态的变化。

回顾我国关于 1945—1951 年英国工党国有化理论与实践的研究，从研究角度上划分，有的研究侧重于对英国工党国有化改革性质的研究。如前所述，学术界对此观点分歧较大。有的文献侧重于对英国国有化改革原因的探讨，这方面已基本取得一致的意见，即战后特殊的阶级力量对比，英国面临的国内经济困境和国际环境，工党国有化理论的探索以及英国人思想倾向的转变是国有化改革的主要原因。刘成还分析了制约工党国有化实践的几个因素，例如战后英国的"共识政治"局面的限制、国有化过程中缺乏计划性和科学性、工党自身的局限性等（刘成，2002）[30-33]。还有学者侧重于对国有化的作用和影响的考察，学界对此褒贬不一，或侧重于其弊端，或侧重于其优点。

总体来说，虽然国内对英国史的研究已经比较系统和深入，但对战后初期英国工党国有化的研究仍显薄弱，这个问题对我国未来所有制改革的继续深化具有重要的借鉴意义，对判断英国工党的性质，划清科学社会主义与民主社会主义的界限等问题具有关键作用，是亟待加强的一个领域。

1.3.2　国外研究述评

国外对战后英国工党国有化的研究大致可以分为两类，一是社会主义国家和资本主义国家的共产党的观点，另一类是资本主义国家学术界和政界的观点。

斯大林起初也曾认为英国工党艾德礼政府的社会主义改革是符合英国国情的实现社会主义的一种方式。但随着冷战形势的加剧，共产党和工人党情报局成立之后，苏联学界开始认为以艾德礼为代表的英国工党领袖是反动的"右派社会党人"，工党改革的性质是欺骗性的"假社会主义"，工党代表的是英国垄断资产阶级的利益。1953 年，苏联学者德伏尔金在《英国右翼工党分子的思想和政策》一书中对英国工党的理论和政策进行了全面的研究,并专列一章论述"英国工党国有化的实质和结局",对战后初期工党国有化的理论和实践进行了全面的剖析,认为"在帝国主义条件下,企业国有化只不过是垄断组织为了加紧剥削而利用国家的一种形式罢了"(德伏尔金,1957)[100]。受苏联的影响,英国共产党对待工党社会主义改革的态度也由积极配合转向了反对和揭露。英国共产党对工党改革的看法与苏联基本一致,认为"艾德礼和贝文所执行的正是伪装着骗人的'社会主义'花言巧语的纯粹的资本主义政策"(艾洪,1950)[40-41]。斯大林去世之后,苏联对战后艾德礼政府的评价趋于缓和。

西方学界较为重视对英国国有化问题的研究并且研究得较为细致,涉及国有化的方方面面。由于相关文献太多,本综述只把范围局限在与战后初期英国工党国有化直接相关的文献,对于间接相关的文献,如考察其他时期的国有化的,考察福利、私有化、社会主义思想等方面时涉及国有化的,则暂不提及。英国学术界对战后初期国有化实践的研究最多也最为详尽,这一研究从战后工党的国有化政策刚刚颁布时就开始了。20世纪50—70年代,英国出版了一大批关于战后初期工党国有化理论和实践的专著。Martin Francis通过对战后英国国有化问题的研究,认为对国有化改革的不同的立场和态度是两党之间的根本区别所在(1997)。Tudor Jones则考察了工党1918年公有制条款产生的历史背景(1996)。Geoffrey Foote考察了作为国有化实践背景的社会主义思潮(1997)。Tony Cliff和Donny Gluckstein认为1918年党章中提出的"公有制"主张表明工党所要求的社会主义并不是要走革命的道路,而是要通过和平和宪政的办法来实现,艾德礼政府所进行的国有化改革更多的是为了提高英国的经济效率,而不是为了实现社会主义(1988)[72,219]。庇古(1963)[28,80]认为对运输、自来水、煤气、电力等行业实施国有化的主要原因就是它们属于垄断性较强的行业,为了公共利益,这些行业必须受到政府的监督。肯尼思·摩根(K. O. Morgan)详细叙述了工党政府的国有化过程,并揭示了工党内部对国有化的不同主张。他认为,执政以前,工党倾向于把国有化作为自己社会主义理想的标志,而非一项解决经济问题的具体方法。早期的国有化提案着眼于公有制关系,偏重于社会公正和财富的分配不公,但1945年的国有化实践很大程度上着重考虑的还是"夕阳工业"(Ageing Industries)的效率问题(1984)。

20世纪80年代以来,英国学术界开始重视对工党"民主社会主义"改革的研究,出版了一批学术著作。其中代表性的著作有:肯尼斯·哈里斯(Kenneth Harris)的《艾德礼传》(*Attlee*),亨利·佩林(Henry Pelling)的《工党政府:1945—1951年》(*The Labour Governments*:1945-1951)和摩根(K. O. Morgan)的《工党执政:1945—1951年》(*Labour in Power*:1945-1951),凯文·杰佛里斯(Kevin Jefferys)的《艾德礼政府:1945—1951年》(*The Attlee Government*:1945-1951)以及彼得·亨尼西(Peter Hennessy)的《不复来兮:1945-1951年的英国》(*Never Again*:*Britain* 1945-1951)。

肯尼斯·哈里斯的《艾德礼传》在"国有化与工业"一章中回顾了工党制订工业国有化方案时的争议,并详细介绍了国有化政策的制订和实施。卡瓦纳(D. Kavanagh)和莫里斯(P. Morris)介绍了艾德礼政府所进行的工业国有化的立法(1994)。马丁·弗朗西斯(Martin Francis)则把国有化视为工党和保守党的根本区别所在,认为对待国有化的立场和态度的迥异反映了两党性质的根本不同(1997)[65-93]。吉姆·汤姆林森(Jim Tomlinson)在《民主社会主义与经济政策:艾德礼年代,1945—1951》(*Democratic Socialism and Economic Policy*:*The Attlee Years*,1945-1951)一书中认为,战后的严峻形势使得工党政府不得不把主要精力放在振兴经济、防止失业、增加出口等方面。战后工党面临的政治结构限制了政府的经济和工业政策。他还证明艾德礼政府不仅关注再分配而且提高了生产率。罗伯特·米尔沃德(Robert Millward)在"20世

纪 40 年代英国的国有化：为了最终目的还是为了生产?"(The 1940s na-
tionalization in Britain: means to an end or the means of production?)一
文中认为,自然垄断或相当普遍的溢出效应(外部性)的存在可以解释对
英国基础工业的政府控制和 20 世纪 40 年代的国有化。而国有化最终
得以实施则是因为工党政府受到战后重建的特殊历史条件的影响,阶级
斗争似乎只在煤炭行业的国有化过程中是一个关键因素。而 Chick 则
指出,"溢出效应"只能解释对诸如煤气、电力、自来水等这些自然垄断性
行业进行国有化的必要性,但无法解释煤矿、钢铁等行业实施国有化的
必要性(1998)。弗朗西斯认为,虽然工党的社会主义政策没有继续推行
下去,但这是有着复杂的主客观原因的,并不能因此否认工党对建立一
个社会主义的"新英国"的真诚信念(1997)。这些学者普遍认为艾德礼
政府是工党历史上最辉煌的时期,工党的改革是有成效的,既促进了英
国经济的恢复,还建立了惠及全体人民的福利制度,避免了严重的失业
现象。迈克尔·里普顿在《国有化目的何在?》一文中指出,国有化包括
作为社会改革("民主管理""盈利归公")和经济调整(降低成本、提高效
率)等一系列重要措施,含有医治英国经济病症(维持高就业率和低通货
膨胀率)的目的性。[①]

　　一些美国学者也持类似的观点。大卫·罗伯兹和克莱顿·罗伯兹
认为,1945 年的工党政府使英国向着新的目标前进,改变了英国的发展
方向,使英国走上了社会主义道路。亨利·魏瑟尔认为,艾德礼政府所
进行的福利国家建设和国有化改革,正是为了在英国实现社会主义而做
出的努力。

　　对于西方学界的研究,李海东曾经总结道:"直到现在,西方学术界
还存在着是将国有化纳入意识形态范畴还是只限于经济学领域的争议。

　　[①] 参见迈克尔·里普顿:"国有化目的何在?",载《劳埃德银行评论》,1976 年 7 月,第 35-36
页。转引自罗志如、厉以宁:《二十世纪的英国经济——"英国病"研究》,北京:人民出版社,1982 年
版,第 259-260 页。

研究政党历史,尤其是工党史的学者一般都赞同着重考虑国有化问题的意识形态因素。他们认为,工党的国有化政策有明显的社会主义动机,是对 1918 年工党党章第 4 条,即公有制条款的社会主义实践,是从理论直接指向实践的结果。而后者的倡导者则多为经济学家,他们主张非意识形态化,认为国有化早就是国家干预的手段之一,是防止与公共利益相关的工业遭到垄断力量的侵害、保证经济效率的必要方法之一,任何政府都可以采用。当然,还有一些中立的观察家认为国有化政策代表了保守党和工党在所有制方面的某些共识,就是都遵循'混合经济'的模式。甚至有些人认为工党的国有化政策是出于人道主义考虑,它表明工党想要实现收入分配的均等,缓和社会矛盾。"(李海东,2004)[4] 无论是从意识形态还是从经济干预的角度来研究国有化,都是必要的,但也都是不全面的。英国工党的国有化实践既是在工党社会主义意识形态的推动下实施的,也是出于提高英国经济效率的现实考虑,但这两个原因不是战后英国能够进行国有化改革的主要原因。工党的社会主义意识形态在 1945—1951 年工党执政之前就已经存在,但其国有化主张没有机会得到实施。生产效率下降的"英国病"出现得更早,半个世纪以来,英国一直没有因此进行大规模的国有化改革。工党之所以能在 1945—1951 年进行大规模的国有化改革,还是和当时英国面临的特殊的历史条件有关。只有详细地考察这些条件,我们才能理解英国为什么在 1945—1951 年,而不是更早或更晚,进行了基础行业的国有化,实施了工党的民主社会主义改革。1945—1951 年的国有化是一项复杂的历史实践,并不仅仅属于经济或意识形态领域,对国有化的研究不能简单地将其归为某个学科,仅仅采用某个学科的研究方法进行,而应该像马克思在《资本论》中对资本主义生产方式的研究一样,按照 1945—1951 年英国工党国有化实践的本来面目,既从整体上也从细节上来研究这次实践,进而探究它的本质。

回顾国内外关于战后初期英国的国有化实践的研究,从观点倾向上来划分,大致可以分为三类:一类是苏联、英国共产党和我国20世纪五六十年代的观点,主要是依据马克思主义理论对英国的国有化进行批判和揭露;一类是对国有企业弊端的研究,这是英美和我国一些经济学家所采取的研究视角;还有一类是英国工党内部对国有化问题的反思,这既是工党自身对国有化实践的总结,也是对其国有化理论的修正过程。工党最终确立了把国有化当作手段而非目的的观点,并在布莱尔执政时期修改了党章第4条。2015年科尔宾在党内选举中成为工党领袖,并在2019年英国大选中提出一份要求进行大规模国有化改革的竞选纲领。这一事实表明,国有化主张在英国工党内部仍旧具有广泛影响,这种影响恐怕不会随着科尔宾的下台而结束。未来英国工党在国有化问题上会有什么动向,值得关注。从研究内容上划分,主要分为研究国有化的原因、影响、政策实施,以及国有化的本质。美英等国学术界的研究主要集中在探讨国有化的原因及政策实施的得失上。苏联、英国共产党和我国早期的研究主要集中在探讨国有化的本质上。

综合中外关于战后初期英国国有化实践的研究,把这次国有化置于战后资本主义总危机的时代背景中加以考察的研究尚属少见,也鲜有把这一国有化实践提升到考察资本主义社会国有化进退规律这一高度的研究。把英国国有化实践置于资本主义生产方式和资本积累方式的角度来加以考察,是目前关于英国国有化实践的本质研究尚待突破之处。本书将依据马克思主义政治经济学的基本理论着重在这个方面进行探索。

1.4　研究方法

本书旨在揭示战后初期英国工党国有化实践的本质,这一实践首先是英国资本主义发展过程中的一个阶段,一个历史侧面。因而本书的研究首先应该遵循历史的基本规律和历史研究的基本方法。马克思在《资本论》中以英国为典型，研究了"资本主义生产方式以及和它相适应的生产关系和交换关系"（马克思，恩格斯，2001a)[8]。本书所要研究的是资本主义在进入垄断资本主义阶段之后，在一个特定的时期中生产方式所发生的局部变化。因此，本书在研究中力图借鉴马克思考察资本主义的研究方法，透过历史过程中的复杂现象，深入资本主义生产方式之中。

1.4.1　历史辩证法

本书的目的是对战后资本主义在一个特定时期的表现形式进行研究，并把英国工党的国有化实践放在资本日益社会化的历史趋势中加以考察。因此，本研究应该着眼于对英国资本主义经济运行状况的整体研究，而非纠缠于一些细枝末节的考证。对于一个具有重大的世界历史意义的事件的研究不应当依据一些细枝末节和个别例子，而应当依据关于整个世界的政治、经济等各方面变动的全部材料。列宁在《帝国主义是资本主义的最高阶段》中提出，判断第一次世界大战的性质应该采取的标准是："为了说明这种客观情况，应当利用的，不是一些例子和个别的材料（社会生活现象极其复杂，随时都可以找到任何数量的例子或个别的材料来证实任何一个论点），而必须是关于所有交战大国和全世界的经济生活基础的材料的总和。"（列宁，2012b)[578]本书在材料的选取上也遵循这一原则，选取那些能够代表英国战后面临的总的历史背景的材料，把战后初期的英国历史放在资本主义发展到垄断资本主义阶段，并进入无产阶级革命的时代这一总的时代背景中加以考察，而非仅仅依据个别人物的言论和历史的偶然现象来探究事物的本质。

历史的辩证的研究方法要求我们不仅把研究对象当作"事物的集合体"，更要当作"过程的集合体"。这要求我们把资本主义国有化放在资本主义所有制发展变化的总的历史过程中加以考察，要求我们"把历史看作人类的发展过程……发现这个过程的运动规律"（马克思，恩格斯，

1995c)[738]。在《资本论》第一卷第二版跋中,马克思谈到他对资本主义,特别是资本主义私有制进行研究的方法:"研究必须充分地占有材料,分析它的各种发展形式,探寻这些形式的内在联系。只有这项工作完成以后,现实的运动才能适当地叙述出来。"(马克思,恩格斯,2001a)[21]马克思是把资本主义的生产方式放在资本主义产生、发展和灭亡的历史过程中加以研究,通过揭示资本主义生产方式的内在矛盾得出资本主义必然灭亡的结论。马克思对资本主义基本矛盾的揭示,其基本依据是资本主义在发展过程中的种种表现,特别是这种生产方式所引起的社会阶级矛盾——现代无产阶级与资产阶级的矛盾。马克思"研究必然产生这两个阶级及其相互斗争的那种历史的经济的过程,并在由此造成的经济状况中找出解决冲突的手段"(马克思,恩格斯,1995c)[739]。因此,本书对资本主义国有化的研究也试图深入资本主义生产方式的内在矛盾中,探究垄断资本主义的内在矛盾是如何促使资产阶级不得不对所有制进行局部调整,考察这一矛盾在发展过程中出现了哪些变化,判断垄断资产阶级对所有制的局部调整是解决了还是只是缓和了这一矛盾,抑或是在暂时的缓和中推动了这一矛盾的进一步发展。

正如恩格斯所言,对历史的研究要随着历史的发展而不断地向前推进:"因为我们这里考察的不是只在我们头脑中发生的抽象的思想过程,而是在某个时候确实发生过或者还在发生的现实过程,因此这些矛盾也是在实践中发展着的,并且可能已经得到了解决。我们考察这种解决的方式,发现这是由建立新关系来解决的,而这个新关系的两个对立面我们现在又需要展开说明,等等。"(马克思,恩格斯,1995b)[44]因此,对战后初期英国工党国有化实践的研究,应当探索国有化是怎样由于资本主义内在矛盾的发展而在历史过程中逐步展开的,又是如何影响到这一内在矛盾的变化,从而在历史舞台上消退或再次出现的。英国工党通过议会立法实现了基础行业的国有化,但国有化本身并不仅仅是几条法律,而是一个历史过程,不仅涉及基础行业的所有权在法律意义上的转换和企业管理方式的改变,而且涉及资本主义生产关系的局部调整。国有化是在工党的推动下进行的,而国有化本身又影响了工党,使工党内部对国有化在民主社会主义理论中的地位和国有化的目的进行了长期的争论。战后初期的国有化不是工党进行长期的理论探索的结果,相反,资本主义的发展需要对部分行业进行国有化改造恰恰是工党提出国有化主张的原因。正是这个原因的发展导致了战后英国的国有化实践,也导致国有化在实践过程中出现了种种问题。国有化在一定程度上使资本主义的内在矛盾发生了局部的和暂时的变化,这种变化使 20 世纪 70 年代以后继续实施国有化的动力和条件都逐渐丧失。最终,国有经济被撒切尔时期的私有化政策所瓦解。

1.4.2　抽象归结法

历史是必然性和偶然性的统一。社会的内在矛盾推动着历史的发展,但这个过程由于种种因素的作用而呈现出五彩斑斓的偶然性。历史的研究难以摆脱偶然性的牵绊,但只有透过偶然性探究其背后的必然性才能抓住事物的本质。在历史中,也像"在有限的自然里,必然性表现为相对的必然性,表现为决定论。而相对的必然性只能从实在的可能性中推演出来,这就是说,存在着一系列的条件、原因、根据等等,这种必然性是通过它们作为中介的。实在的可能性是相对必然性的展现"(马克思、恩格斯,1995e)[27]。英国工党在二战之后立即开始进行国有化改革,这与当时特殊的社会历史条件有关,是一种历史的偶然,但国有化的原因却根植于资本主义的内在矛盾之中,是资本主义发展的必然趋势,否则二战后不可能出现多个国家都不约而同地进行国有化改革的局面,更不可能在 20 世纪 80 年代以来新自由主义盛行所导致的私有化浪潮之中,西方国家的左翼政党及社会组织仍旧不断地提出国有化的主张。而在 2008 年的经济危机和 2020 年的全球 COVID-19 疫情之中,这种国有化的呼声更加强烈。要使这种资本主义国有化的必然性成为现实,需要一系列的条件,例如战后英国民众左倾氛围的形成,工党长期的国有化主张和理论探索,以及战后英国面临着恢复资本主义生产秩序,提高英国经济的竞争能力的历史任务等等,这些都为 1945 年工党上台之后进行大刀阔斧的改革提供了条件。

英国工党的民主社会主义改革是一次牵涉政治、经济、意识形态的方方面面的改革。在纷繁复杂的历史现象面前,只有如列宁所说"从社会生活的各种领域中划分出经济领域,从一切社会关系中划分出生产关系,即决定其余一切关系的基本的原始的关系"(列宁,2012a)[6]。并且"只有把社会关系归结于生产关系,把生产关系归结于生产力的水平,才能有可靠的根据把社会形态的发展看作自然历史过程"(列宁,2012a)[8-9]。因此,本研究从工党的民主社会主义改革中划分出最能体现改革的民主社会主义性质的国有化实践,进而把战后初期英国实行国有化改革的原因归结到生产力的高度。从生产力的发展要求调整生产关系的角度来考察英国国有化的根本原因。所有制是生产关系的主导方面,是生产关系其他方面的基础。所有制就其整体性质而言,在一定时期内保持基本的稳定,但就其局部而言又时刻处于变动之中,是生产关系诸方面中和生产力关系最为紧密,随生产力变动最为灵敏的部分。所有制的变化不仅受到生产力的影响,而且受到阶级关系和上层建筑的影响。所有制性质的变革,不仅需要以生产力的发展为前提,而且要求上层建筑的变革。国家政权的性质,即政权掌握在哪个阶级的手里,是所有制性质发生根本变革的重要标志。但由于所有制总是随着生产力的变化而变化,在一定社会制度的演变过程中,常常出现一些新的所有制形式,这使人们产生一种想象——是否可能不通过上层建筑的根本变革而仅仅通过所有制局部变革的逐渐积累,就可以实现社会性质的根本改变呢?民主社会主义者认为这是可能的,而且可以避免令人痛苦的暴力革命。所有制不断发生局部的变化,尤其是不断体现出日益社会化的性质,这一事实成为民主社会主义理论的现实依据,似乎可以借由这种渐进的局部变化，希冀新的社会因素缓慢滋长，从而逐步实现社会主义。然而，新的社会因素的出现，究竟是新社会的萌芽，包含了与旧的社会性质根本不同的内容，抑或只是旧社会在新的条件下的形式上的改变？回答这个问题，需要我们透过表面现象，进行合理的抽象和归结，舍去具体的偶然的细节，仔细考察这些新的社会因素的性质。

1.4.3　阶级分析法

马克思对他所创立的唯物史观的经典概括是："每一历史时代主要的经济生产方式和交换方式以及必然由此产生的社会结构，是该时代政治的和精神的历史所赖以确立的基础，并且只有从这一基础出发，这一历史才能得到说明；因此人类的全部历史（从土地公有的原始氏族社会解体以来）都是阶级斗争的历史，即剥削阶级和被剥削阶级之间、统治阶级和被压迫阶级之间斗争的历史。"（马克思，恩格斯，1995a）[257]恩格斯关于这一历史观的另一种经典的概括是："一切历史上的斗争，无论是在政治、宗教、哲学的领域中进行的，还是在其他意识形态领域中进行的，实际上只是或多或少明显地表现了各社会阶级的斗争，而这些阶级的存在以及它们之间的冲突，又为它们的经济状况的发展程度、它们的生产的性质和方式以及由生产所决定的交换的性质和方式所制约。"（马克思，恩格斯，1995d）[583]这正是本书所采用的研究方法的主要依据。虽然本书的研究对象是经济领域中所有制的局部变化，但马克思主义研究经济问题的方法并不是着眼于具体的物，并非仅仅着眼于抽象的经济关系，而是将经济关系放在具体的社会结构即阶级结构中加以考察，着眼于"人和人之间的关系，归根到底是阶级和阶级之间的关系"（马克思，恩格斯，1995b）[44]。因此，对历史的研究首先要重视阶级之间的关系。分析英国工党的国有化政策，首先需要分析英国在二战前后所面临的资本主义经济状况，继而考察这种状况所导致的社会阶级结构，分析英国社会各阶级的力量对比、组织程度、思想状况和斗争程度。不仅要考察阶级之间的冲突,而且要考察制约这些阶级及其冲突的经济状况,考察生产的性质和方式。由此,才能有确切的依据来说明为什么战后英国会出现国有化运动,而这个运动又如何影响了后来英国政治、经济的发展,进而导致战后英国阶级关系的变化。

阶级斗争学说是马克思、恩格斯创立的唯物史观的核心内容。英国工党的理论家们虽然也承认存在阶级,但却不承认阶级斗争,他们的典型思想是社会有机体论,即各个阶级之间的差别只是在社会中所发挥的作用不同,而工党社会主义的目的就是要使各个部分之间协调和谐地运行。在他们眼中,阶级斗争既不是历史前进的动力,也不是资本主义私有制发展的必然结果,而只是某种"失调"。这种看待阶级和阶级斗争的观点,在马克思、恩格斯所生活的年代就已经出现,马克思、恩格斯对此极为警惕。在批判右倾机会主义否定阶级斗争的言论时,马克思曾说:"将近 40 年来,我们一贯强调阶级斗争,认为它是历史的直接动力,特别是一贯强调资产阶级和无产阶级之间的阶级斗争,认为它是现代社会变革的巨大杠杆;所以我们决不能和那些想把这个阶级斗争从运动中勾销的人们一道走。"(马克思,恩格斯,1995c)[685] 在马克思看来,是否承认阶级斗争对人类历史的巨大作用,是国际共产主义运动内部斗争的核心问题。"在阶级斗争被当作一种令人不快的'粗野的'现象放到一边去的地方,留下来充当社会主义的基础的就只有'真正的博爱'和关于'正义'的空话了。"(马克思,恩格斯,1995c)[684] 而"博爱""正义"恰是战后民主社会主义所塑造的基本价值观——"自由、平等、团结互助"的思想基础。抛弃阶级斗争使西欧社会党的理论只能建立在空洞的伦理说教之上。

马克思不仅将阶级斗争学说作为唯物史观的核心概念,而且把阶级分析方法作为科学研究的基本方法。他认为,政治经济学的研究应该从资产阶级经济学的"不可逾越的界限"(马克思,恩格斯,2001a)[16] 开始,即从研究阶级利益的对立开始,进而考察在利益对立的基础上,各个阶级如何组织本阶级的力量进行斗争以及斗争的规律。

　　对于研究某一历史事件的性质，列宁曾以战争为例指出："证明战争的真实社会性质，确切些说，证明战争的真实阶级性质的，自然不是战争的外交史，而是对所有交战大国统治阶级的客观情况的分析。"（列宁，2012b）[577-578]列宁对阶级斗争理论十分重视，认为阶级斗争理论是马克思主义研究现实问题，探索历史规律的一条线索。"马克思主义提供了一条指导性的线索，使我们能在这种看来扑朔迷离、一团混乱的状态中发现规律性。这条线索就是阶级斗争的理论。"（列宁，2012d）[426]列宁认为，"马克思主义者不应该离开分析阶级关系的正确立场"（列宁，2012c）[27]。对阶级关系和阶级斗争进行客观的、历史的分析，这是马克思主义者研究历史和现实问题时的基本方法。所以，本书采用阶级分析方法作为核心研究方法，而不是仅从思想史中进行考察，因为一种思想、理论是否能够运用于现实，并不是这种思想、理论本身所能决定的，而是由特定的历史条件，由当时各阶级的特定的斗争状况所决定的。从历史学的角度看，政策实施的可能性空间是由历史地形成的阶级力量的对比所提供的，而不是由政治家自己创造的。这要求我们把具体的历史事件放在具体的历史环境中加以考察。因此，本书将着重研究1945—1951年英国工党执政前后的阶级状况，研究当时英国各阶级之间的斗争，研究这种斗争是怎样推动着资本主义向前发展，怎样对资本主义所有制的实现形式不断提出新的要求。

　　根据马克思主义关于阶级的基本观点，对于阶级的划分，主要依据是否占有生产资料，而其他因素，例如阶级意识的形成，就不能作为主要的依据。修正主义的鼻祖伯恩施坦就"反对马克思主义的以占有生产资料为标准划分阶级的方法，而以笼统的'财产'来区分阶层"（刘书林，2004）[63]。资本主义的发展过程中总是会出现一些新的情况，资产阶级学者也总是抓住这些新现象否定阶级和阶级斗争的存在。对于借资本主义社会出现的新情况来否认阶级斗争的说法，恩格斯曾经指出："现在也还有不少人，站在不偏不倚的高高在上的立场向工人鼓吹一种凌驾于一切阶级对立和阶级斗争之上的社会主义,这些人如果不是还需要多多学习的新手,就是工人的最凶恶的敌人,是披着羊皮的豺狼。"(马克思,恩格斯,1995d)[423]"只要取消了阶级斗争,那么无论是资产阶级或是'一切独立的人物'就'都不怕和无产者携手并进了'!"(马克思,恩格斯,1995c)[681]恩格斯的批判同样适用于对英国工党的定性,英国工党的理论家们虽然没有否定阶级对立的存在,但总是试图在不破坏这种对立的基础上构建社会主义制度。这种回避阶级斗争的态度反映了工党的真实性质。我们要研究工党的理论和政策,就应当坚持马克思主义的阶级分析方法和阶级斗争学说。

1.5 写作思路、篇章结构与创新之处

1945—1951 年的英国工党国有化改革,既是在特定历史条件下所采取的一项社会政策,又是对所有制进行的一次局部调整。因而本研究也主要在两个层面展开。

第一个层面是依据资本主义总危机理论考察 20 世纪上半期英国面临的各种危机的发展状况。资本主义总危机理论是我们看待国际共产主义运动高潮与低潮交替进行的历史现象的一把钥匙。自从十月革命胜利以来,只有把资本主义的阶段性发展放在帝国主义和无产阶级革命的时代大背景下进行考察,才能看清这一阶段所处的历史环节,才不会被资本主义发展的暂时平稳和一时高潮所迷惑,得出资本主义已经解决了自身的矛盾,实现了"历史的终结"这种违背历史唯物主义基本常识的结论。二战结束前后,世界社会主义运动出现高潮,一大批社会主义国家建立,社会主义制度突破了一国的范围,形成了社会主义阵营。资本主义国家的阶级矛盾也日趋激化,工人运动风起云涌,即使在英国这样的资本主义发达国家,也出现了工人运动高涨的态势。当时的英国面临

着严重的经济和政治危机,并由此导致对资本主义制度的信任危机。在这种形势下,英国工党得以在危机中上台执政,并大刀阔斧地推行了民主社会主义改革,进行了基础工业的国有化,为挽救英国的资本主义制度立下了汗马功劳。因此,对1945—1951年英国工党国有化改革的考察,应该首先把国有化放在资本主义总危机的历史背景下,考察英国所面临的政治、经济和意识形态等方面的全面危机,唯有如此,才能全面、透彻地理解战后初期英国进行国有化改革的历史原因。

第二个层面是把1945—1951年英国工党的国有化改革抽象到资本积累方式的高度,把这次改革看作资本主义所有制的一次局部变革,在资本主义基本矛盾的层面上探究这种变革的根本原因,考察资本主义基本矛盾的发展以及资本主义国家是如何缓解这种矛盾的。本书将依据资本积累理论,考察英国的资本主义是如何适应生产力社会化的要求而改变所有制的实现形式,以适应垄断资本主义的发展要求,延缓资本主义经济危机,确保资本积累顺利进行的。

与此相应,本书对1945—1951年英国工党国有化改革的影响的考察也主要从这两个层面出发,既考察国有化在稳定资本主义制度,改变英国国内阶级力量对比,平息工人运动等方面所起到的作用,也考察国有化对实现英国经济的复苏和维持战后长期繁荣所起到的作用。最后,根据对国有化的原因和影响的考察,揭示国有化究竟是有利于资产阶级还是有利于无产阶级,究竟是资本主义发展到垄断资本主义阶段的一种统治手段,还是能真正实现社会主义的一种和平改良的道路。本书的研究将证明,资本主义的国有化改革恰恰是有利于资产阶级和资本积累,而防止无产阶级革命的一种统治手段,这种改革绝不可能达至社会主义的结果。

基于以上两种研究的角度,本书各章的安排如下。

第一章介绍选题的缘由,以及本研究的意义和研究方法,并对相关的国内外文献加以述评。第二章考察战后工党国有化实践的历史背景,主要介绍资本主义总危机对英国资本主义经济状况和阶级状况的影响，特别是两次世界大战对英国社会产生的影响。第三章考察英国国有化思想的起源和发展，但并不是把国有化理论当作主观建构的产物，而是把这一理论的发展演变放在英国资本主义发展的历史进程中加以考察，探究这一理论是如何回应资本主义发展所提出的时代课题并进行相应的调整的。第四章介绍 1945—1951 年工党国有化实践的历史进程，大致将这一进程分为三个阶段，重点考察各个行业的国有化过程中不同利益集团的态度，以及这种态度如何影响了工党的国有化进程。第五章考察工党国有化实践的历史影响，主要考察这一实践对缓和英国资本主义基本矛盾，促进英国经济持续繁荣和缓和阶级矛盾，改变阶级力量对比的作用，并考察了国有化实践对战后工党国有化理论变迁的影响。第六章则对战后初期工党国有化的特殊本质和资本主义国有化的一般本质进行理论上的探讨，以此作为本书的结论。

　　本书的主要创新之处在于将资本主义总危机理论和资本积累理论运用到对战后英国工党国有化实践的分析上。回顾以往国内外关于英国工党国有化理论和实践的研究，西方学界大多从国有化对经济效率的影响，对企业盈利能力的影响等方面来进行考察，而马克思主义学者则集中于探讨国有化究竟有利于哪个阶级。本书一方面从资本主义总危机的宏观历史背景出发对这一实践加以考察，揭示这一实践的阶级本质；另一方面从资本积累的角度来分析导致这次资本主义所有制形式的局部变化的根本原因。这种研究的视角是以往的研究所较少注意的，至少是很少明确地提出的。

第2章 历史背景:资本主义总危机中的英国

十月革命以后,随着苏联社会主义制度的建立,资本主义进入了总危机阶段。资本主义总危机的出现使整个资本主义世界体系发生了重大变化。资本主义在政治上更加集权,逐步建立起以美国霸权为核心的国际关系体系;在经济上,加强了国家政权的调控作用,设法在经济上维持旧的殖民体系,并加强了对资本主义体系的外围和边缘国家的经济掠夺;在意识形态上,资本主义国家更加注重宣扬民主、自由的价值观,以对抗社会主义对资本主义造成的冲击。二战后,社会主义制度在多个国家的广泛建立进一步威胁到资本主义制度的历史合法性,加深了资本主义的总危机。在资本主义总危机的两个阶段,英国资产阶级采取了不同的手段,导致了不同的后果。在资本主义总危机的第一阶段,英国与各资本主义国家一样,一开始试图继续沿用自由资本主义的经济政策。这激化了资本主义的基本矛盾,最终导致1929—1933年的世界经济危机的爆发。资本主义总危机的持续存在和加深使得资产阶级不能再像以往那样通过自由市场的自发作用使经济得到缓慢的复苏,而只能采取一切可能的手段尽快摆脱危机,以防止本国阶级矛盾的激化和社会主义革命的爆发。在总危机的第二阶段,英国等欧洲资本主义国家在战争中遭受重创,而社会主义革命在多个国家取得成功,这使得资本主义国家必须尽快采取措施,缓和国内阶级矛盾,稳定和恢复资本主义的经济秩序

和政治秩序,以遏制社会主义革命的蔓延。1945—1951 年的英国工党
国有化就是在这样的历史背景中展开的。

2.1　资本主义总危机的阶段性和周期性

资本主义总危机理论是本书的基本理论依据,本节将暂时离开对英
国国有化的直接考察,转而对资本主义总危机理论进行详细的探讨,为
考察英国工党国有化理论的形成和 1945—1951 年英国工党的国有化实
践提供一个宏观的历史背景。

在俄国十月革命的鼓舞下,1917—1923 年底,欧洲多个国家发生了
无产阶级革命,掀起了一次革命高潮。例如 1918 年 3 月的芬兰工人革
命,1918 年匈牙利的无产阶级革命,以及从 1918 年到 1923 年连续几次
的德国革命高潮等。但与俄国十月革命最终取得胜利不同,这些革命都
以失败告终。从 1924 年起,资本主义世界体系进入了一个相对稳定的
时期,主要资本主义国家出现了一定程度的繁荣。面对这种情况,有人
认为,资本主义已经发生了转变,逐渐在政治和经济上趋于稳定。世界
革命高潮的消退似乎与列宁等人原来设想的社会主义革命很快会在全
世界取得胜利的观点相矛盾,如何认识这一时期世界局势的发展成为国
际共产主义运动面临的一个重要问题。针对"资本主义稳定论",斯大林
认为,这只是"资本主义的局部稳定或暂时稳定"(斯大林,1958)[219]。"正
是从这种稳定中,从生产增长,贸易扩大,技术进步,生产能力提高,而世
界市场、世界市场范围和各个帝国主义集团的势力范围仍旧相当固定的
情况中——正是从这种情况中产生着最深刻最尖锐的世界资本主义危
机,这种危机孕育着新战争和威胁着任何稳定的存在。"(斯大林,
1954)[234]在"资本主义的暂时的稳定中孕育着新的危机,资本的成就是不
巩固的,资本主义'恢复健康'的过程里隐藏着它内部衰朽和瓦解的前

提。"(斯大林，1958)[47]处于相对稳定时期的资本主义的发展会导致新的危机，从而打破这种暂时的稳定。很快，1929—1933年经济危机和后来的第二次世界大战的爆发证实了斯大林的这一论断的正确性。

1930年，在《联共(布)中央委员会向第十六次代表大会的政治报告》中，斯大林提出了"资本主义总危机"的概念。他认为1929—1933年的经济危机"是在资本主义总危机的条件下爆发的"(斯大林，1956)[253]，而经济危机又进一步加剧了资本主义总危机。"持久的经济危机的结果是资本主义国家内部和它们彼此之间的政治状况的空前尖锐化。"(斯大林，1956)[258]面对战后社会主义革命和各殖民地民族独立运动的高涨，斯大林于1952年提出了"世界资本主义体系的总危机"概念，进一步发展了"资本主义总危机"理论。他认为，"世界资本主义体系的总危机，是既包括经济也包括政治的全面危机。……这种危机的基础，一方面是世界资本主义经济体系的瓦解日益加剧，另一方面是脱离资本主义的国家——苏联、中国和其他人民民主国家的经济实力日益增长"(斯大林，1985)[641-642]。

资本主义总危机形成的条件是社会主义革命在部分国家取得胜利。"由于十月革命胜利和苏联脱离世界资本主义体系而形成的资本主义的总的和根本的危机不仅没有过去，反而日益加深，使资本主义生产的基础本身发生动摇。"(斯大林，1954)[243]苏联社会主义制度建立以后，"资本主义已经不是唯一的和包罗万象的世界经济体系；除资本主义经济体系外，还存在着社会主义体系……这一事实本身……动摇着资本主义的基础"(斯大林，1955)[216]。十月革命爆发以后，如何遏制社会主义革命在资本主义世界体系中的蔓延，维护资本主义制度的稳定，就成为世界范围内的资产阶级面临的生死攸关的共同课题。而社会主义国家的存在和继续向前发展，提高了资本主义国家应对经济危机和各种社会问题的难度，加剧了解决这些问题的迫切性。与十月革命之前相比，资本主义不可能再有充足的时间通过自由市场的自发作用，等待资本主义生产的缓慢恢复。在社会主义革命形势的胁迫下,为了维护资本主义制度,资产阶级宁可做出一些让步,有时甚至是较大的让步,实行一些改良,以缓和社会矛盾。这就是第二次世界大战以后,资本主义发达国家纷纷进行社会改良,建立较为完善的福利体系的根本原因。第一次世界大战结束后,资产阶级还没有充分意识到社会主义制度的现实存在对资本主义制度究竟意味着什么,他们仍旧继续加强对无产阶级和殖民地国家的压迫和掠夺,在社会改良上没有取得多少实际进展。第二次世界大战后,社会主义制度扩展到亚欧多个国家,使资本主义世界体系第一次面临崩溃的危险。因此,二战结束后,发达国家的资产阶级吸取了教训,开始大规模地提高工人的福利待遇,推行了诸如国有化、福利体系建设等一系列社会改革。

　　资本主义总危机的实质是:垄断资本主义进一步提高了生产的社会化程度,生产资料的占有形式,生产和分配的组织形式都高度社会化了。未来的社会主义制度有可能直接利用这种高度社会化的生产形式来建立社会主义的生产关系。但资产阶级不会自动退出历史舞台,资本主义不会自动过渡到社会主义,只有经过社会主义革命才能建立起社会主义的生产方式。由于资本主义发展的不平衡性,无产阶级革命不可能同时在全世界取得胜利,只能在各个国家逐步取得胜利,这需要一个较长的历史过程。这个过程的总的特征和基本内容就是资本主义世界体系不断走向灭亡,社会主义革命不断走向胜利,逐步实现人类历史从资本主义向社会主义的过渡。这个过程就是资本主义体系的总危机时期。"资本主义总危机是包括资本主义经济基础和上层建筑一切领域在内的整个资本主义制度的危机,是世界资本主义体系崩溃的总过程。"(宋涛,1988)[359]资本主义总危机这一概念的提出及其所要回答的问题表明,资本主义向社会主义的过渡需要一个较长的历史时期,而不是如马克思最初所设想的差不多在所有国家同时实现社会主义革命(陈其人,1992)[174]。

　　列宁曾经指出,"帝国主义是无产阶级社会革命的前夜"(列宁,

2012b)[582]。十月革命以后,世界历史进入了从资本主义向社会主义过渡的时代。① 我们可以把资本主义总危机看作是帝国主义和无产阶级革命时代的历史趋势的进一步发展。资本主义发展的不平衡性会使总危机在不同的资本主义国家有不同的表现,在资本主义世界体系的薄弱环节可能导致资本主义制度的灭亡和社会主义革命的胜利,也可能导致殖民地被压迫民族谋求民族独立的革命。资本主义总危机不是个别地区和个别国家的危机,而是整个资本主义世界体系的总危机,在总危机面前,资本主义发达国家也不能幸免。随着社会主义革命和殖民地民族独立运动的兴起,资本主义总危机进一步深化,导致资本主义发达国家内部的阶级矛盾加剧,无产阶级运动高涨,资产阶级的统治秩序动摇。总危机也加深了资本主义发达国家经济体系的不稳定性,其结果是导致资本主义发展模式的转变和国家垄断资本主义的加强。

总危机的出现是资本主义基本矛盾发展的必然结果。资本主义私有制和生产的社会化之间的矛盾导致周期性的经济危机。在每次危机中,无产阶级的组织程度和斗争性都会得到增强,这对资产阶级的政治统治构成了严重的威胁。随着斗争水平的提高,无产阶级的阶级意识也日益成熟,使资产阶级的意识形态控制变得乏力。在社会主义制度成为现实并日益取得巨大的发展成就的历史条件下,资本主义国家无产阶级的斗争就具有了更明确的要求实现社会主义的指向性,这进一步激化了资本主义的各种矛盾。因此,资本主义总危机是资本主义各种矛盾空前尖锐化的表现,是资本主义的经济、政治和意识形态危机的总爆发,这种矛盾的激化集中表现为阶级斗争的激化。但这并不是说资本主义的各种矛盾就不可能出现再次缓解的趋势,通过调整经济关系,缓和阶级矛盾,有可能暂时缓解资本主义的总危机,使资本主义制度得以延续。

———————————

① 斯大林曾经认为,十月革命以后,世界历史进入了"帝国主义和无产阶级革命的时代",与列宁的判断有所不同。参见钟哲明:《对"帝国主义和无产阶级革命时代"提法的比较分析》,《马克思主义研究》2006年第1期。

在资本主义向社会主义过渡的整个历史时期,由于资本主义发展的不平衡性和无产阶级革命高潮与低潮的交替,资本主义总危机也呈现出阶段性的特征,表现为总危机的激化和缓和局面的交替出现。据此,斯大林把资本主义总危机划分为两个阶段:"世界资本主义体系的总危机,是在第一次世界大战时期,特别是在苏联脱离资本主义体系之后开始的。这是总危机的第一阶段。在第二次世界大战时期,特别是在欧洲和亚洲的各人民民主国家脱离资本主义体系之后,展开了总危机的第二阶段。第一次世界大战时期的第一次危机和第二次世界大战时期的第二次危机,应该看作不是两次单独的、彼此隔离的危机,而是世界资本主义体系总危机发展的两个阶段"(斯大林,1985)[641]。我国学者还设想了资本主义总危机的第三个阶段,即"社会主义和共产主义在全世界取得胜利、资本主义总危机的结束阶段"(宋涛,1988)[363]。从资本主义灭亡的历史必然性来说,资本主义总危机使资本主义国家之间的矛盾,资本主义国家和社会主义国家之间的矛盾,资本主义国家和殖民地之间的矛盾以及资本主义国家内部的阶级矛盾相互叠加,这些矛盾的发展将导致资本主义制度的最终灭亡。从总的历史趋势来看,这一结论是正确的,资本主义总危机的第三阶段必然到来,但这一阶段如何到来,从第二阶段到第三阶段要经历怎样的曲折,对资本主义总危机可能出现的阶段性起伏,还需要有清醒的认识和进一步的研究。

在第二阶段,社会主义革命对资本主义体系的冲击更加猛烈,资本主义总危机进一步加深。但在这个阶段,总危机也出现了一次较长时间的缓和,资本主义世界出现了几十年的繁荣稳定时期。第二次世界大战以后,社会主义阵营形成,资本主义世界体系面临崩溃的危机。为了应对这一危机,资本主义各国纷纷采取改良措施,在一定程度上提高了工人阶级的生活水平,缓和了阶级矛盾,加强了国家对经济的控制。20 世纪 70 年代以后,资本主义国家的各种矛盾逐步缓和,世界社会主义运动的高潮也逐渐消退,尤其是 1991 年以苏联解体为标志的多个社会主义国家出现复辟资本主义的历史性倒退,使得资本主义总危机理论似乎不再适用了,资本主义行将灭亡的危机似乎消失了。资产阶级学者鼓吹历史已经终结,资本主义已经克服了固有的基本矛盾,进入了更高的,能够实现和谐永存的阶段。一些人进而认为,社会主义已被证明是"历史的失误";日裔美国人弗朗西斯·福山更是抛出了所谓的"历史终结论"。这种论调导致了理论上和理想信念上的混乱。随着苏联解体,资本主义世界体系的巩固以及资本主义向原社会主义国家的扩张,有些人对社会主义必然战胜资本主义的信念动摇了。

20 世纪 90 年代以来,资本主义的总危机似乎解除了。有些学者质疑资本主义总危机概念,认为这一概念既包括政治方面,又包括经济方面,不够严谨、准确,甚至认为资本主义总危机是斯大林"基于对世界政治和经济形势错误推断的基础上"(庄起善,1990)做出的。还有的学者则根据二战以来资本主义出现的新情况,认为"斯大林的资本主义总危机理论对二战后资本主义发展出现的新情况和新趋势认识得不够充分和深刻"(赵绪生,2007)。这些学者认为对世界政治和经济形势应该做出新的判断,即第二次世界大战后,资本主义世界体系出现了一个较长时期的稳定局面,资本主义本身也发生了一定的变化,各国纷纷加强了国家垄断资本主义,资本主义总危机理论已不能解释这些新的变化。对于这种观点,应该指出的是,斯大林所提出的资本主义总危机理论并没有否定在总危机中资本主义出现稳定局面的可能性,相反,这一理论正是斯大林面对资本主义出现的稳定局面而提出的,正是为了解释和分析这种稳定局面的出现。斯大林认为这种稳定是暂时的、不稳固的。由于资本主义固有的基本矛盾的作用,在稳定时期资本主义的进一步发展必然导致各种矛盾的进一步深化,从而产生新的危机或者说导致总危机的再次激化。二战后出现的资本主义的持续稳定和繁荣,恰恰是总危机理论所要解释的现象,即资本主义稳定时期为资本主义总危机的进一步发展准备条件。这种稳定和繁荣的局面虽然持续了几十年,但在 20 世纪

70 年代以后就陷入了滞胀的泥潭。虽然在 20 世纪 80 年代,资本主义发达国家在全球推行新自由主义经济政策以后,特别是在苏联解体、东欧剧变之后,资本主义的危机似乎解除了,又出现了一派欣欣向荣的景象。但好景不长,1997 年的东南亚经济危机证明经济危机的幽灵从未走远。2008 年爆发的规模空前的世界经济危机再次证明,虽然资本主义稳定时期有可能持续较长时间,但这种稳定的暂时性是不可克服的。十月革命以来出现的资本主义总危机并没有随着二战后资本主义繁荣局面的出现而消失。2008 年世界经济和金融危机爆发以来,资本主义发达国家对这场危机一筹莫展,西欧、美国和一些资本主义世界体系的边缘国家都身陷危机,难以自拔。2020 年,由 COVID-19 疫情所引发的严重经济萧条和由美国的种族矛盾所引发的黑人民权运动表明,资本主义总危机重新激化的阶段已经到来。与此形成鲜明对比的是中国特色社会主义的快速发展。类似的情况在 1929—1933 年大萧条时期就出现过,当时,一边是欧美资本主义国家陷入经济危机的泥淖,自由市场经济彻底失灵;另一边是苏联的快速发展,短短几年就建立起了自己的工业体系。2008 年经济危机爆发以来,一些资本主义发达国家国内的阶级矛盾激化,世界各国共产党的党员人数普遍增加,在各种社会运动中日渐活跃。国际共产主义运动出现了走出低潮、再次兴起的征兆。在这种情况下,重新审视斯大林资本主义总危机理论的当代价值具有重要的现实意义。

通观十月革命以来社会主义革命和建设的历史,甚至回溯《共产党宣言》发表以来的历史,国际共产主义运动正是在高潮和低潮相互交替的状态中不断前进的。十月革命胜利以后,迄今为止,国际共产主义运动经历了两次周期性的起伏,每个周期都包含了国际共产主义运动的高潮和低潮时期。两次国际共产主义运动高潮的开端都是社会主义革命的兴起——第一次是十月革命的胜利,第二次是社会主义阵营的出现。根据这两个革命性的标志,如前所述,斯大林把资本主义总危机划分为前后相继的两个阶段。第一个周期始于第一次世界大战后期,俄国十月革命的爆发和欧洲工人运动的高涨,这是总危机第一阶段的开端和高潮时期,随着 20 世纪 20 年代后期资本主义体系趋于稳定,国际共产主义运动进入低潮阶段,在这个阶段出现了关于资本主义进入稳定时期和资本主义总危机是否结束的争论。斯大林认为这只是暂时的稳定,资本主义总危机并没有真正结束。随着 1929—1933 年经济危机的爆发,资本主义国家的工人运动再次高涨,这场危机是第二次世界大战的重要原因,促使资本主义总危机进入第二个阶段,进而展开了国际共产主义运动的第二个周期。这个周期始于第二次世界大战后多国社会主义革命的胜利和社会主义阵营的建立,连同殖民地半殖民地的民族独立运动,共同构成了资本主义总危机第二阶段的开端和高潮。20 世纪 80 年代以后,革命浪潮消退,国际共产主义运动进入低潮时期,总危机的第二阶段也出现了资本主义统治秩序暂时稳定的阶段。在这个时期,同样也出现了关于资本主义已经摆脱了基本矛盾和经济危机的梦魇,人类历史已经终结这类论调。特别是 20 世纪 90 年代,东欧剧变、苏联解体,社会主义制度遭受严重打击,更使一部分人对世界历史的未来感到迷茫,丧失了对共产主义的理想信念。直到 2008 年资本主义经济危机的爆发,人们才逐渐意识到,一次新的国际共产主义运动高潮有可能即将到来,世界历史的共产主义方向没有改变。这说明,从总的历史进程来看,资本主义总危机存在着逐渐加深的趋势,虽然这并不意味着在总危机的各个阶段,资本主义不会出现暂时的稳定和繁荣,更不意味着世界社会主义革命不会出现低潮时期。因此,由于资本主义经济危机的周期性变化和世界无产阶级革命的起伏,资本主义总危机也呈现出周期性的变化。这并不是一个直线上升的过程,而是一个类似于螺旋上升的历史发展过程。

在各个阶段之中,资本主义总危机还出现了表现不同的小阶段。正如资本主义经济危机并不是一个不断加深的直线发展过程,而是经历了"危机→萧条→复苏→高涨→新的危机"这样不断循环而又程度逐渐加深的周期一样,与之相伴的资本主义总危机也要经历"激化时期→稳定时期→再次激化"的周期性变化。例如,陶大镛根据革命形势的变化把资本主义总危机的第一个阶段划分为三个时期:"第一个时期,是在第一次世界大战以后的最初几年(1918—1923 年)整个资本主义制度陷于崩溃状态中,在许多国家内爆发了无产阶级的武装起义,这是资本主义制度剧烈动摇与革命运动普遍高涨的时期。第二个时期,是从 1924 年到1929 年。在这个时期内,各国资产阶级又向无产阶级进行反攻,革命的高涨变成了暂时的革命低潮,这是资本主义相对稳定和资本主义体系总危机进一步发展的时期,也是国际无产阶级积聚力量的时期。第三个时期,是从 1929 年世界经济危机爆发到第二次世界大战的前夕,这是资本主义相对稳定的破灭和资本主义一切矛盾尖锐化的时期。"(陶大镛,1954)[30]资本主义经济的稳定和繁荣时期内在地包含于资本主义经济危机的周期之中,社会主义革命低潮和资本主义制度的稳定时期也同样内在地包含于资本主义总危机的周期之中。因此,依据马克思主义政治经济学的基本理论,资本主义繁荣时期的到来不能改变未来资本主义经济危机爆发的必然性,同样,资本主义稳定时期和社会主义革命低潮期的到来也不能否定资本主义总危机的存在和总危机进入新的激化时期的历史必然性。

关于资本主义总危机的周期性,斯大林虽然没有明确地论述过,但他对世界革命退潮和来潮的论述可以作为资本主义总危机周期性的一个佐证。斯大林认为"世界革命时代是一个新的革命阶段,是包括好多年也许包括几十年的整整一个战略时期。在这段时期内可能有而且一定有革命的退潮和来潮"(斯大林,1979a)[322]。即使在 1917 年俄国二月革命和十月革命之间的短暂时期,革命也经历了退潮和来潮,而并不像"革命的庸人通常所想象的那样,是革命的一味直线上升"(斯大林,1979a)[323]。俄国的"革命在经历了多次考验和退潮以后,终于取得了无产阶级专政的胜利"(斯大林,1979a)[323]。而到了 1925 年,一战后爆发的欧洲革命高潮已经消退,资本主义进入暂时稳定时期。"欧洲开始了革命的退潮,开始出现了某种平静现象,即我们所说的资本主义的暂时稳定。"(斯大林,1979a)[322]针对革命低潮的到来,斯大林回顾了俄国革命的历程,总结了革命的规律:"革命的发展通常不是直线上升,不是继续不断地向上高涨,而是要经过曲折的道路,经过进攻和退却、来潮和退潮的道路的。在发展进程中来潮和退潮锻炼了革命力量并且准备了革命的最终胜利。这就是已经到来的革命退潮时期的历史意义,这就是目前我们所处的平静时期的历史意义。"(斯大林,1979a)[324]革命退潮时期,并不是革命的灭亡,而是为新的高潮的到来准备条件,积蓄力量的时期。看不到社会主义革命的这个规律,就会被资本主义暂时的稳定所迷惑,就无法看清世界历史的发展趋势,更无法深入考察资本主义在一个特定阶段的特殊表现,无法真正把握资本主义国家某项社会政策的本质。这就是本书在展开对英国国有化理论与实践的考察之前,必须对国有化实践所处的宏观时代背景加以分析的原因。

第二次世界大战以后,资本主义国家经历了长达20年的黄金时期,资本主义发达国家呈现社会矛盾缓和,国内局势稳定的局面,但这并不代表资本主义总危机已经不存在了。在资本主义经济繁荣和社会稳定的时期,资本主义总危机仍旧在继续深化,因为总危机的根源在于资本主义的基本矛盾。战后资本主义国家的垄断资本获得了更高程度的发展,这在更大的规模和更深的程度上导致资本主义总危机的进一步发展。"资本主义制度下的稳定使资本的力量暂时增强,同时也必然使资本主义的矛盾尖锐化。"(斯大林,1979a)[325]资本主义总危机经过各个周期的革命高潮和低潮,在资本主义固有矛盾和无产阶级革命的推动下,不断深化,因为"不使所有这些矛盾尖锐化,不积累那些归根到底促使资本主义垮台的条件,资本主义就不能发展"(斯大林,1979a)[326]。社会主义革命高潮的到来是资本主义谋求自身发展,资本家谋求利润的必然结果。

　　根据斯大林的资本主义总危机理论以及对总危机周期的阶段性划分,我们可以对资本主义总危机的历史过程加以梳理。在资本主义总危机的第一阶段,初期是资本主义总危机突显和革命高潮到来的时期。在俄国发生了十月革命,建立了社会主义政权。在德国等资本主义国家发生了无产阶级革命,但却归于失败。在英国、美国等资本主义国家则没有出现大的革命高潮。在第一阶段初期过后,资本主义总危机趋于缓和,资产阶级借机向无产阶级发起进攻,例如 1926 年英国总罢工的仓促爆发和失败就是资产阶级在经过充分准备后,对无产阶级的一次有预谋的进攻。这是第二个时期。这个时期孕育了总危机第一阶段的第三个时期。随着 1929—1933 年空前规模的世界经济危机的爆发,资本主义体系的暂时稳定被打破。在苏联社会主义制度日益稳固并取得长足发展的背景下,1929—1933 年的经济危机直接导致资本主义总危机的激化。各资本主义国家为挽救本国资本主义走上了不同的道路,美、英等国加强了国家对经济的管制,而德、日等国则走上了法西斯道路,发动了第二次世界大战。在 1929—1933 年经济危机以后和第二次世界大战之中,世界无产阶级运动再次出现高潮。随着社会主义革命的兴起,资本主义总危机进入第四个时期,这是第一阶段的结束和第二阶段的开始。在资本主义总危机第二阶段初期的革命高潮中,一些资本主义体系的边缘国家取得了社会主义革命的胜利,建立了社会主义政权。社会主义阵营得以形成。此后,资本主义国家借鉴社会主义国家的做法,调整了社会政策和经济政策,加强了国家政权对经济的控制。随着资本主义统治秩序趋于稳定,革命高潮逐渐消退,进入了资本主义总危机第二阶段的第二个时期,即资本主义向社会主义和无产阶级进攻的历史时期。这一时期的表现是新自由主义在世界范围内的盛行,资本主义各国取消了许多在战后为缓和社会矛盾而采取的改良措施,削减工人福利,把国有企业私有化,成功地和平演变和颠覆了一些社会主义国家,等等。虽然资本主义国家在 20 世纪七八十年代出现了"滞胀"的局面,但资本主义向社会主义的进攻仍旧取得了局部的成功。在第二阶段的革命低潮时期,资本主义总危机的发展主要不是表现为革命高潮的出现,而是表现为资本主义基本矛盾的进一步发展。科技革命和信息革命带来生产社会化程度的极大提高,资本主义私有制也得以进一步扩展,这为新的危机的到来准备了条件。直到 2008 年经济危机的再次爆发,资本主义总危机第二阶段才开始逐步走出革命低潮时期。旷日持久的"脱欧"反映出英国社会的分裂,法国发生了"黄背心"运动,在 COVID-19 疫情中,美国等西方发达国家出现了不同程度的社会抗议运动和社会动荡。整个世界的阶级矛盾、民族矛盾和种族矛盾在逐步激化。科尔宾的上台,桑德斯在美国大选中的意外表现,都说明社会主义运动正在西方国家日渐崛起。有调查表明,西方发达国家新一代的年轻人对社会主义思想更有好感。可以说,现在正处于第二阶段的第三个时期,即经济危机爆发和新的社会主义革命酝酿的历史时期。这就是十月革命以来资本主义总危机发展的大致历程,这种周期性的发展是总危机不断深化的表现。

　　1945 年二战结束以后,资本主义世界体系正处于总危机第二阶段的革命高潮时期。殖民地民族解放运动和无产阶级革命在许多国家取得了胜利,资本主义殖民体系彻底瓦解,各资本主义国家都面临着社会主义革命的威胁。资本主义世界体系面临着严重的危机。这场危机对英国的影响尤其深远。作为殖民帝国主义国家,殖民地对英国资本主义的发展有着至关重要的意义,而殖民地民族独立运动的高涨,英帝国殖民体系的瓦解,使得英国的资本主义陷入空前的危机之中,此时的英国已经不能从殖民体系中获得多少利益,反而深受殖民地的拖累。维持对殖民地的统治给英国政府带来了沉重的财政负担和军事负担,已经得不偿失。同时,英国国内也面临着工人运动的高涨,阶级矛盾空前激化。1945—1951 年的英国国有化改革,就是在这样的时代背景下出现的。在世界社会主义革命高潮时期,各资本主义国家纷纷进行国有化改革,加强了国家垄断资本主义。这不是偶然的,而是在这个特殊的历史条件下所采取的一种带有普遍性和规律性的措施。资本主义国家采取这些措施所试图解决的是这个历史时期带给资本主义的共同挑战——资本主义制度受到社会主义革命的严峻挑战,资产阶级必须采取一切可能的措施来挽救资本主义制度,而包括国有化和福利体系建设在内的民主社会主义改革,就是英国资产阶级为应对这场挑战而采取的主要措施。因此,我们考察 1945—1951 年的英国工党国有化的理论和实践,就必须先考察国有化的历史背景,考察英国在资本主义总危机中的表现。

2.2　总危机第一阶段与英国垄断资本主义的发展

从俄国十月革命到第二次世界大战的爆发,构成了资本主义总危机的第一阶段,或者说是资本主义总危机的第一个周期。这个阶段的特征是国家垄断资本主义的形成和初步加强。在两次世界大战之间,英国工党取得了长足的发展,羽翼逐渐丰满,从自由党的附庸发展为英国的两大政党之一。正是在这个时期,工党接受了费边社的"渐进主义"主张——"通过争取支持和立法来坚定不移地向社会主义的千年王国迈进"(Thorpe,1996)[84]。第一次世界大战行将结束之际,1918 年,英国进行了一次大选。此时的工党虽然刚刚确立了自己的党章和党纲,但已经成为英国议会中最大的反对党。工党能够在这个时期取得巨大发展,成长为英国两大政党之一,并在意识形态上逐渐形成自己的鲜明特色,这与英国资本主义在两次世界大战之间的发展状况有密切的联系。

资本主义进入垄断资本主义阶段以后,垄断资本凭借雄厚的实力,逐步与国家政权相融合,并利用国家政权谋取最高的垄断利润,这促使垄断资本主义发展为国家垄断资本主义。但在第二次世界大战以前,国家垄断资本主义的发展尚不稳固,时而有所发展,时而收缩(宋涛,1988)[160]。这一时期,国家垄断资本主义主要是在战争和经济危机的推动下，出于赢得战争和挽救经济危机的需要而出现并发展的。战争是导致资本主义发展为国家垄断资本主义的一个重要因素。"发展成帝国主义即垄断资本主义的资本主义，在战争的影响下变成了国家垄断资本主义。"（列宁，1985）[171]直到第二次世界大战以后，"国家垄断资本主义作为资本主义生产关系的一种完整体系，得到了普遍、全面、持久的发展。在资本主义经济中的地位和作用日益重要"（宋涛，1988）[160]。

2.2.1 第一次世界大战与英帝国的衰落

第一次世界大战促进了国家垄断资本主义的发展。为了赢得战争胜利，英国政府控制了工业原料、进出口贸易和产品价格，并把铁路和军火企业收归国有。这些战时措施提高了军火生产的效率，使国家能够集中调配全国的战略资源。战争虽然造成了社会生产力的极大浪费，却使"人们发现有必要将铁路集中起来以达到一些节约的目的"（艾德礼，1961a）[32]。人们开始意识到，依靠国家政权的力量在整个国家范围内对基础行业进行集中管理可以产生更高的效率，并降低运营成本。

但是战争结束后，国家垄断资本主义增强的趋势并没有持续下去，英国政府立即取消了对经济的军事管制，并把政府在战时创办的军火工厂卖给了资本家（余开祥，1987）[200]。在人们的观念中，崇尚市场自发作用的马歇尔经济学说仍旧是主流的经济思想。在经济基础上，垄断组织的地位及其与国家政权融合的趋势都得到进一步加强，但暂时还没有在政府的经济政策上充分体现出来。直到1929—1933年世界性经济危机的到来，才使得局部改变上层建筑，转换资本主义经济政策的指导思想，以适应国家垄断资本主义发展的要求变得迫切起来。

对于英国而言，第一次世界大战除了加快英国国家垄断资本主义的发展以外，还有如下三个方面的影响。

第一，削弱了英国在资本主义世界体系中的地位，加速了英国的衰落。虽然早在19世纪末，美国的经济总量就超过了英国，但美国在国际

政治经济体系中的影响力仍旧不及英国。英国仍然是公认的最强大的
资本主义国家。第一次世界大战成为英国衰落的一个转折点,一战后,
英国在世界贸易、金融和殖民体系中的核心地位都大大地衰落了。
1913—1918 年,英国的出口贸易下降了一半,战争使英国商船损失了
70%,英国丧失了长期占据的海上霸权,被美国和日本所超过(余开祥,
1987)[189]。战争还使世界金融中心从伦敦转移到了纽约,英国丧失了在
世界金融体系中的核心地位,在资本主义世界的经济地位大为削弱。一
战过后,英国殖民地民族独立运动开始兴起,英国的殖民体系开始动摇。
这一切都说明,世界历史进入资本主义阶段之后兴起的第一个大帝国开
始衰落了(余开祥,1987)[189-191]。战争直接促进了美国的兴起和苏俄社会
主义政权的建立,这些都使英国的综合实力相对衰落。

　　以经济发展迟缓为主要表现的"英国病"在 19 世纪末就已经初现端
倪。一战之后,"英国病"表现得更为明显,英国在资本主义国家中逐渐
落后。例如,一战后,化学工业在世界主要资本主义国家中得到长足发
展,一定程度上反映了资本主义国家生产力的发展状况,但英国在这方
面仍旧落后,表 2.1 表明,英国虽然不是消费亚硝产品最少的国家,但却
是消费量方面增长最慢的国家。战前、战后的消费量几乎没有多大变
化,这反映了英国生产力发展的滞后。

表 2.1　一战前后主要资本主义国家亚硝产品消费量

(单位:千吨)

主要资本主义国家	一战前	1926 年
德国	260	439
英国	54	61
法国	79	152
意大利	22	54
美国	167	341

资料来源:《布哈林文选》(下),北京:人民出版社,1988 年版,第 371 页。

第二,第一次世界大战使长期奉行自由主义经济政策的英国人开始接受由国家来管理、控制经济的观念。为赢得战争,各国纷纷加强对经济的全面控制,战时经济的高效率让人们意识到,一个由政府控制的经济有可能运行得更加有效,从而打破了长期以来对自由市场经济的迷信。第一次世界大战期间,英国政府广泛动员工人群众参加战争,为此也采取了一些措施来保证工人群众的基本生活,这使英国出现了前所未有的戏剧性变化。战争期间,长期困扰资本主义社会的失业现象消失了。"在世界大战期间英国虽然有些人不得不放弃奢侈品并减少对某些服务的享受,但是整个人民却获得了比以前任何时候都更高的生活水平。"(艾德礼,1961a)[9]

战争还提供了反面教训。一战结束后,在从战时经济向平时经济转换的过程中,由于政府迅速放弃了战时经济管控,1919—1920 年先是出现了严重的通货膨胀,继而又跌入经济萧条,1920 年的下半年失业率从 4％ 飙升到 20％。这成为二战结束后人们能够广泛接受艾德礼政府的经济计划的原因之一。"为了避免通货膨胀和经济萧条重现,同时也为了确保紧缺资源的合理分配,艾德礼政府毫不犹豫地延续了许多战时管制措施。"(Chick,1998)[1-2]

第一次世界大战所提供的特殊经历促使人们开始设想:建立一个新的由政府来组织的社会可能比现有的社会更加优越。"如果我们设想在和平时期也能以同样程度的组织和精力从事生活资料的生产而不是杀人工具的生产,那么我们还能怀疑英国人民生活水平能够大大提高,贫民窟、疾病和贫穷能够被消除吗?"(艾德礼,1961a)[9] 换句话说,战争给英国人带来一种想象的空间,使人们意识到在和平时期,政府对经济和社会生活进行高度的干预,由政府来组织生活资料的生产和分配,就有可能实现全社会的普遍富足。所以,自从第一次世界大战结束以后,在欧洲各国,不断有人提起实行计划经济的可能性,自由主义经济学家原来对计划经济的否定受到了实践的嘲弄。正是在一战的影响下[①],人们开始认真考虑社会主义者和费边社的主张。工党内部也开始讨论实行计划经济和国有化的可能性。英国中央

_____

①　十月革命后苏维埃俄国的社会主义建设也是产生这种影响的重要原因。

政府或地方政府介入工业界以提高工业系统的生产效率成为战争中的一个普遍做法(Chick,1998)[73]。英国政府扩大了对交通运输和能源行业的管制权和所有权(Millward et al,1998)[73]。要求铁路系统合并的呼声也日益高涨。早在 1909 年，丘吉尔就曾说道："英国的铁路如果不以这种或那种形式合并到一起，就没有任何经济前景可言。"(Foster,1992)[56]在一战的影响下，这种观点在英国的舆论界日益增长。第一次世界大战后，英国的铁路系统虽然还没有真正被国有化，但 1921 年的铁路法案已要求把全国铁路合并成四个主要的铁路干线(Foster,1992)[59]。在铁路等基础性行业加强政府干预或进行国有化改革的必要性明显提高。

第三，加剧了英国国内的阶级矛盾。第一次世界大战中，"英国官兵死亡达 87 万人，伤者约 200 万人"(余开祥,1987)[189]。英国劳动力的减少，提高了工人的地位。战争期间，男人走上战场，女人则开始走出家庭，走进工厂，从事制造军火或其他服务于战争的工作，这提高了妇女的社会地位。

战争能够启发工人的政治意识，增强工人的组织性。在英国资产阶级革命中，革命曾经启发了下层士兵的政治意识，在军队里出现了要求实行普选的"平等派"。第一次世界大战还加剧了英国资本主义的制度危机。战争让人们更容易看清帝国主义的腐朽性。帝国主义国家为了争夺殖民地，强迫人民在战争中流血牺牲，使人民群众对资本主义国家政权的合法性产生了质疑。

同时也应该看到，战争对阶级矛盾的影响具有两重性，既有激化阶级矛盾的作用，也有缓和阶级矛盾、促进社会整合的作用。一方面，在战争中，原本长期隔阂的各个阶级并肩战斗，增加了相互之间的了解，打消了上层阶级在劳动人民心中的神秘形象。战争的爆发使民族矛盾上升到首要地位，暂时掩盖了资本主义各国国内的阶级矛盾和社会矛盾。另一方面，战争对各国资产阶级造成沉重打击，摧毁了大量的固定资本，严重破坏了资本主义国

家的工业基础,使西欧各交战国面临经济复苏困境①。为了赢得战争,各国
政府不得不对工人进行军事训练,这也增强了工人的组织能力和斗争能力。
这些因素都给战后阶级矛盾的迅速上升埋下伏笔。因此,在战争期间,阶级
矛盾常常较为缓和;而在战争结束之后,往往会迎来一个迅速激化的局面。
第二次世界大战结束之后也是如此。正是战争的这种特殊作用,使得战后
资本主义国家既出现了阶级矛盾激化的局面,又提供了延续战时阶级合作
的可能。这是一个十分考验统治阶级的统治策略是否成熟的特殊时期。这
也正是1945—1951年艾德礼政府进行民主社会主义改革时所面临的特殊
社会条件。

2.2.2　十月革命和苏联社会主义建设对英国的影响

自1848年《共产党宣言》发表以来,马克思主义在世界范围内得到广泛
传播,对资本主义社会的意识形态产生了深远的影响。资产阶级学者不得
不认真对待来自马克思主义的挑战。从1848年《共产党宣言》发表到二战
结束这一百年间,世界社会主义运动波澜壮阔,经历了从理论构建到确立现
实的社会主义制度,再到社会主义制度突破一国范围,形成社会主义阵营的
历史过程。社会主义学说的诞生、传播以及社会主义制度的长期存在成为
世界范围内资产阶级的噩梦,迫使资产阶级进行社会改良,以缓和社会矛
盾,维护自身统治。甚至连自由主义者哈耶克都不得不承认:"在几近一个
世纪的时间里,人们在社会改革方面做出了巨大的努力,而这主要是因社会
主义理想的激励所致。在这个世纪的一段时间中,甚至在诸如美国这样一
个从不具有重要的社会主义党派的国家中,也出现了这种倾向。在这百年
的岁月中,社会主义赢得了知识界一大部分领导人士的支持,并渐渐被广泛
认为是社会发展大势所趋的终极目的。这一发展趋势在第二次世界大战后
达到了巅峰,当时连英国这样的老牌自由国度竟也盲目地展开了社会主义

---

①　美国本土没有受到战争的冲击,因而战后面临的问题是经济由战时向和平时期的转型而
非经济复苏。

的尝试。这似乎标示着社会主义发展高潮的到来。未来的历史学家完全有可能将 1848 年的革命到约 1948 年的这段时间视作是欧洲的社会主义世纪。"(哈耶克,1997)[3-4]

俄国十月革命的爆发"开创全世界历史的新时代,由一个新阶级实行统治的时代"(列宁,2012d)[566-567]。社会主义制度的诞生,不仅使资本主义世界体系的链条出现了断裂,更对全世界的无产阶级产生了巨大的号召力。"十月革命⋯⋯过去和现在都不能不对资本主义国家内工人阶级的革命运动发生重大的影响。"(斯大林,1954)[205] 从此,资本主义进入了总危机阶段。资本主义总危机并不意味着资本主义制度已经走到了最终灭亡的时刻,而是指明资本主义所不可避免的各种矛盾正在不断尖锐化,资产阶级用于缓和矛盾的手段已经难以奏效,这些矛盾将最终导致整个资本主义世界体系的崩溃。资本主义总危机这一概念的提出者之一布哈林认为:"现在整个世界经济中发生了根本的结构变化,这些变化必然会千百倍地加剧资本主义体系的一切矛盾而最终导致资本主义体系的灭亡。"(布哈林,1983)[376] 应对社会主义对资本主义的挑战,缓和资本主义体系的各种矛盾,这是俄国十月革命以来世界资产阶级所面临的性命攸关的问题。资产阶级不能像以往那样对各种社会矛盾和社会问题视而不见,无动于衷。这些矛盾的积累和激化将导致无产阶级对资本主义制度的反抗,因为对无产阶级来说,一个没有压迫、没有剥削的社会不仅是可能的,而且也已经是现实的,是完全可以通过斗争来争取的。

苏联社会主义制度的建立使世界无产阶级中曾经流行的无政府主义倾向发生了重大转变。在共产国际第二次代表大会上,列宁指出:"战后在全世界,无政府主义者在对待无产阶级专政和苏维埃政权的态度方面已经发生了深刻的思想分化。"(列宁,2012d)[249] 对资产阶级的议会民主制度、第二国际的机会主义和改良主义不满的工人群众,不再是转向无政府主义,而是开始转向第三国际,即转向无产阶级专政和社会主义。一旦工人阶级抛弃了改良主义和无政府主义而转向无产阶级专政,一旦他们意识到这一点是谋得解放的唯一切实可行的道路,那么下一步就是夺取政权,建立无产阶级专政。这必然动摇资产阶级的统治。这是十月革命对资本主义国家的工人阶级带来的重大影响，也是世界各国的资产阶级对十月革命感到恐惧，并竭力歪曲、抹黑和扼杀的重要原因。

俄国十月革命还破坏了英国在俄国的利益，威胁到英国在各殖民地中的统治地位。"对大英帝国的直接威胁来自另一新兴的工业国家。这个国家不但毗邻于地中海的生命线，而且具有煽动殖民地反抗的魔力，那就是苏联。今后工业和武力的血液是汽油。大英帝国的油库却在中东，正处在苏联的门口。"（费孝通，1999a）[444-445]十月革命前，英国的资本家控制着俄国的许多行业，攫取大量的廉价原料，剥削俄国人民。十月革命的爆发打破了英国对俄国的殖民控制，不能再像以往那样肆无忌惮地掠夺俄国，英国在俄国投资和设立的公司都损失惨重。而苏维埃俄国则摆脱了作为西欧资本主义国家的商品销售市场和投资市场、原料产地的半殖民地的地位。苏维埃政权还向第一次世界大战中的各参战国呼吁立即停止战争，缔结公正的不割地不赔款的和约，这些主张鼓舞了殖民地和半殖民地人民争取民族独立的斗争。如果这些殖民地和半殖民地都像俄国一样取得独立，走上社会主义的道路，无疑会瓦解英国的殖民地体系，英国资本主义就难以继续攫取其赖以生存的高额垄断利润。这对英国资产阶级而言是难以承受的后果。俄国十月革命及其所引起的欧洲革命高潮打击了英国的利益。出于切身利益考虑，英国必然要尽一切可能扼杀新生的苏维埃政权，除非对苏俄的干涉影响到英国本土的稳定。所以，还在第一次世界大战期间，英国就开始组织对苏维埃俄国的武装干涉。在战争结束以后，为了夺回和巩固自己的世界霸主地位，英国更是不遗余力地组织更大规模的干涉。俄国在走上社会主义道路之后，一方面积极支持其他殖民地半殖民地国家争取民族独立的斗争，另一方面加紧进行经济建设，自身实力得到迅速提高。这无疑动摇了英国构建的世界殖民体系，对英帝国的世界霸主地位构成了严峻挑战。俄国十月革命的胜利让英国资产阶级感到十分惊恐，"英国把与英帝国'边境'有着延绵数千里相邻的苏俄政权看作是对它全球利益的严峻挑战，是对英帝国利益尤其是对其在东方利益的严峻挑战。正是这种深刻的经济根源，使英国决心把苏俄政权扼杀在摇篮里"(胡才珍,1986)。

　　在革命爆发之初,英国内阁中的丘吉尔、寇松立即组织了多国联合军队,进行武装干涉。在这场干涉中,英国是陷得最深、走得最远的。第一次世界大战已经使英国的国际地位严重下降,丧失了世界贸易和金融中心的地位,把世界第一强国的位置拱手让给了美国。战争还破坏了大量的固定资产,使英国面临着艰难的重建任务。但为了夺回自己在资本主义世界体系中的霸主地位,为了保持英国在殖民体系中的既得利益,防止社会主义革命的蔓延,英国还是投入了大量的人力、物力、财力来扼杀苏维埃政权。英国先是给苏俄境内的反革命势力提供武器装备和资金。英国的诺克斯将军说:"那一年,俄国士兵射向布尔什维克的每一颗子弹,都是英国工人用英国原料在英国制造,并用英国船只运到海参崴去的。"(塞耶斯等,1980)[60]英国在武装干涉苏俄的过程中表现得最为积极。英国议会上下普遍主张对俄国十月革命进行武装干涉,因为"只有这样才能恢复英国在俄国的地位,才能最好地代表'证券持有者、特许权所有人、石油大王和奸商'的利益"(胡才珍,1986)。后来,英国干脆直接派军队干涉俄国。1918 年 3 月 9 日,英国第一批武装部队在俄国登陆。到武装干涉苏俄的后期,英国已无力再主导这场战争,不得不与苏俄进行贸易谈判,但仍旧无偿为波兰提供了大批用于干涉俄国革命的军用物资。在对俄国进行武装干涉的过程中,英国花的钱"比法国、美国和日本的总和还要多"(Ullman,1968)[308]。可以说,英国是十月革命的"主要的和最危险的敌人"(Ullman,1968)[244]。

　　英国的武装干涉不仅没有扼杀新生的苏维埃政权,反而给自己造成了沉重的财政负担,加重了一战后面临的经济困境。从 1918 年 11 月 11 日一战结束至 1920 年 3 月 31 日,英国对高尔察克、邓尼金等反苏俄势力的援助将近 4600 万英镑(Ullman,1968)[366-367]。到 1920 年,英国的债务已接近 90亿英镑[①]。对苏俄的战争延缓了英国经济恢复的进程,使贸易逆差持续扩

---

　　① 参见哈里森："稳健的开始",载于 1920 年 2 月号《英国评论》第 175 页。转引自胡才珍："浅议英国武装干涉苏俄的原因",《武汉大学学报》(社会科学版)1986 年第 4 期。

大,失业问题更加严重。英国为了支付这笔庞大的财政支出,增加了税收,这更激化了国内的矛盾。英国首相劳合·乔治承认:"世界再不能允许在俄国的战争继续下去,它正在毁灭一个对世界繁荣至关重要的国家(指英国)。"(Ullman,1972)[164]在对苏俄政权的多次围剿均告失败后,英国不得不转换策略,用通商的办法代替对苏俄的武装干涉,于是1921年3月16日,英国与苏维埃政府签订了《英苏贸易协定》,英国对苏俄的直接武装干涉告一段落(胡才珍,1986)[111-112]。

俄国十月革命引起了欧洲的社会主义革命风暴。各国无产阶级积极支持俄国革命,组织起来反对本国资产阶级对俄国革命的干涉。许多城市都发生了罢工和游行示威,反对本国政府对苏俄政权的干涉。1918年的五一劳动节,巴黎100多万名群众参加游行。意大利掀起了为苏俄募集粮食,拒运反苏军用物资的群众运动。英国各地还发生了群众性的罢工运动,例如1918年,在格拉斯哥组织了多次示威游行和群众大会。英国和法国都发生了士兵起义,反对政府干涉苏俄,拒绝参加新的战争。英国士兵也积极参与反对武装干涉的行动,有的军舰还组织了水兵委员会,准备采取罢工等进一步的行动(胡才珍,1986)[108]。武装干涉苏俄给英国带来了深刻的政治危机,英国工党借此机会大肆攻击执政党。英国工人阶级还发起了"不许干涉俄国"的运动,在各地成立了"不许干涉俄国委员会",进行反战示威游行,拒绝为白卫分子装运武器和军用物资。在东方,中国、印度、土耳其民族解放运动日益高涨。一战之后的各战胜国为重新瓜分世界而召开了巴黎和会,但这次和会的议题却集中于反苏、反共、镇压民族解放运动,妄图恢复一战之前的殖民统治秩序。这说明,在十月革命的鼓舞下所掀起的世界革命风暴从根本上动摇了帝国主义制度。"共产主义在资本主义国家内不断发展,世界各国无产者对苏联工人阶级的同情日益增长……毫无疑义地说明十月革命所散播的种子已经开始结果了。"(斯大林,1954)[207]

俄国十月革命的胜利对英国的资本主义制度造成巨大冲击,"激起了人民向往社会主义的强烈愿望,人们对苏俄革命和本国前途议论纷纷"(刘书

林,1989)[6]。为了缓解十月革命和武装干涉苏俄给英国带来的政治、经济危
机,英国政府不得不采取一些措施缓和阶级矛盾。苏维埃俄国发布的"和平
法令"得到了英国人民的积极响应,英国工人要求政府立即停止战争和对苏
俄的武装干涉,各地工人还组织了反战示威,向政府提出了最后通牒:"要么
是国内的和平,要么是国内的战争。"(维戈兹基,1979)[277]为了尽量消除俄国
十月革命和"和平法令"给本国工人阶级带来的影响,缓和工人高涨的反战
情绪,英国政府给近百万军火厂工人的工资增加了 12.5%。

俄国十月革命和苏维埃俄国的社会主义建设还对英国统治阶级的意识
形态产生了重大影响。工党在十月革命之后发生了明显的变化,面对工人
群众中革命热情的高涨,尽快提出自己的社会主义纲领,争取工人群众接受
改良主义的任务变得紧迫起来。1917 年 8 月,联合政府中唯一的工党代表
亨德森(Arthur Henderson)去苏俄访问,为此他辞去了内阁职务,并且在访
俄回国后立即开展工党独立的竞选活动。但亨德森对布尔什维主义并不欣
赏,他在回国后写道:"就我所能见到的而言,假如那种试验付诸尝试,其结
果只会对整个事情造成灾难。"(McKibbin,1974)[92]亨德森认为工党必须尽
快公布自己的社会主义主张并力争成为主要的议会政党,以把工人吸引到
自己周围,只有这样才能抑制布尔什维主义的蔓延(钱乘旦等,1999)[48]。由
此可以看出,在提出自己的社会主义纲领之初,工党所抱的真实目的,与其
说是实现社会主义,不如说是与苏维埃俄国所代表的社会主义争夺群众,防
止英国发生社会主义革命。对工党来说,实现社会主义的具体道路,显然比
实现社会主义本身更为重要,因此"和平""改良"的道路要高于实现社会主
义的目的本身。这说明,对工党来说,与其说是为了实现社会主义而必须走
"和平""改良"的道路,不如说是给"和平""改良"打上社会主义的旗号,以便
于蛊惑人心。工党真正的目的是维护英国资本主义制度的稳定,从而在根
本上维护资产阶级的利益。虽然这些改良措施对工人也有一定的好处,但
其主要的目的却不在于此。因此,在提出社会主义纲领之初,英国工党对社
会主义的向往就采取了"叶公好龙"的态度。

1929 年经济危机爆发以后,各资本主义国家陷于混乱,"帝国主义与殖

民地、半殖民地人民之间的矛盾以及帝国主义国家之间的矛盾,都日益激化起来"(樊亢等,1973)[35]。而苏联的社会主义建设却取得巨大的成就,仅仅一个五年计划就奠定了自己的工业基础,从一个农业国转变为工业国。"不管在俄国的其他方面没有得到自由,有资格的观察家都普遍同意,工业工人在工业上已经得到了地位和自由,而使工人热情地着手实行五年计划的巨大任务。"(艾德礼,1961a)[54]在这样强烈的对比之下,资本主义国家的工人阶级的革命热情再次高涨起来,"这种斗争在1929年世界经济危机爆发后特别激烈,形成了新的革命危机。但是由于工人运动中机会主义者和右翼社会党的叛卖,30年代初各国的革命形势遭到了破坏"(樊亢等,1973)[35]。

　　到二战之前,在英国等资本主义国家,"广大的各界人民认识了以私人营利为基础的制度正在瓦解"(斯大林,1985)[15]。出现这种情况的原因,斯大林曾分析道:"这是由于资本主义社会现在陷入了绝境。资本家正在找寻但又找不到一个符合这个阶级的尊严、这个阶级的利益的摆脱绝境的出路。他们可以部分地爬出危机,但是他们是找不到可以使他们昂着头走出来而根本不损害资本主义利益的出路的。当然,广大的技术知识界都感到了这一点。他们很大的一部分开始觉悟到,他们跟那个能够指出摆脱绝境的出路的阶级有共同的利益。"(斯大林,1985)[18]

　　十月革命所代表的社会主义道路不仅吸引着各国无产阶级,而且也对一些主张改良的资产阶级知识分子产生了影响。即使在英国的技术知识分子阶层中,也已经有不少人接受了社会改造和革命的观点。英国作家赫伯特·乔治·威尔斯访问苏联时,曾对斯大林说起英国知识分子阶层对社会主义态度的转变:"不久以前我应邀参加了我们英国最大的科学团体皇家学会的宴会。主席的演说赞成社会计划化和科学管理。三十年以前,该学会甚至没有人会听我刚才说的话。而现在领导该学会的,是具有革命观点和主张科学地改造人类社会的人。你们宣传阶级斗争,是没有估计到这些事实的。情绪在改变。"(斯大林,1985)[17-18]也正是上层阶级中出现的这种变化,使有些人认为似乎不通过阶级斗争,走社会改良的道路同样能够实现社会主义。

英国费边社学者的思想和工党民主社会主义的思想也在一定程度上受到苏联社会主义的影响。工党关于工业民主的设想受到当时苏维埃俄国的社会主义建设的启发。在十月革命之后相当长的一段时间中，"社会主义不仅有着相当精确的含义，而且也拥有着一项明确的纲领。所有社会主义运动的共同目的，都在于将'生产资料、分配和交换'国有化（nationalization），从而有可能根据一个趋向于某种社会正义理想的全盘计划来指导所有的经济活动。各种社会主义学派的主要区别，在于其意图重组社会（reorganization of society）所依凭的各不相同的政治手段。马克思主义与费边主义之所以有区别，乃是因为在政治手段上，前者是革命的，后者是渐进的；但是，这两种学派在它们所希望创建的新社会的观念方面，却基本上是相同的。社会主义意指生产资料的公有，而且对这些生产资料'使用的目的，乃在于发挥其用途，而不在于追求利润'"（哈耶克，1997）[4]。费边社的领导人萧伯纳、韦伯夫妇等都曾到苏联考察，并对苏联的社会主义建设产生了好感。"俄罗斯共产主义不但吸引了大学里许多聪明的年轻人，而且也感召了老一代人，如西德尼和比阿特丽丝·韦伯夫妇（Sydney and Beatrice Webb）。"（格伦内斯特，2003）[6] 苏联工业建设的巨大成就，既对英国的国际地位，也对英国资本主义制度的稳定性构成了严重的威胁。"苏联在另一种经济制度中工业发展的速率是惊人的。在 10 年之后，没有人可以预料它的生产力会达到什么程度，而且，它发展工业的原料，靠了它广阔的领域，竟可以大部分自给自足。这个新兴的工业国家若容它发展，无疑地将是大英帝国无法收拾的竞争者，也可能是帝国瓦解的执行者。"（费孝通，1999a）[445]

2.2.3 大萧条与英国资本主义发展模式的转换

资本主义发展到垄断资本主义阶段后，垄断资本为了攫取最高的利润，必然要求与国家政权相融合，加强国家政权在经济生活中的作用，从而形成了国家垄断资本主义，这是垄断资本主义产生以来的总的趋势，但在国家垄断资本主义形成初期，垄断资产阶级对国家政权的作用和经济危机的破坏性认识不足，国家垄断资本主义的发展还出现了一些反复。在第一次世界大战中，国家垄断资本主义得到初步加强。在一战结束以后，随着主要参战国把经济模式由战时经济转变为和平时期的自由市场经济，国家垄断资本主义暂时受到削弱。在经历了一个短暂的繁荣之后，1929—1933年的世界性资本主义经济危机再次把加强国家垄断资本主义的任务提到了各国垄断资产阶级面前。

一战之后，资本主义国家的经济逐渐恢复，并在1924年以后迎来了生产高涨的局面。在1929年经济危机爆发以前，资本主义国家一片兴旺，资产阶级忘乎所以，"几乎所有资本主义国家的工业生产和贸易都在增长，几乎所有农业国的原料和粮食的生产都在增长。……人们高唱'繁荣'的胜利歌……宣告资本主义'恢复健康'和资本主义稳定的坚不可摧的纪元到来"（斯大林，1955）[208]。但在资本主义私有制条件下，危机是不可避免的。"在千百万工农群众的生活水平被限制在一定范围的条件下，资本主义国家技术的发展，生产力和资本主义合理化的发展，必不可免地会引起剧烈的经济危机。"（斯大林，1955）[208-209] 很快，1929年发生的经济危机就打破了资产阶级的美梦，带来了人类历史上罕见的大萧条。这次危机对资本主义的破坏性超过了以往历次危机，成为直到2008年世界金融危机发生以前，对资本主义世界体系影响最大的一次经济危机。

在这场经济危机中，美国和德国的损失最为严重，1933年的工业总产值分别只有1929年的64.9%和66.8%。美国有8.6万家企业破产，5500家银行倒闭，金融市场崩溃，生产大幅下降。英国受到的冲击也不小，"英国工业生产下降23.8%、失业人数近300万人[①]、失业率高达22.2%"（余开祥，1987）[189]。这场空前猛烈的经济危机使英国出口贸易下降了50%。1931年，英国出现了20世纪以来的第一次国际收支逆差。"空前猛烈而持久的失业震撼了整个社会。1934年至1935年间，朗特里对约克郡的状况

---

① 1930年，英国失业工人高达250万人；1931年，英国的失业率达到30.4%。参见阎照祥：《英国史》，北京：人民出版社，2003年版，第361页。

进行了调查,发现 18% 的人仍处于贫困之中,但引起贫困的原因已经发生了变化,由低工资引起的贫困比率下降,而由失业引起的贫困比例显著上升。"(陈晓律,1996)[99-100] 英国工业生产指数从危机前的最高点下降了23.8%,迫使英国在 1931 年放弃了金本位,将英镑贬值(禄德安,2012)[29]。尽管如此,通过加强对殖民地的掠夺,与其他资本主义国家相比,英国受危机的影响仍然最小,但这并不表示英国的经济状况就最好,因为在经济危机之前英国已经处于停滞的状态。第一次世界大战后,美、德等国经济增长较快,而英国本土经济增长的速度一直比较迟缓。1933 年,英国工业总产值相当于 1929 年的 86.1%,1913 年的 85.2%(斯大林,1956)[255-256]。还不如第一次世界大战之前的境况。各主要资本主义国家虽然在 1933 年后开始了缓慢的复苏,但一直没有像以往的经济危机那样走出萧条并出现工业的高涨,而是经过了第二次世界大战,直到 20 世纪 50 年代才完全从危机中走出来。

1929—1933 年的经济危机对资本主义发展模式的影响,主要表现在如下几个方面。

第一,促使各资本主义国家放弃了自由资本主义的发展模式,开始有意识地加强对经济的控制,国家垄断资本主义得到进一步加强。面对历史上空前规模的经济危机,资产阶级的经济学家和政治家们束手无策,对"以前所坚信的理论的实践结果日益发生怀疑"(艾德礼,1961a)[3]。资产阶级经济学家纷纷提出各种新的理论。1932 年,美国 10 所大学和布鲁金斯学会的 24 名知名经济学家联名向政府建议加强政府在财政金融方面的调节力度,包括运用政府资金和实行公共工程计划,以解决就业问题(凯恩斯,1988)[8]。美国总统胡佛虽然声称自己是企业界的主管,但仍旧沿用以往自由主义经济政策,在经济危机期间也没能采取有力措施,对挽救危机束手无策。罗斯福上台以后,立即加强国家对经济的控制,兴办大量公共工程以增加就业,取得了显著的效果,使在危机中遭受损失最为惨重的美国最快走出了危机。1929—1933 年的经济危机表明,要在垄断资本主义阶段延续传统的自由主义经济政策已经不可能了。自由市场经济已经无法容纳高度发展的生产力，在国家垄断资本主义阶段，恢复自由市场经济的努力将导致灾难性的后果。不仅 1929—1933 年的经济危机，而且 2008 年的金融危机也证明了这一点。

第二，部分国家开始走上法西斯道路，为第二次世界大战埋下了隐患。为了摆脱经济危机，各帝国主义国家之间相互抬高贸易壁垒，限制进口，并加紧对国际市场的争夺，资本主义国家之间的矛盾进一步加深，从而为第二次世界大战埋下了伏笔。1929—1933 年经济危机过后，资本主义经济转为萧条，并逐渐开始复苏，但在 1937 年下半年又出现了新的危机。这次危机不是在工业繁荣的情况下发生的，而是在工业萧条的情况下发生的，在这种情况下，资本主义用来挽救危机的手段更少。实行国民经济的军事化是资本主义国家挽救危机的一种手段。1937 年，日本发动了全面侵华战争，而德国和意大利则率先把本国经济改造成为战时经济。1937—1938 年的危机首先在国民经济尚未充分军事化的国家，如美国、英国、法国等国爆发，而没有波及当时德国、日本、意大利等已经完成向战时经济转变的法西斯国家。这种对比更刺激了各资本主义国家纷纷对国民经济进行军事化改造，积极为战争做准备，以此来减缓 1937—1938 年危机的冲击。但这次危机在资本主义经济史上所占的地位并不显著，因为在危机发生之时，世界各国所面临的主要问题已不是如何应对危机，而是如何进行战争准备，以在即将爆发的第二次世界大战中取得胜利。在一定程度上说，第二次世界大战正是 1929—1933 年经济危机的直接后果。

第三，资本主义总危机进一步加深。1929—1933 年的危机之所以如此严重，原因在于造成资本主义经济危机的各种问题在这次危机中叠加在一起。"资本主义总危机还在延续，企业经常开工不足，大批失业现象经常存在，工业危机和农业危机交织在一起，固定资本还没有那种通常可以预示高涨到来的稍微重大的更新趋势。"（斯大林，1956）[258]"这次工业危机是在资本主义总危机的条件下爆发的。这时候，不论在主要国家里，或者在殖民地和附属国里，资本主义已经没有而且不可能有它在战前和十月革命前有过的那种力量和巩固性。"(斯大林，1956)[253]因而，这次经济危机直接加深了资本主义总危机。在社会主义制度诞生以前，资本主义在发生经济危机时，有充分的时间通过自由市场经济的作用，经历一段较长时间的萧条和复苏之后，缓慢恢复到繁荣的阶段。但在社会主义制度诞生以后，无产阶级对不合理的资本主义制度的容忍程度明显降低了。在危机期间，受冲击最为严重的无产阶级常常会提出社会主义革命的要求。因而，在资本主义总危机时期，经济危机的发生对于资产阶级来说也是一场政治危机，这意味着他们必须采取一切可能的措施尽快走出危机，必须努力缓和阶级矛盾，否则将可能面临资本主义制度被摧毁的危险。

　　经济危机导致资本主义制度的合法性危机。在经济危机中，资本主义制度的合理性受到人们的质疑，资产阶级以往关于资本主义制度是完美的、和谐的社会制度的意识形态说教已经难以取信群众，只能苍白无力地强调对资本主义制度要抱有信心，这种说教连资产阶级自己都难以相信。艾德礼指出，资产阶级政府所强调的"信心并不意味着人民群众应该相信现在的社会秩序是与社会福利相适合的。信心的意义更为狭窄。它意味着，应该保证靠租金、利息和利润收入的阶级获得正常的报酬"(1961a)[14]。斯大林在 1930 年曾用"转变时期"来评价 1929—1933 年经济危机中苏联和资本主义国家截然不同的状况。"对苏联来说，这个转变意味着转向新的更大的经济高涨；而对各资本主义国家来说，这个转变则意味着转向经济衰落。在我们苏联这里，社会主义建设无论在工业或农业方面都是日益高涨。在他们资本家那里，经济危机无论在工业或农业方面都是日益增长。"(斯大林，1955)[207]危机期间，大批美国和欧洲的工人、工程师远赴苏联参加社会主义经济建设，为苏联工业化提供了技术和人才。经济危机也迫使资本主义国家缓和与苏联的关系，向苏联输出商品和技术。在经济危机期间，苏联工业总产值增长了一倍多(斯大林，1956)[255]，与资本主义国家经济陷入停滞或者倒退的情况形成鲜明对比，这极大地激发了资本主义国家的工人群众对社会主义的向往。

　　从 1929—1933 年的世界经济危机结束以后到第二次世界大战爆发以

前,各主要国家的工业总产值变动情况见表 2.2。

表 2.2　各主要国家的工业总产值变动情况(1929 年＝100)

主要国家	1934	1935	1936	1937	1938
美国	66.4	75.6	88.1	92.2	72.0
英国	98.8	105.8	115.9	123.7	112.0
法国	71.0	67.4	79.3	82.8	70.0
意大利	80.0	93.8	87.5	99.6	96.0
德国	79.8	94.0	106.3	117.2	125.0
日本	128.7	141.8	151.1	170.8	165.0
苏联	238.3	293.4	382.3	424.0	477.0

资料来源:《斯大林文集(1934—1952)》,北京:人民出版社,1985 年版,第 237 页。

可见,在 1929—1933 年经济危机期间及危机过后,苏联都是工业发展最快的国家,社会主义建设如火如荼。在 1937 年资本主义经济危机中,除了德国、日本、意大利这三个法西斯化的国家之外,其他资本主义国家的工业总产值都有不同程度的下降,只有英国的工业总产值仍旧超过 1929 年经济危机爆发前的繁荣时期。而美国和法国一直没有恢复到 1929 年的水平。苏联和资本主义国家如此巨大的差距,极大地鼓舞了世界社会主义运动。欧洲工人阶级的革命热情高涨,西班牙还发生了革命,推翻了法西斯政权。

1929—1933 年经济危机对英国经济的打击虽然不如对其他资本主义国家那么大,但却对英国政治和意识形态产生了特殊的影响。

第一,凯恩斯主义经济学说在危机中兴起。鼓吹"自由放任"的马歇尔经济学理论在危机面前失效,工党和费边社的理论家们将这次经济危机的原因归咎于自由放任的经济政策,认为 19 世纪所奉行的放任政策"造成了英国的畸形发展"(艾德礼,1961a)[23]。经济危机使人们意识到,资本主义的发展已经步入了一个新的阶段。工党领袖艾德礼指出,"放任自由和经济上的无政府状态和现代世界的情况是不相容的。不论是好或者是坏,我们已经走入一个经济上比以前任何时期更紧密地结合在一起的世界,世界的经济单位在规模上已经扩大了,而必须加以控制"(艾德礼,1961a)[18]。自由主义经济政策已经过时了,经济危机迫使政府加强了对经济的管制,"结束了一世纪之久的自由贸易制度"(艾德礼,1961a)[27]。

凯恩斯主义首先在英国出现,但英国却没有首先采纳凯恩斯的建议,这一方面是因为英国在这次经济危机中遭受的损失较小,广大殖民地的存在使得英国的资产阶级有充足的廉价原料和广阔的销售市场,因而可以继续从殖民掠夺中攫取高额利润,减轻了危机对英国资本主义的冲击;另一方面则由于英国实施自由主义经济政策的历史比较长,历史的惯性使得英国在转变政策方向上显得比较迟缓。在大萧条时期,英国政府所采取的措施,仍旧是延续以往的自由主义政策,"国民政府面对着世界上廉价粮食供应过多的情况,削减了社会上最贫苦的人民的购买力。政府后来又限制供应,以便提高价格。面临着三百万人失业和他们的家庭需要供养的问题,政府和自治领及其他国家签订了协定,提高肉类、小麦和其他粮食的价格……要求每个人都减少消费并勒紧腰带"(艾德礼,1961a)[12-13]。社会底层本就是经济危机中受冲击最大的群体,资产阶级政府又向社会底层转嫁危机,以此来减轻危机给资产阶级造成的损失,这进一步激化了英国国内的阶级矛盾。即使是工党执政的麦克唐纳政府,在危机期间也仍旧沿用了原来自由主义的经济措施。乔治·梅伊(George May)是麦克唐纳政府的筹划节约委员会主任委员,他在 1930 年提出的应对经济危机的建议就是削减工资和失业补助金。这与保守党和自由党政府在危机期间采取的措施没有太大区别,都使危机中无产阶级的处境更加恶劣。

凯恩斯主义的首次大规模实践是在美国进行的,"罗斯福新政"取得了良好效果。美国是最先爆发 1929—1933 年经济危机,也是在危机中遭受损失最为惨重的国家。在罗斯福上台两年之后,美国在 1935 年就实现了几乎所有的经济指标的大幅好转。这让其他资本主义国家看到了凯恩斯主义的卓越效果,纷纷开始效仿。

凯恩斯主义的出现对工党的意义尤为重要,它使费边社所主张的社会主义政策找到了经济学上的理论支撑。费边社会主义与凯恩斯主义逐渐融合起来,成为 1945—1951 年艾德礼政府进行改革的指导思想,也是战后工党所主张的民主社会主义在经济政策上的理论基础。

第二，经济危机使英国社会开始出现左倾氛围。战争和经济危机的频繁出现，不仅使各资本主义国家的经济遭受重创，也打破了统治阶级织造的资本主义是完美和谐的制度的神话，使资本主义政治制度和意识形态都受到人们的质疑，英国人民群众的思想观念开始发生重大转变，许多人逐渐接受了社会主义的一些观点，英国社会普遍出现了左倾。其中表现最为典型的是费边社理论家拉斯基，他的思想主张在1930年前后发生了急剧的转变。经济危机之前，拉斯基是一个费边主义者，主张自由、民主的政治制度。而在1930年前后，拉斯基目睹了资本主义经济危机的破坏性后果，开始主张加强国家控制。他的思想逐渐左倾，成为一个认同马克思主义的一些基本观点的准马克思主义者。拉斯基认为，如果资本主义国家不能够不断地革新自己，并逐渐实现社会主义，那么暴力革命就不可避免。这样的观点并不是拉斯基所独有的，而是当时英国社会的一个共识。"如果你不能给人民以社会改革，他们将给你社会革命。"（Deakin，1987）[45]虽然在人们的印象中，英国素以改良主义传统著称，但并不意味着在英国未曾发生过革命，也不意味着英国不可能再次发生革命。而英国资产阶级的一个特点正是能够顾全大局，善于在激化的阶级矛盾面前妥协，从而避免革命的爆发。因此，我国著名社会学家费孝通认为，英国是具备通过和平的方式实现社会主义的可能的（费孝通，1999a）[457]。无独有偶，工党理论家韦伯夫妇也是在这一时期发生了思想转变。1932年，韦伯夫妇前往苏联访问，他们发现苏联正是他们所主张的社会主义的理想的现实版本，"苏联的整个社会组织都建立在非常广泛和真实的社会平等的基础之上。"（Webb，1936）[1125]。从此，他们的思想开始"左转"，热情地赞扬苏联的社会主义制度。这种思想倾向"左转"的现象在当时的英国是十分普遍的，正是这种社会氛围的变化，为1945年工党的上台执政和国有化改革的实施准备了舆论条件。

第三，英国工党在经济危机中上台。作为1900年才成立的一个新兴政党，英国工党很快就从自由党的附庸，发展为英国两大政党之一。这既得益于英国工党所采取的组织政策，即由工会作为集体会员加入工党，更得益于第一次世界大战以来英国资本主义经济的停滞所造成的工人生活水平的下降。这使工人越发意识到必须使英国议会中有代表自己利益的政党。因此,在危机中,工人群体更加支持工党。1929—1933 年的经济危机打击了英国的保守党和自由党的威信,却使工党从中获益。在经济危机中,工党领袖麦克唐纳再次上台执政。虽然这届政府执政时间很短,而且工党只能组建弱势的少数党政府,没有能力施行自己的主张,但工党能够在一战之后两次赢得上台执政的机会,这一事实本身使人们意识到,除了自由党和保守党,还有其他政党上台执政的可能。通过这次执政,工党也开始把自己定位为一个可能执政的党,开始认真探讨自己的执政方针。这对 20 世纪英国政坛的影响十分深远。正是经济危机中的执政经历和此后在理论和政策上的建设,使得工党政府在 1945 年能够自信地进行大刀阔斧的改革。

2.3 总危机第二阶段与 1945 年工党执政

按照斯大林的划分,以第二次世界大战为标志,资本主义总危机开始进入第二阶段,第二阶段的特征是社会主义制度突破了一国的范围,形成了一个社会主义阵营,在世界范围内,在资本主义世界市场之外出现了一个社会主义经济体系。两个平行市场的出现,对资本主义世界体系构成严重威胁,资本主义世界体系开始瓦解。"第二次世界大战及其经济影响在经济方面的最重要的结果,应当认为是统一的无所不包的世界市场的瓦解。这个情况决定了世界资本主义体系总危机的进一步加深。"(斯大林,1985)[620]因而随着总危机的进一步加深,防止社会主义革命的蔓延,巩固资本主义世界体系成为这一阶段各资本主义国家的首要任务。正像在第一次世界大战结束后,各资本主义国家汇聚巴黎,共商武装干涉苏俄和镇压殖民地民族独立运动一样,第二次世界大战快结束时,英国和其他西方盟国十分担心"在新获得自由的国家出现极左政府的可能性,不仅在红军'解放'的巴尔干,而且在西欧"(佩林,2009)[372]。丘吉尔在 1944 年 8 月战局进入反攻阶段后就开始

"绝口不谈希特勒,而总是唠唠叨叨反复讲共产主义危险"(佩林,2009)[370]。英国的工人阶级向往社会主义,把希望寄托在工党所许诺的社会改革上,而资产阶级也把工党视作防止本国发生社会主义革命的手段,希望工党能够采取措施缓和国内日益紧张的阶级矛盾。正是在这种情况下,一向宣称要在英国实现社会主义的工党得以上台执政。

2.3.1　第二次世界大战对英国的影响

第二次世界大战结束时,"英国还自认为世界强国,这一定位也得到了其他国家的广泛认同"(考克瑟等,2009)[54]。毕竟,法国、德国、意大利、日本等国在战争中遭受的打击更为惨重。英国本土虽然遭到轰炸,但主要的战场毕竟是在英国之外。二战的胜利更进一步提高了英国的国际地位。在战争后期,英国就开始以三巨头之一的身份和美、苏一起参与战后国际秩序的构建了。总的来说,二战对英国的影响是双重的。

第一,二战对英国的国民经济造成严重破坏。英国广阔的殖民地是法西斯国家发动战争意图抢夺的主要目标,因而英国本土虽然不是主要的战场,但英国却是主要的参战国。英国不得不在欧洲战场和广阔的殖民地上与法西斯国家交战。第二次世界大战对英国的打击,主要不在人员伤亡方面,而是在对英国国民经济的破坏上。在二战中,英国死亡人口并未超过40万人,其中作战军人死亡30.3万人,因空袭死亡的平民6万人,商船死亡人员3万人(梅德利科特,1990)[503]。但在经济上,英国却元气大伤,德国的空袭摧毁了伦敦、考文垂等英国主要城市的50万座房屋,英国国民财富的四分之一毁于战争。为了赢得战争,英国把大量的工业生产能力转为生产武器和军用物资,为了筹集军费还变卖了四分之一的海外投资,并负债33.55亿英镑(胡骑,1950)[28],使英国国债增加了两倍。为了缓解财政危机,工党一上台就向美国贷款37.5亿美元,主要用于购买粮食和工业原料(胡骑,1950)[28]。这笔贷款预计用到1950年,但实际上到1948年3月就用光了。战争使英国的海外投资损失了11.8亿英镑,使英国的出口贸易缩减到战前的三分之一①，贸易入超从 3.87 亿英镑升至 6.54 亿英镑（胡骑，1950）[28]，商船总吨位减少了 28％②。英国的国际收支逆差从 1946 年的 3.8亿英镑升至 1947 年的 6.75 亿英镑③。二战前，英国靠在海外的投资及航运等所谓无形贸易收入（战前 1936—1938 年平均每年约 3.5 亿英镑）抵补其大部分入超④，战后的巨额入超使英国面临着严重的国际支付危机。黄金和美元的储备从 1946 年底的 6.64 亿英镑降至 1947 年底的 5.12 亿英镑⑤。英国用于战争的开支超过了国民收入的一半。经济上的破坏使英国人的日常生活长期难以恢复正常，战时开始实行的食物配给制一直实行到1950 年（阎照祥，2003）[372]。

　　1947 年 1 月底，英国遭遇了战后最严重的经济困境，战后为缓解财政困难而从美国获得的贷款快用完了。煤炭的产量一直没有恢复到战前水平，而且严寒的天气冻住了港口和河流，轮船、火车无法正常运行，煤炭和工业原料就无法运到工厂，工厂则因为缺乏电力而被迫停产。政府开始对生产、生活必需品实行定量供应。1947 年，英国的失业人数超过了 100 万，成为艾德礼执政时期失业人数最多的一年（考克瑟等，2009）[61]。这些都使工党政府不得不花费大量精力疲于应付，延迟了工党国有化政策的实施和福利体系建设，直到 1948 年英国基本走出危机之后，工党的国有化才迎来了短暂的高潮。

　　第二，短期内，战争提高了英国的国际威望，但进一步削弱了英国的经

---

① 另一说法是：出口从 1938 年的 4.71 亿英镑降到 1945 年的 3.99 亿英镑，若折除物价上涨数目，实际降低 54％。参见"伦敦—剑桥经济服务社公报"，1949 年 8 月。转引自胡骑："工党主义和英国经济"，载《从英国大选看工党》，北京：新华书店，1950 年版，第 28 页。

② 一说为"航轮又减少一半，不但没有盈余，反而亏短"，参见《经济学家》1949 年 3 月 19 日。转引自胡骑："工党主义和英国经济"，载《从英国大选看工党》，北京：新华书店，1950 年版，第 28 页。

③ 克里浦斯 1948 年 2 月白皮书（国新社该月 11 日电）。参见胡骑："工党主义和英国经济"，载《从英国大选看工党》，北京：新华书店，1950 年版，第 30 页。

④ 1938 年贸易入超 30200 万英镑，无形贸易收入弥补达 23200 万英镑。参见《经济学家》1949 年 3 月 19 日。转引自胡骑："工党主义和英国经济"，载《从英国大选看工党》，北京：新华书店，1950 年版，第 28 页。

⑤ 参见《经济学家》1949 年 10 月 8 日。转引自胡骑："工党主义和英国经济"，载《从英国大选看工党》，北京：新华书店，1950 年版，第 30 页。

济实力。长期看来,战争降低了英国在资本主义世界体系中的地位。第二次世界大战刚结束时,英国的国际地位空前提高。1945 年秋,德斯蒙德·莫尔顿少校在法国和比利时的一项调查研究中发现,"到处都赞扬英国和美国,特别是对英国和丘吉尔,到了崇拜的地步"(佩林,2009)[372]。在决定战后世界秩序的雅尔塔会议和波茨坦会议上,英国的地位足以和美国、苏联分庭抗礼(考克瑟等,2009)[54]。

但二战使英国无论是经济总量、军事实力还是在资本主义世界体系中的核心位置,都受到严重削弱,"英国在世界上的经济地位和金融实力,都不如往昔。英镑的国际货币地位渐渐被美元所取代"(阎照祥,2003)[372]。第二次世界大战彻底摧毁了英国在世界经济体系中长期占据的工业优势。"英国在第二次世界大战中工业设备的破坏是致命的。它是以世界工业中心的地位起家的,现在这帝国最主要的本钱却丧失了。工业的基础已经由煤和铁转变到了汽油和化学品,武力的基础已从水陆平面转到了立体空间。这转变使大英帝国的基础翻了身。"(费孝通,1999a)[444]英国为了尽快恢复经济而向美国大量借款,成为美国的附庸,从此开始在国际事务中唯美国马首是瞻,扮演着亦步亦趋的"小弟"角色。

第三,战争加深了资本主义总危机,英国人对社会主义的向往超过了对资本主义制度的自信。无论从经济基础、政治制度还是从意识形态上,战争都使资本主义制度遭到沉重打击。世界各国共产党在战争中获得空前发展,党员人数激增。"战后初期共产主义运动开始高涨。经过大战,共产主义运动得到惊人的发展,尤其是在欧洲和亚洲这两个主要战区。1945 年底,经过大动荡的世界,在苏联边界之外有组织的共产党员已达 1400 万人,而在大战前夕最多只有 100 万人或者更少。中共党员从 1937 年的 4 万人增加到 1945 年的 120 万人;东欧国家的共产党,有的已经掌握了政权,有的正在夺权;意共党员从 1943 年的 5000 人猛增到 1946 年的 200 万人;法共的人数从 1939 年的 30 万人增加到 1946 年的近 100 万人;就连力量较小的英国共产党也从 1939 年的 1800 人增加到 1944 年的 5 万人。在东欧和东亚,先后涌现出一批社会主义国家,社会主义国家由一国发展到 13 国,形成了一个强大的阵营。"(倪学德,2008)世界共产党员人数的增加和社会主义阵营的出现,毫无疑义地表明世界共产主义运动的兴起和资本主义总危机的加深。

战争中,苏联在欧洲战场发挥了巨大的作用。英国为了保存实力,有求于苏联。英国军事使团团长马特尔将军说:"我们正在舔布尔什维克的靴子,直舔到我们满脸是黑。"(佩林,2009)[370]苏联在英国人心目中的地位空前提高。在战争中,英国日益仰仗美国的援助之时,1942 年 6 月盖洛普进行的一项民意调查问及:"你认为在现在的英国,哪个国家更得人心,是俄国还是美国?"结果 62% 的英国人认为俄国更得人心,而选择美国的只有 24%(佩林,2009)[388]。这说明,苏联社会主义制度的存在及其在抗击法西斯中所发挥的重要作用对英国人的政治倾向产生了重大影响。战争中,苏联红军在东线取得的成功使英国人愈加相信社会主义制度具有巨大的优越性。期盼通过加强国家干预以解决英国面临的困境的想法成为英国人的普遍共识。"人们自然而然地认为管理英国的工业,乃至解决国家生活中的重大问题,最好的办法是实行国家干预。"(佩林,2009)[388]

面对人民群众对社会主义的向往,英国的资产阶级不愧为世界上最为成熟的统治阶级,他们没有直接打击群众的热情,而是采取妥协和引导的办法,化解了英国资本主义制度面临的危机。《每日论坛报》记者马修斯揭示了英国资产阶级的策略:"战后,欧洲的新政府越是得人心和越革命,坠入苏联影响下的可能性就越小。"(佩林,2009)[370]因而,对于英国资产阶级来说,面对战后特殊的政治局势,工党上台执政要比保守党更能防止英国进一步革命化。正如列宁所说,"工人运动中上层分子的机会主义,不是无产阶级的社会主义,而是资产阶级的社会主义","由工人运动内部机会主义派别的活动家来维护资产阶级,比资产者亲自出马还好。工人要不是由他们来领导,资产阶级就无法支持下去"(列宁,1995d)[271]。

第四,二战加速了英国殖民体系的瓦解。两次世界大战之间,英国的殖民地民族独立运动就逐渐兴起。印度的独立运动在甘地的领导下逐渐走向高潮,在二战中,甘地还要求英国当局交出政权,立即退出印度。1947 年 2

月,英国政府向议会递交了《1947年经济分析》,报告认为战后经济复苏的努力已经归于失败,国民经济的基础可能难以在短期内恢复。在险峻的国内形势面前,英国政府不得不宣布放弃希腊、缅甸,确定了巴勒斯坦分治计划(李世安,1999)。

二战结束以后,印度政局动荡,英国殖民当局已无力继续维持殖民统治,于是抛出了"印巴分治方案",并宣布将于1948年6月以前撤出印度。1947年8月14日和15日,印度和巴基斯坦相继独立。这对其他英属殖民地的独立运动是一个极大的鼓舞。殖民体系的瓦解宣告英国最终丧失了世界大国的地位。从此,英国作为"日不落帝国"的辉煌时代结束了。殖民地的存在和瓦解对英国有利有弊。英国资产阶级长期依赖对殖民地的掠夺来获得高额利润,但长期占据广阔殖民地的优势却使英国的资产阶级不愿投资于本国工业,导致19世纪末以来英国在世界市场的竞争中逐步落后。战后殖民体系逐步瓦解,使英国资产阶级丧失了很大一块利润来源,不得不把更多的资本用于改造本国工业。这反而延缓了英国衰落的进程。

2.3.2 英国社会左倾氛围的进一步发展

1945年英国工党在大选中获胜,这并不是事先毫无征兆的。"英国人民的选择,是两次世界大战期间和二战以来社会思潮发生巨大变化的集中反映。"(林甦,1988)[240]第二次世界大战使英国工人的阶级意识鲜明起来,英国社会的左倾氛围达到顶点,但"强烈的阶级意识并不意味着现代英国阶级斗争的激烈程度超过其他发达国家。由于进行'合法斗争'的工联主义传统在英国工人运动中一直处于主流地位,现代英国工人阶级的革命性受到了根本性的削弱"(邝杨等,2012)[63]。这为既主张实现社会主义,又主张只进行和平的社会改良的英国工党提供了最为肥沃的社会土壤。

作为在英国最有影响力的左翼政党,英国工党一贯主张的施政纲领恰好迎合了民众中的左倾氛围,为工党赢得大选的胜利提供了有利条件。两次世界大战之间的困苦生活使英国人普遍期冀战后能迎来美好的生活,大选中的盖洛普民意调查显示,选民们最为关心的是哪一个政党能够更有效地解决因轰炸和战时停止建造房屋而造成的极为紧迫的住房问题(佩林,2009)[384,388]。但保守党自持战功显赫,对民众的这些期待仍旧采取敷衍的态度,对战后是否实施社会改良政策也犹豫不决,因为这些改良政策必然要威胁到资产阶级的部分利益。

1942 年,自由党人贝弗里奇爵士在《贝弗里奇报告》中提出了一系列社会改良计划,引起了社会舆论的广泛支持。人们热切地希望在战后立即落实这份报告中提出的政策,建设一个新英国。但在下议院的辩论中,保守党对这份报告持怀疑态度,这给了工党攻击保守党的机会,丘吉尔被迫对社会改革问题采取温和的态度。但是,保守党的犹豫和怀疑与工党态度的坚决形成鲜明的对比,这就为战后两党在大选中的不同命运埋下了伏笔(胡康大,1993a)[137-138]。战时保守党对社会改良的态度让选民怀疑,如果保守党继续执政,他们所期待的社会改良是否还能真正落实。从议会补缺选举的变化上也可以看出选民情绪正在不断左倾,工党在选民中的影响力日益增加。自从贝弗里奇报告发表以后,保守党在补缺选举中一共丢掉了 16 席。"1943 年 6 月到 1945 年 6 月所作的一系列选举预测表明:假如举行一次新的大选,工党将比保守党领先 7~18 个百分点。"(钱乘旦等,1999)[70]

在民众普遍对社会主义产生好感的氛围下,保守党对英国社会的左倾氛围却置之不理,仍旧采取诋毁社会主义的宣传策略。1945 年竞选中,丘吉尔在广播演说中警告选民说,工党上台之后会在英国引入社会主义,而"社会主义无可挽救地同集权主义和卑劣的国家交织在一起……社会主义在其实质上不仅是对英国企业的一种攻击,而且是对普通男男女女自由呼吸权利的一种打击……一个自由的议会对社会主义学说是格格不入的"(林赛等,1979)[142]。丘吉尔还攻击工党,说他们上台执政后"起初无疑会非常人道,转而会求助于某种盖世太保的统治形势"(佩林,2009)[383]。这种论调显然与战后英国人对社会主义的普遍好感相抵触。保守党领袖哈罗德·麦克米伦(Harold Macmillan)回忆说,丘吉尔把社会主义描写成盖世太保式的政治,这是一个错误,直接导致了保守党在战后初期大选中的失败(麦克米伦,1980)[39]。保守党反对社会主义的态度显得不合时宜。而工党的竞选策略则很好地迎合了选民的心态。1945年4月发布的竞选纲领《让我们面对未来》中,工党作出三项承诺:第一,充分利用国家资源,提高生产能力;第二,通过工资、社会服务和保险,将购买力提高到一个新的水平;第三,对关键性的工业部门及医院、学校等实行计划投资,政府指导新工厂的设立(钱乘旦等,1999)[71]。在竞选纲领的结论中,工党宣布:"工党是一个社会主义党,并为此而自豪。工党的最终目标是:在国内建立一个社会主义的大不列颠共同体——它自由、民主、有效、进步、富有公益心,它的物质资源将组织起来服务于英国人民。"(Jefferys,1992)[66]但这个竞选纲领中最为引人瞩目的还不是其国有化主张,而是有关国民保健、住宅和全面社会保险的内容,这是最受下层民众欢迎的。1945年5月21日至25日,工党召开年会,通过了作为大选宣言的《工党政策声明》,声明继承了1918年《工党与新社会秩序》的基本思想。在声明中,工党提出要把国家银行、燃料和动力工业、水陆空运输业、钢铁工业和土地等领域进行国有化,并对垄断组织实行监督,由国家控制出口,控制经济活动和价格等等。工党打算采取一系列带有明显的社会主义色彩的措施。工党的这一系列主张,既是对工党党章的进一步展开,又迎合了英国当时日益左倾的社会政治氛围,还能使英国的资本主义制度避免无产阶级革命的危险。在这种情况下,工党上台执政也就是理所当然的了。

二战不仅促使工党在英国上台执政,在其他国家也起到了类似的影响。二战之后,法国社会党、比利时社会党、荷兰工党、奥地利社会党、芬兰社会民主党等都陆续上台执政或参政,加上战前已经执政的瑞典社会民主党和挪威工党,民主社会主义政党在欧洲全面兴起。一般认为,战后民主社会主义在欧洲的兴起,是世界形势发展的结果,也是社会党自身不懈努力的结果(禄德安,2012)[26]。实际上,之所以欧洲各国纷纷出现民主社会主义政党上台执政的现象,主要的原因在于二战之后,苏联社会主义的威望空前提高,欧洲各国社会主义运动高涨,资本主义统治秩序遭到最为严峻的挑战,不得不调整统治政策,允许具有比较强的迷惑性的民主社会主义政党上台执政,以疏导和平息工人群众向往社会主义的情绪,缓和阶级矛盾。因此,这些政党不仅能够上台执政,而且能够赢得比较高的得票率,可以切实地采取一些改良主义政策,从而对战后欧洲政治和资本主义经济的发展产生了深远的影响。这些政党自身的努力当然是其能够上台执政并发挥作用的一个重要因素,但最为重要的还是当时资本主义面临的总危机的世界形势。

2.3.3　第二次世界大战对工党执政的利弊

英国国内对工党在竞选中的胜利大为吃惊,当时流行一个政治笑话:"一辆空出租车停下,艾德礼走了出来。"(Brivati et al,2000)[72]这说明工党的胜利出乎很多人意料。实际上,工党能赢得 1945 年大选并非反常,这是"工党为赢得众议院多数席位和建立得到强力支持的政府而长期持续努力的结果"(Adelman,2014)[88-89]。工党能够在战后立即上台执政,与第二次世界大战对英国政治氛围和选民心理的影响有密切关系。工党左翼领袖迈克尔·富特认为,第二次世界大战改变了英国人的思想,为 1945 年工党赢得大选准备了条件(克雷默,1992)[253]。英国前首相托尼·布莱尔也认为,二战和战后工党在议会中赢得多数席位之间有着密切的关系(布莱尔,1998)[15]。战争使工党的地位和作用大为加强。具体说来,二战对英国工党能够上台执政并实施其国有化改革的积极影响,有如下几点。

第一,战时内阁锻炼了工党领导人的执政能力,使他们积累了执政经验。二战期间,工党参加了联合内阁,并发挥了重要作用。由于丘吉尔把主要精力集中于战争和外交,国内事务主要由担任副首相和枢密院大臣的艾德礼处理,在丘吉尔出国时,则由艾德礼主持内阁。这种分工无疑有助于锻炼艾德礼的执政能力,树立其在英国政坛的威信。相比于 1930 年前后麦克唐纳的两次匆忙上台执政的经历,艾德礼有充分的时间熟悉英国政府的运作方式,积累处理复杂问题的执政经验。"艾德礼对内阁工作日益熟练,处理业务比丘吉尔迅速。"(王凤鸣,1997)[19]工党的主要领导人也在战时内阁中积累了丰富的执政经验,丘吉尔政府有多个部门由工党领导人主持工作,例如劳工大臣由贝文担任，战时经济大臣是道尔顿，莫里森则兼任内政大臣和军需大臣（Adelman，2014）[83]。以至于有人说二战期间英国始终存在着一个工党政府（李世安，1999）。1945 年大选获胜之际，贝文对艾德礼说："这五年的经历是重要而且值得的，我们一起面对了许多重大问题并且克服了它们。还有一件本应做的就是去除我们（工党）的自卑心理。"（Adelman，2014）[83]

　　第二，战时内阁让工党有机会尝试性地实施其政策主张，为战后全面实施社会主义改革打下了基础。工党利用战时内阁进行了一些社会改革，提出的几项改良性质的立法议案都获得通过，例如工资法、工业部署法、提高义务教育年龄的教育法等等。"战时内阁实行计划生产，部分工业国有化和统一管理，对资本家征收超额利润，扩大国内农业生产，有效分配了劳动力，并实行食品配给制，制止生活必需品价格上涨。这些措施使英国战时社会避免了混乱，人民生活有了最低限度的保证。"（王小曼，1987b）[39]这些改革的首要目的是保证国内的生产秩序，以有利于争取战争胜利，同时客观上也有利于工人阶级。此外，在战争期间，工党一直在探讨战后的局势并提出自己的主张。工党出台了一系列政策文件，例如 1939 年的《工党的战时目标》，1940 年的《劳工、战争与和平以及工党的国内政策》，1942 年的《旧世界与新社会》等。这些政策文件都着眼于战后的重建，并具体地探讨了如国民保健、教育等问题，回应了民众对战后生活的期待（Adelman，2014）[83-84]。

　　第三，战时内阁改变了英国人对工党的固有看法，让民众体会到工党的政策主张的可行性和有效性，从而有可能在战后支持工党。战前，人们大多认为工党的社会主义主张在英国是行不通的，而英国的资产阶级则对工党上台有着天然的恐惧，认为工党是真的要在英国实现共产主义。但战争使人们的态度发生了变化。"战争的总动员使人民接受了政府对征兵、安全、财产的控制和分配等方面具有广泛的权利。"（胡康大，1993a）[137]这给"计划""平均主义"等概念赋予了新的含义，而这些概念又和工党一贯的主张联系紧密。在 1941 年德国入侵苏联之后，随着英国人对苏联的钦佩与日俱增，这些观念经过左翼知识分子的努力在媒体上得到广泛的传播(Adelman,2014)[84]。此外,工党在战时内阁中的积极作用及其实施的一系列社会立法尝试,让工人阶级看到工党上台执政对普通百姓的好处,也使英国的资产阶级意识到工党是可以遵守英国民主制规则的政党,因而资产阶级对工党执政的担忧也大为减轻。工党在战时内阁中的成绩还让人们看到工党领导人具备上台执政的能力,人们意识到工党的主张不仅可行,而且有利于社会、经济的良性运行,有利于缓和社会矛盾,对资产阶级和无产阶级都有一定的好处。在战时内阁中的杰出工作"使工党士气高涨,在公众眼中的声望也不断提高"(Adelman,2014)[83]。

第四,战争使英国人普遍接受了国有化的主张。战争中,政府把大批企业收归国有,实行军事化管理,为保证战争胜利发挥了巨大作用,这使人们意识到国有化和计划经济有可能比自由放任的资本主义更能够促进社会发展。既然可以用政府干预的手段来赢得战争,那又为什么不能在和平时期利用政府干预来加快社会发展呢?经过两次世界大战,英国人普遍认为战后应该由国家来干预经济,防止出现一战结束以后那样长期的萧条和失业现象。二战给英国带来了严重的破坏,从战后重建的角度来讲,也需要政府继续实行一定程度上的管制经济,以保障和改善人们的生活,应对战后的紧张局势。要实行这样的经济政策,一贯倡导国有化和计划经济的工党显然是最为合适的(阎照祥,2003)[376]。

战争对工党上台执政所起的作用总体是积极的,但不利方面也很明显。

第一,战争对英国经济造成了巨大的破坏,工党执政时始终在困境中挣扎,希望能够摆脱泥潭,但艾德礼执政期间,英国的经济表现始终不尽如人意。客观形势使工党改革的效果大打折扣,这成为后来保守党诟病此次工党改革的口实。

第二,为了恢复资本主义经济,工党必须压制工人的斗争,这暴露了工党与工会的矛盾,导致两者关系出现裂隙,为战后工党与工会关系的长期摩擦埋下了伏笔。

第三,二战期间,英国殖民地的民族独立运动风起云涌,有些国家例如希腊在共产党的领导下还出现了社会主义革命的形势。到二战结束后，英国已经既无精力也无财力继续管理殖民地，只能让各个殖民地相继独立。英帝国彻底瓦解。1945—1951 年的艾德礼执政时期成为英国加速衰落的转折点。虽然艾德礼政府能够大刀阔斧地进行改革，但却无法扭转英帝国的颓势。

第二次世界大战一手将工党扶上台，也为工党在 1951 年的竞选失败埋下了伏笔。工党在极端困难的情况下上台执政，扮演了为保守党收拾国内"烂摊子"的尴尬角色。在这样的情况下，工党要想取得突出的政绩是极为困难的。一定程度上可以说，工党是为保守党所代表的英国资产阶级承担了战争造成的后果。

1945 年 7 月，英国举行大选，工党获得了 47.6% 的选票，一共获得了 393 个议席，不仅远远超过保守党获得的 193 席，而且比其他政党的议席总和还要多 146 席（阎照祥，2003）[375]。工党在议会中成为具有绝对优势的第一大党。这是英国工党第一次以多数党的地位上台执政，也是"社会党在历史上第一次在一个主要的资本主义国家赢得议会多数"（王凤鸣，1997）[19]。这对战后西欧社会党的发展具有重大意义。就这样，工党开始第三次上台执政。

1945 年 8 月 15 日，日本正式宣布无条件投降，第二次世界大战结束。人们期盼着战后的工党政府能够兴利除弊，期盼迎来一个新英国。工党领袖艾德礼在这一天发表了一篇著名的演说，承诺他的内阁将通过广泛的社会改良，实现经济复苏与社会正义，具体采取的途径就是由中央政府控制关键工业。"这样，国有化问题就成了政府介入工业组织与控制的重要机制之一。"（王凤鸣，1997）[65]至此，国有化从政策主张转变为现实改革的条件都具备了。

第3章 理论准备：英国工党国有化思想的形成

1945—1951年,英国工党实施了系统的社会改革,对当代英国政治、经济各个方面都形成了深远的影响。作为这些改革措施的指导思想,英国工党的国有化理论经历了较长时间的探索,与英国社会主义思想的形成和发展有着深厚的历史渊源。本章将回顾从空想社会主义的公有制思想到英国工党的民主社会主义的国有化思想和政策的演变过程。

3.1 英国工党的民主社会主义理论

民主社会主义是英国工党的指导思想,虽然"民主社会主义"这个概念是二战后在法兰克福召开的社会党国际成立大会上才正式提出的,但学界一般认为民主社会主义是麦克唐纳社会主义思想的继承和发展(列敏,1950)[14-15],因而常把民主社会主义当作工党自诞生时起就一直坚持的指导思想。虽然战后工党的民主社会主义理论发生了重大变化,但在1951年之前,工党的民主社会主义理论是基本一致的。

工党是在费边社等社会主义团体和英国工会的推动下成立的,早期只有集体会员。虽然费边社、独立工党和社会民主同盟这样的社会主义组织也参与了英国工党的组建,但在工党成立初期,左右工党政策主张的主要是工会,因为工会是工党活动资金的主要来源。1900年,工党的前身——工人代表委员会成立之时,各个团体加入工党的目的是不尽一致的,各自的主张也不相同。工会的目的是通过工党争取议会代表权以保护自身权利,而对社会主义者的主张不感兴趣。在三个小型社会主义团体中,只有社会民主同盟曾受到马克思主义的影响,但它不到一年便退出了工党。费边社主张渐进、演化的社会主义,强调争取国家政权的支持,但费边社的规模极小,在工党成立初期没有多大影响。独立工党的社会主义思想带有浓厚的宗教伦理色彩,并不认同马克思主义,否认阶级斗争和革命的必要性,而是相信所谓的"人类兄弟之情"(考克瑟等,2009)[102]。初期参与英国工党筹建的这些组织中,对日后英国工党民主社会主义的形成影响最大的是费边社。费边社虽然只是一个人数很少的知识分子群体,但它采取渗透的策略,通过潜移默化地影响工党的主要领导人,使自己的政策主张逐渐被工党所接受,进而通过工党来影响英国的政治生态。通过这种策略,费边社逐渐成为工党的主要思想库,在工党历史和欧洲民主社会主义的历史中都发挥着重要的作用。

由于工会人数众多,而且在工党早期是工党主要的资金来源,因此直到20世纪60年代,工党一直是一个工会党,在政策主张和组织形式等方面都受到工会的制约。英国工会的主导思想是工联主义,或者称为劳工主义,而非社会主义和马克思主义。所以在1918年之前,工党一直没有提出自己的社会主义纲领。工会还反对在党的名称中加入社会主义的字眼,力主使这个新的政党成为一个工人阶级的政党,而非社会主义者的政党,因而坚持取名为"工党"。

十月革命的爆发激发了英国人民对社会主义的向往,英国工人的社会主义热情高涨,一些工人组织反对政府对俄国革命的干涉。在这种形势下,工党拟定了一个包含社会主义主张的党章。1918年,费边社主要领导人韦伯在为工党起草党章时加入了有关社会主义的内容,主要标志是党章第4条中关于公有制的表述:"在生产资料公有制和对每一工业或行业所能做到的最佳的民众管理与监督的基础上,确保手工与脑力生产者获得其勤勉劳动的全部果实和可行的最公平分配。"(佩林,1977)[46-47]1918 年 2 月,工党代表大会通过了这个党章。党章第 4 条就此确立下来,成为工党的社会主义性质的标志。

工党的社会主义不同于欧洲大陆的社会主义,是以"英国的思想和英国的制度为基础的"(威尔逊,1966)[5],"英国工党的社会主义,实质上是英国费边渐进式的改良主义,与中国的社会主义存在着差别"(刘成,2003)[2]。工党社会主义的一个特点是既受到多种政治思潮的影响,又一直以改良主义为主导思想。早期对工党有影响的政治思潮较多,有激进的自由主义、维多利亚道德改良主义、费边社的渐进社会主义、独立工党的道德社会主义、劳工主义等。克罗斯兰认为,自成立以来,工党一共受到 12 种思潮的影响,在艾德礼时期影响最大的是工团主义、基尔特社会主义和欧文社会主义(Croslond,1963)[81-87]。可以说,工党的政治思想是一种"理性主义的大杂烩"(Bealy,1970)[1]。19 世纪中期以后,英国还流行着许多流派的社会主义思潮,例如马克思主义、费边社会主义、道德社会主义、基尔特社会主义、市政社会主义、合作社会主义等等。除了马克思主义,其他流派都主张在资本主义的框架内进行渐进和平的改良。其中对英国工党影响最大的是费边社会主义(Wolfe,1975)[23]。

考克瑟在《当代英国政治》中曾经画了一幅图来表示影响工党意识形态形成的各种思想观念(见图 3.1)。

"由于工党的结构性特点,决定了工党主流意识形态只能是劳工主义或英国社会主义"(刘成,2003)[11-12],也就是在资本主义框架内进行渐进改良的"社会主义"。工党的社会主义看起来好像是对各种思想学说都兼收并蓄,但正如恩格斯在《社会主义从空想到科学的发展》中对各式各样的空想社会主义的判断一样,"对所有这些人来说,社会主义是绝对真理、理性和正义的表现……绝对真理、理性和正义在每个学派的创始人那里又是各不相同的……解决各种绝对真理的这种冲突的办法就只能是它们互相磨损。由此只能得出一种折中的不伦不类的社会主义……它是由各学派创始人的比较温和的批判性言论、经济学原理和关于未来社会的观念组成的色调极为复

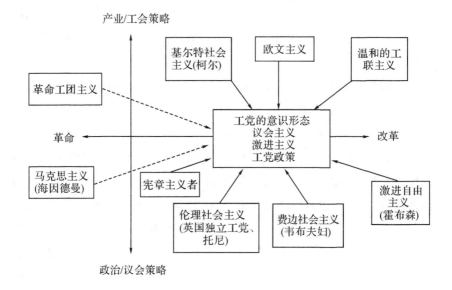

图 3.1　影响工党意识形态的各种思想观念

资料来源:考克瑟等:《当代英国政治》,北京:北京大学出版社,2009 年版,第 103 页。图中"韦布夫妇"一般译为"韦伯夫妇"。

杂的混合物,这种混合物的各个组成部分,在辩论的激流中越是磨去其锋利的棱角,就像溪流中的卵石一样,这种混合物就越容易构成"(马克思,恩格斯,1995c)[358]。恩格斯这段话虽然是针对空想社会主义学说而言,但也适用于描述英国工党思想体系的演变。英国工党不是把自己的思想立足于科学理论之上,而是立足于"道德""理性""真理""正义"等抽象的概念之上,看似对各种社会主义学说都兼收并蓄,博采众长,却并不是对各种思潮进行批判式吸收,以此确立自己的立场和原则,而是从各种学说、思潮中各取所需,杂糅在一起,并不注重逻辑的严谨和理论上科学与否。这样做的结果,就是使英国工党的指导思想最终变成了"折中的不伦不类的"思想"混合物"。到布莱尔执政时期,他所提出的"第三条道路"的社会主义已经蜕变为抽象的伦理道德的说教,几乎没有了半点社会主义的影子。

出于维护资本主义民主制度和私有制的目的,工党的民主社会主义理论否认阶级斗争,而接受斯宾塞的"社会有机体论"。这种世界观无论在工党第一任党魁麦克唐纳那里,还是在其后继者艾德礼那里,都表现得十分明显。在工党民主社会主义者眼中,社会不存在不可调和的矛盾,一切问题皆因组成社会的各个部分之间没有协调合作,社会不是划分为对立的阶级,而是由一个个独立的但又相互联系的人所组成,整个社会的协调运作是所有个人共同努力的结果。在对社会的认识上,艾德礼说:"社会主义者……相信每个人的价值,并且设法给予每个人以机会,对构成整体的各种类型的东西有所贡献。新社会必须是许许多多个人愿望的表现。……社会是一个花园,在那里可以看到各种各样的花,而每朵花必须有足够的土壤、空气和空间,以便它能最好地生长。在这个花园里,必须有一些修剪工作,否则粗大的枝叶便会吸收了细枝嫩叶的所有阳光和空气。园丁需要不同的品质,从远处看花园显示出一个总的设计和协调,但是从近处看,每棵植物都是很优美的。"(艾德礼,1961a)[59-60]于是社会的变革就不需要进行斗争和革命,而只需要对不协调的部分根据主观设想的理想画面加以调整。这就是民主社会主义理论的哲学基础。虽然后来麦克唐纳背叛工党的政治行径被艾德礼所唾弃,但在思想上,两者是高度一致的。

主张通过和平和合法的改良道路使英国逐渐地走向社会主义,这是英国工党民主社会主义理论最为突出的特色。他们不愿意打破英国的资产阶级民主制度,而是要维护这种制度,认为只有在民主选举的前提下,才能使工党取得执政的合法性。工党的领袖们颇以英国的民主制度为傲:"工党在对社会主义的最终想法方面以及在它所采用的用来实现这种想法的方法方面,是拥护民主和自由的。它认识英国人民从他们祖先手中继承下来的社会遗产的价值。它在走向将来的更大进步的时候,力图保持已经得到的具有永久价值的东西。"(艾德礼,1961a)[58]推崇资本主义制度下的民主是工党所主张的民主社会主义理论区别于马克思主义的一个明显不同,即使是工党的左翼领袖比万也认为:"马克思主义的经典著作对于具有充分发达的选举的政治民主制度的作用问题,一贯是轻描淡写的。""在他们的哲学里,他们是从不对这个问题像对其他问题那样加以发挥的。"(比万,1963)[21]因此,工党的理论家和领导人自认为充分重视了英国民主制度的积极作用,并竭力避免马克思主义在苏联的实践中所带来的"专制的弊病"。针对英国工党对资本主义民主制度的幻想，列宁曾经指出："在最文明最自由的资产阶级民主制度下，他们事实上在百分之九十九的情况下仍然一直被排斥在国家管理工作之外。"（列宁，2012d)[238] 即使工党在特定条件下能够参与管理国家，甚至能够上台执政，但它所采取的政策却必须符合垄断资本家的意志，而不可能真正实现他们所主张的社会主义。

恩格斯曾经指出，马克思的"全部理论是他毕生研究英国的经济史和经济状况的结果，他从这种研究中得出这样的结论：至少在欧洲，英国是唯一可以完全通过和平的和合法的手段来实现不可避免的社会革命的国家"（马克思，恩格斯，2001a)[35]。马克思的这一判断，被英国民主社会主义者奉为圭臬，他们总是以此为据，论证英国走向社会主义的道路可以不经过暴力革命的洗礼，而只需要采用和平和合法的手段，在英国议会民主制的范围内，通过竞选来实现社会根本性质的转变。然而，民主社会主义者们忽略了恩格斯的下一句话：马克思"从来没有忘记附上一句话：他并不指望英国的统治阶级会不经过'维护奴隶制的叛乱'而屈服于这种和平的和合法的革命"（马克思，恩格斯，2001a)[35]。由此可见，资产阶级不会自动退出历史舞台，即使在当时议会民主制度最为健全的英国，马克思在肯定英国有可能通过和平手段实现社会变革的同时，也从来没有否定在这一变革的过程中使用暴力手段的必要性。民主社会主义者总是喜欢引用前一句，而对后一句视而不见。这显然是一种对马克思主义断章取义，裁剪拼接的做法，完全违背了马克思的本意。

一般认为，英国工党是主张实行生产资料的公有制的，其标志就是工党1918年党章的第4条。但工党通过1918年党章时，公有制条款并没有引起充分的注意。党章第4条与其说是获得了大部分党员的认同，不如说是被当时工党面临的组织问题掩盖了。1918年的工党年会对第4条并没有进行认真的讨论。而公有制条款之所以会成为工党的社会主义性质的标志，并在日后逐渐凸显出来，是由于工人运动的发展和英国国内社会倾向的变化。这一点在第2.3.2小节已经作了详细的介绍。

第二次世界大战以后,特别是 20 世纪 70 年代以后,在阶级矛盾缓和的条件下,公有制条款在工党党章中的地位也逐渐下降。经过长期的争论,工党对公有制条款作出了新的解读,把公有制在工党民主社会主义理论中的地位由目标降低到手段的层次,最终在布莱尔时期修改了这一条款。虽然布莱尔声称这一条款的修改并不意味着工党要放弃公有制的主张,但实际上却起到了这样的效果。此后,直到科尔宾之前,工党长期没有提出公有制的主张。公有制条款在工党意识形态中地位的变化证明,在工党的上层领导人中,实现生产资料的公有制并非工党一直追求的首要目标,这一目标之所以在一段时间内显得十分突出,不过是形势发展的需要而已。工党所反对的,只是私有财产带来的"邪恶",而不是私有财产本身。例如,在工党内部,在艾德礼政府中身居高位且倾向较为左倾的比万就认为,工党的民主社会主义是"与起源于私有财产的种种邪恶进行斗争,然而又认识到并不是一切形式的私有财产都是邪恶的"(比万,1963)[173]。它反对的不是事物的原因,而是结果。甚至连英国的空想社会主义者都早就指出过,现实社会的种种"邪恶",其根源正是私有制。不废除私有制,就不可能解决困扰着资本主义的种种社会问题。但是工党却在这一点上后退了。工党从空想社会主义那里继承的,与其说是对私有制的批判,不如说是社会改良理论的伦理道德基础。在一定意义上可以说,英国工党的民主社会主义就是把资产阶级民主制、资本主义私有制与空想社会主义学说相结合的产物,这就把空想社会主义学说中的积极因素抽离了。对于保留私有制的条件下实现社会主义的可能性,列宁曾经指出:"在保存生产资料私有制的情况下,任何改良主义、任何维护民主制的行为都是资产阶级性质的"(列宁,2012d)[240],因而是不可能实现社会主义的。这就是英国工党的民主社会主义的本质。

3.2 英国国有化思想的理论来源

在战后初期工党的各项改革中,国有化是标榜这次改革的社会主义性质的主要依据，也是工党各项改革中酝酿最久、理论色彩最浓的一个领域，对第二次世界大战后工党自身演变的影响也最为深远。因此，在叙述英国工党国有化的实践之前，让我们先来考察一下工党国有化思想的来源及其对国有化的理论探索。

3.2.1　英国空想社会主义者的公有制思想

英国是资本主义最先发展起来的国家，也是资本主义弊端最先暴露的国家，穷苦的劳动者为资本主义的发展付出了沉重的代价，因此英国成为社会主义思想的诞生地。社会主义思想在英国源远流长，最初是在封建社会末期以空想社会主义的面貌出现。空想社会主义者在批判资本主义私有制的弊端时，也提出消灭私有制，建立公有制的主张。对英国近代公有制思想起到重要影响的有著名的空想社会主义者托马斯·莫尔（Sir Thomas More，1478—1535）、掘地派的杰腊德·温斯坦莱（Gerrard Winstanley，约1609—1652）、托马斯·潘恩（Thomas Paine，1737—1809）、亨利·乔治（Henry George，1839—1897）和空想社会主义者的杰出代表罗伯特·欧文（Robert Owen，1771—1858）。

托马斯·莫尔在资本主义诞生初期就看到了资本主义私有制的弊端。他在《乌托邦》一书中描述了圈地运动中"羊吃人"的惨剧，断言私有制是万恶之源，只要"私有制存在，就不可能根除贪婪、争讼、掠夺、战争及一切社会不安的因素"（莫尔，1982)[3-4]。莫尔指出："如不彻底废除私有制，产品不可能公平分配，人类不可能获得幸福。私有制存在一天，人类中绝大的一部分也是最优秀的一部分将始终背上沉重而甩不掉的贫困灾难担子。"（莫尔，1982)[43]

如果说莫尔的《乌托邦》还只是停留在头脑中的想象和批判，温斯坦莱则开始将自己的设想付诸实践。英国资产阶级革命后，资产阶级独占了胜利果实。在革命中发挥决定性作用的广大贫民没有得到任何好处，反而遭受更沉重的剥削，他们迫切要求解决土地问题。1649年1月，温斯坦莱发表了《新的正义的法律》,提出"真正自由的共和国"的方案,主张消灭土地私有制,使土地成为人民的共同财产,共同占有劳动产品,享受土地果实。随后,温斯坦莱率领贫苦农民在圣乔治山开垦荒地,共同耕种,受到各地贫农的广泛响应,掀起了掘地派运动(阎照祥,2003)[192-193]。这一事件具有重大意义,标志着土地公有制思想开始在现实的阶级斗争中发挥巨大的号召力,公有制开始从一种思想观念转变为人们的现实行动。

在英国公有制思想产生的早期,宗教也曾经发挥了一定的作用。"非国教传统中……公有制思想和尝试始终存在,并和教友派、卡米撒派,尤其是摩拉维亚派关系密切……罗伯特·欧文从震颤派的成功中受到鼓舞,把他们的理想用世俗的形式加以推广。"(汤普森,2001)[37]摩拉维亚派主张实行公有制,"他们在卫斯理宗团体内部永久地造成一种共有的理想"(汤普森,2001)[38],他们的公社"时常被 19 世纪的欧文主义者所模仿"(汤普森,2001)[38]。

经过 18、19 世纪的传播,公有制思想对英国社会产生了巨大的影响。其中特别值得一提的是托马斯·潘恩和亨利·乔治。亨利·乔治是美国人,托马斯·潘恩也是到美国之后才形成和发表了他的思想主张。这是因为在 18、19 世纪,英国的资本主义发展较为稳定,且处于上升时期,这时世界革命的中心是美国和法国,因而激进思想和对未来社会的畅想总是在美国和法国最先萌发,然后再向外扩散。18 世纪末,民主主义者托马斯·潘恩提出征收累进所得税,废除大地产制和贵族制度的主张(潘恩,1989)[316]。潘恩在《涉及土地的公平问题》一文中指出:"毋庸置疑,土地在自然、未开垦状态下过去是,而且未来也将一直是人类的共同财产。在那样的状况下,每个人应该生来拥有财产。他应该是与其他人终身共享土地及其所有的自然产出、蔬菜和动物。"(潘恩,2011)[165]但是"土地垄断却造成了最大的罪恶。它使得每个国家有一半以上的居民被剥夺了天然的拥有权,而且他们的损失没有获得相应的补偿。由此产生了前所未有的贫穷和悲惨的人群"(潘恩,2011)[169-170]。他还指出"如果我们仔细考察有关情况,就会发现在许多情况下,个人财产的积累是建立在给创造财产的劳动者的报酬太少的基础上的"(潘恩,2011)[195]。不过,潘恩并非主张废除土地私有制,而是主张通过建立国家基金的方式来消除贫困,建立公正和仁爱的社会。这显然带有明显的空想性质。潘恩的《常识》和《人权论》还对英国工人阶级意识的形成产生了巨大的促进作用。英国历史学家汤普森曾经评论说:"《天路历程》和《人权论》一样,是英国工人运动的基本教材;班扬和潘恩,加上科贝特和欧文,为1790年至1850年的运动提供了最丰富的思想素材。"(汤普森,2001)[19]

1879年,亨利·乔治发表了《进步与贫困》,这本书在英国广受欢迎,"恰好迎合了当时英国和爱尔兰激进团体的社会情绪",对英国的社会主义思想产生了重要影响(Adelman,2014)[1-2]。这本书中揭露了资本主义发展所造成的巨大贫富差别,"土地私有财产是经济不平等和不公平的根源"(刘书林,1989)[60]。他主张用高额地税或土地公有来消除土地垄断和社会分配不公。"人人都有使用土地的平等权利,正如人人都有呼吸空气的平等权利一样。……如果我们得到造物主的同样许诺来到人间,我们在这里便有享受自然恩赐的平等权利。"(乔治,2010)[336-337]亨利·乔治将土地公有视为"一种自然的、不可转让的权利"(乔治,2010)[336-337]。这本书"把经济危机、失业、贫困等现象归罪于土地垄断,即土地私有权。因此必须废除土地私有权,实现土地公有制,改造办法是实行'没收地租',即实行'土地单一税'"(刘书林,1989)[61-62]。这本书在英国引起轰动,出版不久销量就超过40万册。虽然"亨利·乔治本人并不是社会主义者,但从他对土地私有制罪恶的批判出发,人们很容易从对土地税的主张转向社会主义思想"(Adelman,2014)[2]。许多社会主义者都受到他的影响,苏格兰工党领袖凯尔·哈迪,费边社领导人萧伯纳、比阿特丽斯·韦伯等都曾经在此书的影响下成为英国社会主义运动的代表(Adelman,2014)[2-3]。萧伯纳在读过这本书后开始对社会主义理论产生兴趣(黄嘉德,1989)[2-3]。麦克唐纳认为:"此书唤起人民对于社会问题之注意,而认清贫困为与公众幸福有关系之问题,不徒为只凭少数私人以谋救济之不可说事件。"(麦克唐纳,1933)[217]"这本书引起了土地独占问题上的急(激)进主义;重新把社会的和经济的利益明确地带进了政治战场。"(麦唐纳,1959)[50]亨利·乔治的文笔生动,他还"周游英国,宣讲其理论,使之在城乡劳动群众、工人运动活动家和中产阶级知识分子中均产生较大影响"(阎照祥,2000)[306]。尽管亨利·乔治学说在理论上是"在社会主义的伪装下,企图挽救资本家的统治",但马克思认为,"这是想从正统的政治经济学中解放出来的第一次尝试"(马克思,恩格斯,2009e)[463]。

在工业革命以前,最主要的生产资料是土地,所以早期的公有制思想总是和土地联系在一起。19 世纪后期,不仅土地公有的思想得到广泛传播,而且建立了一些主张土地改革的组织,例如 1870 年建立的"地方改革委员会",1883 年出现了"土地改革联盟"和"人民土地社",前者鼓吹土地国有化,后者主张发展小农个体经济。19 世纪末建立的费边社也要求逐步废除土地私有制和地租剥削(阎照祥,2000)[306]。

如果说以前的空想社会主义者都生活在资本主义发展的早期,因而提出的公有制设想主要是针对土地私有制,空想社会主义者欧文在新拉纳克工厂进行试验时,英国已经发生了工业革命,欧文的思想主张更针对工业化时代的资本主义私有制。这是一个急剧动荡的时代,"蒸汽和新的工具机把工场手工业变成了现代的大工业,从而把资产阶级社会的整个基础革命化了。工场手工业时代的迟缓的发展进程转变成了生产中的真正的狂飙时期"(马克思,恩格斯,1995c)[728]。同时,这也是一个弊病丛生的时代。"无家可归的人挤在大城市的贫民窟里;一切传统的血缘关系、宗法从属关系、家庭关系都解体了;劳动时间,特别是女工和童工的劳动时间延长到可怕的程度;突然被抛到全新的环境中,从乡村转到城市、从农业转到工业、从稳定的生活条件转到天天都在变化的毫无保障的生活条件的劳动阶级,大批地堕落了。"(马克思,恩格斯,2009d)[392]正是基于资本主义大工业对社会的巨大影响,欧文提出的公有制思想突破了土地公有制的界限,包括了机器等现代生产资料。他不是要求废除土地私有制,而是要求废除一般的私有制,在当时的条件下,当然是指资本主义私有制。无论是开展空想社会主义的试验,还是后来积极参与工人运动,欧文始终没有突破和平改良资本主义的界限,这个特点为后来的英国工人运动所继承。费边社深受欧文思想的影响,在费边社的文献中欧文几乎是在叙述社会主义历史时必定提及的一个名字。

恩格斯曾经指出,欧文的社会主义学说是通过他在新拉纳克纺织厂的"纯粹营业的方式,作为所谓商业计算的果实产生出来的"(马克思,恩格斯,1995c)[613]。而他所做的只不过是"使人生活在比较合乎人的尊严的环境中"(马克思,恩格斯,1995c)[612]。欧文以李嘉图的劳动价值论为依据,他意识到"体力劳动在适当的支配下是一切财富和国家繁荣的源泉"(欧文,2009a)[306],因而社会财富应当归劳动者所有。"'没有这些由机器创造的新财富,就不能进行推翻拿破仑和保持贵族的社会原则的战争。而这种新的力量是劳动阶级创造的。'因此,果实也应当属于劳动阶级。在欧文看来,到目前为止仅仅使个别人发财而使群众受奴役的新的强大的生产力,提供了改造社会的基础,它作为大家的共同财产只应当为大家的共同福利服务。"(马克思,恩格斯,2012c)[650]

在新拉纳克纺织厂的早期经营活动促使欧文形成空想社会主义思想。1820年,欧文在《致拉纳克郡报告》中制定了"一项使贫民和劳动阶级获得永久的、生产性的工作,从而解除公众困苦并消除不满情绪的计划"(欧文,2009a)[368]。在他的代表作《新道德世界书》中,欧文认为私有制是诸祸之首,"私有财产是贫困的唯一根源,由于贫困而在全世界引起各种无法计算的罪行和灾难。它在原则上是那样不合乎正义,如同它在实践上不合乎理性一样"(欧文,2009b)[13]。私有制使人们变成自私自利的利己主义者,使人们为了追逐金钱而相互争斗,私有制是造成"各国的一切阶级之间的纷争的永久根源"。在分析了私有制的种种罪恶后,他断定:"私有制使人变成魔鬼,使全世界变成地狱。"欧文还设想了一个公平、富裕、平等的社会,即实行公有制,共同劳动、共同消费、共同保有财产的"劳动公社"(阎照祥,2003)[277]。费边社十分认同欧文对资本主义的批判和对未来社会主义的设想,费边社学者玛格利特·柯尔曾做出这样的评价:"欧文指出社会主义的目的是由人来控制社会的物质和经济力量,这是对社会主义最好的解释;欧文指出资本主义的弊病是让人受物质和经济力量的控制,这是对资本主义的最好的批判。"(柯尔,1984a)[33-34]工党第一任书记麦克唐纳继承了欧文的学说,他接受欧文提出的在批评资本主义制度的基础上建设社会主义,以及实行互助合作和社会改良的思想(刘书林,1989)[66-67]。麦克唐纳认为,欧文的建议"很少有乌托邦的味道,大多为建设性的方案"(MacDonald,1972)[62]。"欧文提出了一件备忘录,陈述了一种建设的、批判的新的思想体系。他在备忘录里讨论了战争的影响,并且说明现行社会的根本毛病是把机器劳动和人的劳动完全对立起来,使前者成为后者的主宰。唯一的补救办法是在后者的控制下双方合作。这是企业家的发现被有系统地讲出来作为一种建设的思想,这比圣西门的思想前进了一大步,如同达尔文主义比卢克里西阿的进化观念进步得多。这是科学的社会主义作为高于资本主义的进化阶段的第一次宣言。"(麦唐纳,1959)[33-34]

英国虽然是社会主义思想的诞生地,但在英国本土却一直没有发生大规模的革命运动。这其中的根本原因在于英国在世界资本主义体系中长期占据的核心地位,正是这种地位使得英国的社会主义思想一直难以突破和平、改良的路径。这种路径正是从空想社会主义者那里继承而来。19世纪初期,空想社会主义学说的出现和传播唤起了人们对资本主义带来的各种社会弊病的关注,具有进步的意义,但空想社会主义者不了解无产阶级的历史作用,否定阶级斗争,幻想"非政治的社会主义""没有斗争的社会主义"。随着工人运动的兴起,空想社会主义学说的历史进步性就消退了,反而阻碍了无产阶级的斗争。例如,欧文的门徒就敌视宪章运动(商务印书馆编辑部,2009)[4-6]。

英国空想社会主义者的一个突出特征就是他们不仅在理论上对公有制进行设想和探讨,而且亲身实践。温斯坦莱在发表了《新的正义的法律》之后,就率领贫苦农民在圣乔治山开垦荒地,领导了掘地派运动。欧文早期力图把新拉纳克工厂的试验推广开来,并多次创办"新和谐公社"。在空想社会主义的尝试失败后,欧文又主张建立合作社和劳动交换所。"1817年,彼上书国会中之济贫法委员会,称民间之疾苦乃由于工人与机器之冲突得来,救此之道,在以合作方法,运用各种生产程序,而使财富受公众福利之支配。"(麦克唐纳,1933)[190]正是在宣传合作社和劳动交换所的工作中,欧文真正接触和了解了工人,"组织合作社的那些人是真正的工人,因而使欧文第一次把无产阶级不仅看作是他为之工作而他们也为自己工作的人,而且看作是同自己一起工作的人——看作是他所依靠的同盟者和追随者"(兰道尔,1994)[75]。欧文看到了无产阶级的力量,将自己的设想与工人阶级结合起来,全心投入英国工人运动,并领导创建了英国第一个全国性的工人组织。恩格斯曾经说过:"当时英国的有利于工人的一切社会运动、一切实际进步,都是和欧文的名字连在一起的。"(马克思,恩格斯,1995c)[614]"如果没有欧文对社会主义思想所作的贡献,英国近代的劳工运动是不会成为今天这个样子的。"(兰道尔,1994)[77]与工人运动的结合是空想社会主义能够在英国产生广泛影响的重要原因。虽然由于理论上的缺陷,空想社会主义者不能建立真正的公有制基础上的社会主义社会,但却可以在实际斗争中产生一些切实的效果,一定程度上改善工人群体的生活状况,从而给工人阶级一种看起来似乎切实可行的希望。这使得英国的无产阶级更乐于接受这种既可以取得效果,又不必冒暴力革命风险的理论学说。

空想社会主义的公有制思想是马克思主义科学社会主义理论的来源之一,也是民主社会主义思想的重要来源,无论是英国工党还是费边社,都深受空想社会主义的影响。马克思通过对资本主义基本矛盾的分析,科学地论证了空想社会主义者的公有制主张,抛弃了空想社会主义者将公有制诉诸"真理""理性"和"正义"的做法,使社会主义思想完成了从空想到科学的转变。而以费边社为代表的民主社会主义理论则从另一个方面继承了空想社会主义,他们继承了空想社会主义者对资本主义弊端的批判,但仍旧把社会主义主张建立在伦理道德的基础之上,而且逐渐消弭了空想社会主义的革命因素,把实现公有制和社会主义的道路局限于在资本主义制度内进行和平渐进的改良。恩格斯曾经分析了空想社会主义的缺陷及其发展的结果:"对所有这些人来说,社会主义是绝对真理、理性和正义的表现,只要它被发现了,它就能用自己的力量征服世界……绝对真理、理性和正义在每个学派的创始人那里又是各不相同的……解决各种绝对真理的这种冲突的办法就只能是它们互相磨损。由此只能得出一种折中的不伦不类的社会主义……它是由各学派创始人的比较温和的批判性言论、经济学原理和关于未来社会的观念组成的色调极为复杂的混合物,这种混合物的各个组成部分,在辩论的激流中越是磨去其锋利的棱角,就像溪流中的卵石一样,这种混合物就越容易构成。"(马克思,恩格斯,2009d)[22] 如果不对空想社会主义进行批判,使其主张建立在科学的基础之上,空想社会主义必然丧失革命性,沦为以维护资本主义制度为根本宗旨的民主社会主义。

3.2.2 费边社早期的公有制理论

19 世纪末 20 世纪初,"新工联运动高涨,马克思主义得到更加广泛的传播。另外,从宪章运动中的道义派,到(19 世纪)60 年代的改革同盟,以及同时期欧文实验社会主义的传统主张,都在工人阶级队伍中有着深刻的影响"(刘书林,1989)[43]。英国工人逐渐意识到,只有废除资本主义私有制才能真正改变被压迫的命运。"把英格兰银行、钢铁、煤炭等行业收归国有的呼声早在 19 世纪末 20 世纪初就已经屡见不鲜了,这反映出英国劳工对贫富加剧、社会显失公正等社会现状的不满,及其要求变革的良好愿望。"(李海东,2004)[1] 这是一个工人运动不断兴起,无产阶级要求实行社会主义变革的时代。资产阶级需要新的理论学说来应对马克思主义的挑战和工人运动的兴起。

费边主义就是在这一时期以社会主义学说的面貌出现的一种思想体系。费边主义以"费边社"而得名,费边·马克西姆斯是公元前 3 世纪的一位罗马统帅,以缓进待机、避免决战的战术著称,以"费边"为名突出表现了费边社力图在资本主义议会民主制的框架内谋求和平改良的思想特点。费边社主要是由小资产阶级知识分子构成的改良主义组织,其前身是 1883 年 10 月美国人托马斯·戴维逊带领十几个年轻人成立的"新生活联谊会"(又称"新生活同志会")。这个小组织的目标是"尽可能根据最高的道德标准来重建社会"(曹婉莉,2012)[77],"使移民按宗教、伦理的原则实现一种博爱、理智的'新生活',其实质是一种劝人归善的伦理乌托邦"(江恩健,1998)[55]。该组织十分强调道德标准,这种特点影响了费边社会主义,并进而影响了日后形成的工党的民主社会主义思想,使民主社会主义理论学说带有浓厚的道德伦理色彩。1884 年 1 月,一部分成员从"新生活联谊会"中分离出来,修订了纲领,成立了费边社。在费边社出版的《费边短评》第三号中,费边社首次公开宣称自己是一个社会主义团体(曹婉莉,2012)[77]。费边社从一个只有十几个人的小组织一直延续至今,并对英国和欧洲产生了重要的影响,其原因主要有两个方面。一方面与 19 世纪末期以来英国国家垄断资本主义的形成和发展有关。国家垄断资本主义要求国家政权加强对经济的控制,采取改良措施以维护社会稳定和经济的持续增长。费边社的社会主义主张正好迎合了垄断资本家的这一需要。英国历史上产生过许多社会主义团体,19 世纪 80 年代更是社会主义思想迅速传播的时期。和其他社会主义团体的主张相比,费边社的主张较为温和。他们强调在现有的资本主义制度下进行社会改良,反对暴力革命,因而比其他社会主义团体更能得到英国资产阶级的认同和支持。另一方面则与费边社采取的缓进、渗透的策略有关。费边社一直以知识分子团体的形象出现,在后来建立的工党中充当智库的角色,并借助工党来传播和实施自己的主张,工党的政策"事实上是费边社会主义在政治实践上的具体表现,费边社会主义是工党的理论灵魂"(钱乘旦等,2003)[107]。这些策略虽然不能使费边社成为无产阶级的先锋队组织,但有利于费边社在英国的政治环境中获得持久的发展。

概括而言,费边社在政治上否认阶级斗争的必要性,反对社会主义革命和无产阶级专政,主张利用现存的资本主义民主制度,通过选举和代议制来实现缓慢的改良。在经济上,费边社维护资本主义私有制,主张"市政社会主义",通过调节收入分配,逐渐将资本和土地转归全社会共同所有。这就是费边社提出的实现社会主义的道路(李海东,2004)[26]。这些主张的核心是在资本主义的框架下进行和平改良。他们认为"在历史上还找不到乌托邦式的和革命的突变例子。从一个旧社会到一个新社会,不过是一个迁缓的演化过程"(江恩健,1998)[58]。1889 年,韦伯在《社会主义的历史基础》的演讲中系统阐述了通过议会斗争,采取"渗透"和"劝说"的办法使资本主义和平长入社会主义的主张。这个演讲稿后来成为费边社的纲领性文件,标志着费边社思想体系的形成(江恩健,1998)[57]。

对于费边社的性质和历史作用,列宁曾经指出,费边社的主张"最完整地体现了机会主义和自由派工人政策"(列宁,1988)[278]。恩格斯也认为费边社"害怕革命,这就是他们的基本原则"(马克思,恩格斯,2009e)[643]。"这是一个由形形色色的资产阶级'社会主义者'——从钻营之徒到感情上的社会主义者和慈善家——拼凑起来的集团,他们只是由于害怕工人要取得统治权而联合起来,他们尽一切力量通过保障自己的即'有教养的人'的领导权的办法来防止这种危险。"(马克思,恩格斯,2009e)[633]费边社虽然主张社会主义,但在英国政治和工人运动中所起到的主要作用就是防止发生社会革命。这个特点为日后成立的英国工党所继承。应该说,费边社的主张从反面反映了 19 世纪末工人阶级的反抗斗争已经威胁到资产阶级的统治秩序,因而费边社希望通过改良的方式来缓和这种日益激化的阶级矛盾,从而维持英国的资本主义政治经济秩序。不管费边社主观上认为自己代表谁的利益,客观来说,费边社的主张及其所起到的客观效果表明,他们所代表的是英国资产阶级的利益。

19 世纪末,虽然英国已进入垄断资本主义阶段,但以马歇尔为代表的主张自由放任的剑桥学派仍然是经济学界的主流。韦伯夫妇等费边主义者主张利用现存的国家机构来调节收入分配,加强政府对经济的调控,逐步实现土地和资本的公有制。这在当时都是非主流的经济学主张。"1897 年,韦伯夫妇的《工业民主主义》一书出版,成了与马歇尔的《经济学原理》相抗衡的非正统代表作。"(杨光斌,1988)[25-26]

费边社早期领导人大多主张对资本主义进行公有制改造。1884 年 4 月,费边社成立之初首次出版发行的《费边短评》——《为什么很多人贫困不堪?》一文中就指出:"假若资本社会化了,劳动者将受益无穷;然而,要是资本掌握在一小撮人的手中,贫困就必然会是多数人的命运。"(柯尔,1984a)[9]早期的费边主义理论家赛德尼·奥利维尔认为,社会主义的目的在于"以集体资本代替私人资本:那就是说,用建立在社会全体成员把所有生产工具当作集体财产这样一个基础上的生产方法,来从事全国性工作的合作组织"(肖伯纳,1958)[164]。费边社另一早期理论家赫伯特·布朗德认为:"社会主义是生产资料及交换资料的公有,以及为了所有人的同等利益而在这方面的公有。"(肖伯纳,1958)[286] 1890 年,西德尼·韦伯发表了《英国的社会主义》一书,"提出了他的公有制思想,认为最好的政府是能够安全而成功地管理最多的政府。只要有可能,日益扩展的公共服务产业就应当是为了公众利益而被组织和控制,只要完全私有权还存在于土地和其他经济垄断当中,就绝对不会实现机会均等,因此要实行国有化或市有化政策"(赖特,2000)[27-28]。

　　费边社早期领导人、英国著名文学家萧伯纳①(George Bernard Shaw,1856—1950)早年曾受马克思主义影响。萧伯纳曾说:"马克思打开了我的眼睛,让我看到历史和文明的事实,给了我完全新的宇宙观,给了我生活的目标和思想。""我曾经是一个懦夫,直到马克思使我成为共产主义者,使我获得了一种信仰,马克思使我变成一个真正的人。"(黄嘉德,1989)[2-3]在钻研了马克思的《资本论》后,萧伯纳开始积极参加社会主义运动,他在 1884 年加入了费边社。萧伯纳对土地私有制发表了许多评论。他认为:"土地的私人占有乃是社会主义所反对的各种不平等特权的根源。实际上这显示了把土地作为公共财产乃是社会主义的基本经济条件。"(肖伯纳,1958)[77]在《向社会主义过渡》一文中,他说道:"社会主义的成就在经济方面所涉及的,就是把地租从现在窃据着它的那个阶级手里转移到全民手里……地租的社会化意味着生产资料的社会化,其方法是没收现存私人有产者的财产并把它转移给整个国家。因此,这种转移就是向社会主义过渡的主要问题。"(肖伯

---

① 在一些译著中译为"肖伯纳",今多译为"萧伯纳",笔者遵照原译文不予改动。文中"肖伯纳"与萧伯纳为同一人。

纳,1958)[248-249]他提出的实现土地公有制的办法是渐进的,"把地租和利息转交到政府手里,不是以一笔总数转交而是依分期摊付的方式转交"(肖伯纳,1958)[253]。

由此可见,在成立之初,费边社就以实现公有制作为自己的纲领,但在实现公有制的途径上,费边社一直强调应当采用和平渐进的过渡方法。韦伯明确指出:"正是通过群众心理缓慢地、逐渐地向着新的原则的转变,社会的改组才能一点一滴地实现……重大的、根本的变革只能是:(一)民主主义的变革,因为只有如此,对大多数人民来说,才是可以接受的,并且才能使所有的人在思想上有所准备;(二)渐进的变革,因为只有如此,无论进步的速度多快,才不致引起脱节现象;(三)被人民大众认为是合乎道德的变革,因为只有如此,才不致在主观上对他们来说是败坏道德的;(四)合乎宪法的与和平的变革,至少在英国应该如此。"(韦白[①],1958)[87]由此可见,虽然费边社的理论家们能够意识到导致各种社会问题的根源在于资本主义私有制,但他们却拒不接受阶级斗争的观点,把实现公有制的希望完全寄托于英国统治阶级的自觉自愿,对实现公有制的具体方法没有进行过认真的探讨。费边社重要成员赫伯特·乔治·威尔斯(Herbert George Wells)1934 年访问苏联时曾同斯大林会面,斯大林批评了费边社渐进过渡的主张,提醒他"资本家是和利润血肉相连的,没有任何力量能把他和利润分开"(斯大林,1985)[16],幻想通过和平地转移收入的手段过渡到社会主义是不可能实现的。

费边社的公有制思想主要是受空想社会主义的影响。在一个多世纪的发展历程中,费边社的社会主义理论不是建立在马克思主义对资本主义基本矛盾的科学分析之上,而是建立在对资本主义种种社会弊端进行伦理道德的批判之上。

虽然从马克思主义的角度来看,费边社在理论上有着严重的缺陷,但与19 世纪末成立的英国其他的社会主义组织相比,"费边社的社会主义公有

---

①　原书译为"韦白"。

化理论最系统,也容易为大多数英国人所接受"(杨光斌,1988)[7-8]。社会民主联盟、独立工党只是笼统地提出国有化,缺乏系统的理论建构和具体可行的实现途径,难以被大多数英国人所接受。费边社之所以能够在英国长期存在并通过工党发挥巨大的历史作用,主要原因不是其理论上的系统性,因为马克思主义显然比费边社会主义更系统、更科学。英国工人阶级没有选择马克思主义而是选择了费边社会主义,这是因为英国的工人阶级当时已经意识到自己贫困的根源在于资本主义私有制,而又没有放弃对英国统治阶级的幻想,在现存社会制度下改善自己生活的希望还没有破灭。一方面,当时英国的无产阶级已经有所觉悟而又觉悟不够;另一方面,资产阶级慑于工人运动的威力不得不采取一些妥协措施,而且凭借殖民掠夺得来的丰厚利润也使资产阶级能够实行这种妥协,部分地改善工人状况,培植工人贵族。工人贵族的出现有利于维护资产阶级的统治秩序,因而,对资本主义进行局部改良也就成为资产阶级自身的诉求。"过去带头同工人阶级作斗争的最大的工厂主们,现在却首先起来呼吁和平和协调了。"(马克思,恩格斯,1995d)[420]正是这种阶级状况给了费边社广阔的活动空间。

费边社的规模一般只有几百人,但却对英国政治产生了深远的影响。工党成立后,费边社作为一个团体参加工党,此后一直是工党的理论主张和精英分子的主要来源(柯尔,1984a)[200-201,311]。直到今天,费边社仍旧在工党内部扮演着思想库和智囊团的角色,仍旧对工党的政策主张发挥着重大影响。参加工党伊始,韦伯就力争使费边社会主义成为工党的指导思想。1915年,韦伯成为工党执行委员会的委员。1918年,韦伯撰写了《工党与新社会秩序》,提出充分就业、建立失业保险、进行工业的民主监督、国有化、改革金融系统、补贴公共事业等政策主张,成为工党政策的重要理论基础(Webb,1918)。这份文件是1918年通过的由韦伯夫妇起草的工党党章的补充,两份文件常合称为"1918年工党党纲"。费边社成立之初曾经出版了一本阐述费边社思想的文集《费边论丛》。1931年,当萧伯纳为《费边论丛》撰写序言时,他不无骄傲地表示,费边社的理论已经对英国政治产生了重大影响:"当我写这篇序言的时候,一个费边社会主义者正担任着英国的首相。

两个《费边论丛》的作者也在上议院里,他们当中的一个是内阁部长,另一个是前任的内阁部长。国会里充满了费边社员以及认为费边社还不够极端的一些社会主义社团的成员。"(肖伯纳,1958)[2] 在国家的经济政策上,萧伯纳认为费边社的一些主张也得以实现,例如在提高税收以补贴公共事业方面,1931 年,英国"每年对资本家的收入加以没收的数目已经高达这种收入的百分之五十,而且经常还借助遗产税以同样的规模来攫取他们的资本,并把所没收的大部分不仅以实物的形式而且也以现金的形式立即在无产阶级当中重新加以分配,这已被认为是一种理所当然的事了"(肖伯纳,1958)[2]。虽然这样的成就并不完全是费边社努力的结果,但毫无疑义,英国社会正在向着费边社所希望的方向发展。这说明费边社的主张至少是符合英国资本主义的发展趋势的。

3.3　工党对国有化理论的探索

英国工党的国有化思想来源较为庞杂,既有空想社会主义关于公有制的设想,也有费边社学者的理论阐述,还受到马克思主义的影响。早期工党的政策主张受工会的影响较大,但工会在国有化方面没有系统的理论主张。由于费边社在工党中扮演着思想库的角色,英国工党的国有化思想很大程度上也就是费边社的国有化思想。

3.3.1　工党主要领导人的国有化思想

麦克唐纳是工党的第一任书记,也是工党早期的理论家,著述颇多。他的社会主义思想对工党产生了深远的影响。麦克唐纳的思想来源比较混杂,主要受到社会学家斯宾塞和费边社学者的影响。麦克唐纳"接受了费边社关于渐进、改良的政治主张,关于土地、资本、工业国有化的主张"(刘书林,1989)[63-64]。同时,麦克唐纳也"接受马克思主义关于实现生产资料公有制的观点"(刘书林,1989)[73]。但他始终不接受马克思主义关于必须通过阶级斗争的方式来实现生产资料公有制的主张。麦克唐纳深受斯宾塞社会有机体论的影响,认为整个社会是一个有机体,各个阶级之间只存在功能上的差别,在社会运行中都是不可或缺的,因而他反对阶级斗争学说。"麦克唐纳在工人运动实践中疲于奔波,纵横捭阖,其目的一直是使劳资双方合作,各守其度,以维持他所称颂的社会有机体。"(刘书林,1989)[67]国有化是麦克唐纳主张的改造资本主义经济的主要途径。归纳起来,麦克唐纳关于国有化的思想包括以下几个方面。

第一,土地国有化。麦克唐纳深受亨利·乔治的影响,他认为:"设有一人在物质所许可之范围内,能攫取空中之日光与空气为己有者,则人类必将发生一种极猛烈之需要,对于此既有日光与空气之权利,不能须臾忍受也。但日光与空气以及土地及产业资本之差异,只有轻重之别,而无种属之分也。由于民众之激增靡已,土地及产业资本之使用,关系于社会之利益者益巨,因此时民众觉自由接近原料之途已塞,且彼等为苟延残喘,而渐附属于工银劳动故也。彼等又觉要求权利之日已至,即财产当为社会所使用,且当直达于生命所不可缺乏之要素之私有完全消灭而后已也。吾人不能容许作私有日光及空气之想象,及不能容许资本及产业资本之私有的持续,理由完全相同。"(马克唐纳[①],1934)[47-48]麦克唐纳特别关注土地私有制带来的弊端,要求废除土地私有制。早在1905年,他便提出:"只要土地私有制仍旧存在,它就可从公共和私人事业中抽取不公平的税。土地所有者就可以攫取新创造的财富,而这些财富一般是由与他处于对立的阶级创造的,而且几乎没有得到他的帮助。"(MacDonald,1905)[196]"社会主义者应当支持土地本身的国有化,而不仅仅是一部分地租的国有化。"(MacDonald,1905)[196]此外,麦克唐纳还将公有制主张扩展到工业资本。"土地国有化还不能解决诸多的工业问题——失业与过度劳动交替存在,富裕伴随着贫困,奢侈品的贸易,私人利益鼓励对恶习和缺点的迎合而丝毫不考虑更广泛的结果。它只

---

①　在我国对麦克唐纳著作的早期译本中,有时将 MacDonald 译为"麦唐纳"或"马克唐纳",本书遵照原译名不予改动,所指均为同一人。

关心交易所提供的直接利润。所有这一切都指向一个共同的结论：工业资本应由社会共同体支配和管理。"(MacDonald，1905)[197]

麦克唐纳的土地公有思想与马克思主义的公有制理论有着根本不同，虽然麦克唐纳也主张没收地主土地，实行土地公有，进行大规模的"公社耕种"(刘书林，1989)[87]，但在实现土地公有的具体途径上，麦克唐纳并不主张立即没收土地，而主张采取逐步改造的办法(刘书林，1989)[86]。他认为，"英国具备实行农村土地公有制的条件，可以在爱尔兰实行自耕农制，辅以必要的合作组织"(刘书林，1989)[87]；"在农民不赞成国有化的地方，可以实行自耕农制或基尔特社会主义"(刘书林，1989)[86-87]。应该说，照顾农民的意愿，通过渐进的合作方式实现土地国有化，对社会主义国家的土地所有制改造是有借鉴意义的。但当时英国农村的土地所有制已经不是小土地所有制，甚至主要的也不是贵族土地所有制，而是资本主义的大土地所有制，资本主义在农村的扩展早已完成。这个时候再强调通过合作的手段实现土地国有化，已经不具备现实的条件，只能流于空想。

第二，金融业国有化。在麦克唐纳的生产资料公有制的计划中，改革资本主义金融机构是整个计划的核心(刘书林，1989)[89-90]。麦克唐纳认为："我反对他们(金融家)的存在，因为他们的存在必然会引起智力、劳动力、才能、努力等方面的浪费。没有一个社会是真正自由的，除非它能控制金融组织。可是，除非产业已经根据社会主义的方式组织起来，不可能控制金融，不可能把金融并入社会的职能组织。"(麦唐纳，1959)[157]麦克唐纳认为金融业是资本主义弊端的根源，"社会为了本身利益，必须尽可能保卫自己，防御一种横行霸道的国际金融托拉斯的侵害。无论如何，英国显然必须注意的不仅是仑巴德街，而是仑巴德街和华尔街。如果国际金融内部相互斗争，工人的奴隶状态(在苦役和管理两方面)将不可避免，世界政治将为金融意志所支配。因为金融能控制产业机器所需要的动力，控制每一条河流的闸门，并且能管束每一个政府的行动"(麦唐纳，1959)[156]。因此，麦克唐纳把金融业的国有化当作改变资本主义私有制的关键。"第一步是设立一个国家银行，以国内的产业交易为基础，以促进产业目标的实现为经营方针。这个银行独享发行纸币的权利,并附设造币厂。它应该同时是政府的银行。"(麦唐纳,1959)[153]"国家和地方的金融将系统化,金融寄生状态将终止,资本总汇将积累起来,作为一个贮水池,它所供给的资本可以维持一个有效力的生产系统,处理政府和财政金融事务。金融的职能必须和政府及生产的职能配合一致。"(麦唐纳,1959)[153]

第三,首先要把基础行业国有化。麦克唐纳将市政行业的国有化当作第一步,"在国社会主义之中,与在市社会主义之中无异,收获已成熟且甚易为之者,当然列为第一步,且人由此获得之经验,又可以作将来新收获时之用,吾人因此将建立资本国有之程序。使公共事业变为国家化,如铁路是也,取得股票额以为集合体全部之用,如煤矿税是也"(马克唐纳,1934)[167-168]。"土地国有化,铁路国有化,市政服务业如煤气、自来水、电业、电车等行业的国有化,这是社会主义纲领的第一部曲。这个纲领所根据的原则是:在现代国家中,公共财富和私有财富一样是很必要的。"(MacDonald,1972)[156]"煤气和自来水的公营是第一幕,全本的戏将以产业资本全部国有化和社会主义的胜利而收场。"(麦唐纳,1959)[53]

第四,通过税收渐进地实现国有化。麦克唐纳虽然主张国有化,但他并不主张直接废除私有财产权,更不赞同像苏维埃俄国的国有化那样采取直接没收的办法。麦克唐纳主张通过对资本和财产征税,逐步限制资本和减少剥削,希冀以此来改变资本和财产的私有性质(刘书林,1989)[89]。通过税收,逐步"限制资本主义的权力,把资本主义所经营的某一项事业收归国营,到最后一天人们会发现在这若干年中世界已经经历了一场革命,幼虫已经变成了蝴蝶"(麦唐纳,1959)[53]。这一点体现了费边社的缓进主张对麦克唐纳思想的影响。

第五,通过实行国有化改变资本主义生产的目的。"社会主义国家的主要特征就是现存被使用或滥用的一切形式的财产公有制。整个共同体对这种财产比对私有的个人财产更加关注,而这种财产的使用是为了公共目的,而不是为了私人利润。"(MacDonald,1972)[154]麦克唐纳认为,只要有了"公共财产","社会主义者就能奠定其重建社会的基石之一。对于广大人民群众来说,可能享有的个人财产,来自集体所有权而不是来自个体所有权"
(MacDonald,1972)[209]。

第六,通过工人自治来管理企业。麦克唐纳根据当时一些建筑工人的
实验,在全国矿工联合会、全国铁路工会上提出了由工人自治团体或代表团
体承包企业的主张(刘书林,1989)[93]。麦克唐纳认为可以通过工人自治来
实现国有化,"这些新的探险和发现在两方面加强了社会主义。它们提供了
详细办法,因而充实了社会主义作为一种国家计划的内容,并且他们为社会
主义找出了必须走的道路的下一阶段,因而消除了大战初起时社会主义运
动中潜藏着的那种不知怎样是好的情绪。社会主义的建设运动将不仅采取
政治的途径,虽然广泛的创造性的集体生活的思想将沿着政治途径前进。
它也在前进中坚决地取得工人(包括工头和经理)对产业的控制权,彼此密
切合作,缩小资本占优势的范围,到最后纯粹的资本家完全消灭为止"(麦唐
纳,1959)[57-58]。

工党的其他理论家也对国有化有所阐释。20 世纪 20—30 年代,费边
经济学家理查德·托尼(Richard H. Tawney)在《贪婪的社会》和《平等》等
著作中提出,经济学所面对的迫切问题是实现平等主义和收入的再分配。
托尼认为,要使生产者摆脱受束缚的地位,就必须实行国有化。与此同时,
费边社另一位重要的理论家拉斯基则主张通过工党政府的经济政策来实现
社会主义,"生产资料私人所有制必须废除,社会的阶级结构和附属于它所
维持的所有制上面的特殊权益,也必须废除"(拉斯基,1962)[24]。虽然拉斯
基也主张通过和平的手段来实现社会变革,但对阶级斗争持开放的态度,并
不否定暴力的作用。"我们或许可以说服人们和平地同意这种改变。……
在另一方面,特权阶级也可能宁愿作战,不愿让步。遇到这种场合,因为我
们已经组织起来,胜利的机会至少是存在的。"(拉斯基,1962)[24]

20 世纪 20—30 年代,由于工党在大选中两次成为执政党,国有化问题
成为英国社会广泛讨论的问题,费边社的理论家对国有化的理论建构也进
入一个新阶段。在《费边社会主义》一书中,工党的另一个理论家柯尔所提

出的改良主义纲领对艾德礼工党政府的社会改良政策影响尤深(江恩健, 1998)[59]。柯尔制定了一套完整的国有化纲领,包括银行系统、燃料和电力供应、运输业、重工业、国际贸易和土地的国有化。柯尔认为,这些关键行业的垄断程度最高,是垄断组织最为集中的行业,最大的康采恩,最强有力的托拉斯和联合企业都来自这些关键行业。因而,只要首先对这些行业进行国有化,使之纳入国家管理之下,其余行业的国有化就轻而易举了(杨光斌, 1988)[12]。"如果上述工业置于公有制之下并使之成为国家经济计划的中心,大部分其他工业在所有真正必不可少的方面一定会赞同这个计划。"(柯尔,1984b)[24]可见,柯尔已经在考虑实现国有化的具体步骤。柯尔的设想为后来艾德礼政府的国有化进程设计了一份切实可行的路线图。但柯尔并不把国有化当作社会主义的标志,而只是当作实现社会主义的手段。"没有提到它(公有制——引者注)是因为到目前为止,对于我以及我想对于所有的社会主义者来说,公有制本身并不是目的,而是实现我上面说的那些目的的手段。"(柯尔,1984b)[24]柯尔把公有制当作手段而非目的的做法,对战后工党国有化理论的转变也有着深远的影响,学界常把柯尔看作工党修正主义的开端。"柯尔是从费边主义理论向修正主义理论过渡时期一位极为重要的人物。"(杨光斌,1988)[13]可见,英国工党正式实践大规模国有化改革之前,工党内部的修正主义已经初露端倪,而后来国有化实践屡屡受挫,则为这种修正主义倾向的进一步发展提供了理由。

工党左翼领袖比万认为,只有公有制才能维持社会的稳定,因而未来社会必然以公有制为主(倪学德,2007)。"使一切形式的私有财产处在永无止境的威胁之下的做法,是既不慎重又不合乎我们对未来的看法的……社会稳定的一个必要条件是:某一种财产所有制必须占统治地位。在未来的社会中,占统治地位的应该是公有财产。私有财产应当退让到这个地步:社会的目的和正当的优先次序构成一个容易看得出来的生活方式。"(比万, 1963)[122-123]

对艾德礼政府在1945—1951年的国有化实践影响最大的还是参与艾德礼政府的各个工党领导人。例如艾德礼、比万和贝文。作为工党的领袖,克莱门特·艾德礼的国有化思想无异对 1945—1951 年工党的国有化实践的影响最大。艾德礼声称自己是一个社会主义者,他曾声明:"我们的主要观点现在是,将来仍然是,在现代复杂的社会中不可能通过放任私人经济冒险来达到合理的秩序。因此,我是一个社会主义者,我信仰公有制。"(齐世荣,1996)[183-184]对于社会主义的理解,艾德礼赞同伯特兰·罗素的解释:"社会主义意味着土地和资本的共有制,连同一个民主形式的政府。它意味着为使用而不为利润的生产,以及产品的这种分配方式或者平均地分配给所有的人,或者也至少是的确结合公共利益加以不平均的分配。它意味着废除一切不劳而获的财富和对工人们谋生手段的一切私人控制。它必须是国际的,才会充分地得到实现。"(艾德礼,1961b)[6]艾德礼主张适度的公有制,他"不希望公有制进入经济活动的一切领域。因为,它会要求一个像铁板一块的社会"(齐世荣,1996)[183-184]。他还提出要建立"一个有计划的社会"。根据自己的观察,艾德礼认为,在 1929—1933 年的经济危机之后,人们普遍认为"必须对社会的经济生活进行计划,而不应由若干竞争性大企业的相互作用来实现工业的偶然发展。国家不是在参加比赛的选手之间作裁判员,以维持一定的秩序,而必须成为一个积极的参加者和领导及组织的力量"(艾德礼,1961a)[20]。人们还普遍赞同由政府来控制整个社会,"只有政府才能决定国家计划的总的方针……只有政府才能权衡整个社会的利益"(艾德礼,1961a)[22]。在这次大萧条之后,仍旧坚持自由主义的人变成少数(艾德礼,1961a)[20]。

　　艾德礼主张在现有制度和政府政策的基础上加强对经济的管理,"工党政府不会将这些东西取消,以回到无政府状态的竞争中,但是它将会按照它的总计划的方针利用这个机构改变本国的经济生活"(艾德礼,1961a)[21]。艾德礼为准备 1935 年大选写了一部带有纲领性质的著作——《走向社会主义的意志和道路》。在这本书中,艾德礼提出了自己对社会主义计划经济的一些设想。他认为工党的计划"目的是给本国公民以社会生产力所能提供的最高生活水平"。艾德礼重视发挥政府对经济的调节作用,认为"政府必须决定国家的力量用于生产资料的生产和消费品的生产的比例"(艾德礼,1961a)[25]。"为了完满地从事计划,政府必须设置适当的机构。……需要一种核心内阁性质的组织或在内阁中设立经济计划委员会。"(艾德礼,1961a)[26]在艾德礼的设想中,政府应当全方位介入经济活动。"如果要将计划付诸实施,政府必须控制经济机构中的主要部门。它必须控制对外贸易机关。它必须能够利用国家贷款,并使金融服从社会的支配,而不是能支配社会。它必须与土地发生关系,以便实行短期和长期计划。它必须对运输、燃料、钢铁这样一些工业实行社会化,而这些工业在为新秩序打下巩固基础方面都处于最重要的有限地位,并且在结构方面形成比较完整的统一体,而能够毫不迟延地使它们转变成为国家事业。它还必须通过社会和工业立法和强有力的行政管理,负责使计划的其他部分与总的计划协调一致,并且必须对那些在一段时期内仍属于私有制的工业保有充分的控制权力,以便在符合国家计划的情况下保证他们的发展和开工。"(艾德礼,1961a)[26]

艾德礼的这些设想表明,在1929—1933年经济危机之后不久,英国工党对通过政府干预和国有化来改革经济体系的探讨已经较为全面。工党系统地提出了对金融、土地、基础行业进行国有化,建立相应的管理体系,以便有计划地发展经济等一系列政策主张。工党要进行国有化的行业,"不是属于比较重要的工业,就是实行社会主义化的条件已经成熟的工业"(艾德礼,1961a)[35]。和麦克唐纳一样,艾德礼也把征税当作缩小贫富差距、发展福利事业的一个重要手段。"一个工党的政府不仅要把为少数人赚取利润的工业转变成为为大多数人服务的工业,而且要用征税方法来降低较富裕的阶级的购买力,并且通过增加工人工资和建立社会服务事业,来扩大群众的购买力。"(艾德礼,1961a)[21]

在实践上,艾德礼把瑞典当作国有化的榜样。20世纪中期的瑞典已经对财政进行了管制,并把许多工业部门收归国家所有。瑞典政府拥有中央银行、航空公司、电网系统和大部分铁路网,瑞典政府还拥有国内最大的铁矿的开采权。除了国有行业和半国有化的行业以外,瑞典的合作运动也很发达,瑞典全国大约20%的批发和零售贸易是由各合作社运营的。瑞典还

率先实行了养老金制度，政府担负起住宅的建设工作。由于国家所有制和
合作社的发展，虽然瑞典还远算不上是一个社会主义国家，但是它的经济结
构却最接近社会主义国家。在 1929—1933 年的经济危机中，瑞典的失业率
要远低于其他西欧国家。国内学界向来把瑞典作为欧洲福利国家的代表，
却往往忽视了这种高水平的福利体系是以大规模的国有经济和合作经济为
基础的。艾德礼认为瑞典的做法正是运用宪法方式来和平地实现社会主义
的有效途径。"这一切都是在没有任何流血牺牲，只有最小可能的摩擦的情
况下完成的。作为向社会主义目标进一步发展的一个阶段来说，这确能称
为一个运用宪法方式的出色范例。"（倪学德，2005a）

　　与柯尔不同，艾德礼把公有制看作社会主义的目标，而不仅仅是手段。
"社会主义意味着土地和资本的共有制，连同一个民主形式的政府。"（艾德
礼，1961b）[1]"在《工党的展望》一书中，艾德礼把社会主义运动的目标规定为
自由、安全、平等、民主政治和公有制。"（杨光斌，1988）[13]

　　在国有化的具体路径上，和大多数费边社学者和工党领导人一样，艾德
礼反对通过暴力来实现公有制。他认为，"只要工人有权利用议会并通过投
票达到他们的目的，他们就无权用其他手段。如果工党不能取得大多数，那
么它就必须作为少数而服从多数人的意志"（杨光斌，1988）[11]；"要以暴力把
它的意志强加诸多数人民身上则是违反民主信念的"（艾德礼，1961b）[63]。
在工党的领导人眼中，社会主义所追求的民主是与暴力革命相矛盾的。要
追求民主，就不能走暴力革命的道路。他们却忽略了资本主义议会民主制
度的建立，正是资产阶级革命的结果。没有暴力革命，他们所推崇的民主制
度根本无从建立。这种对民主的理解，反映了英国工党在理论上排斥马克
思主义和共产主义的态度给自身造成的局限性，也为日后西欧各国社会党
所主张的民主社会主义打着民主的旗号来反对现实的社会主义制度作了理
论上的铺垫。

　　工党主张通过补偿的方式来进行国有化，而反对没收。艾德礼认为，
"对资本的所有者给予补偿是必需的。没收不仅会产生混乱和引起反对，而

且是不公平的"(艾德礼,1961a)[35]。由此可见,工党所主张的国有化,是在尽可能不损害资本家利益的前提下进行所谓"公平"的国有化。在后来的实践中,为了减少国有化过程中的阻力,工党政府给予国有化行业的资本家以高额的补偿,超过了国有化行业的固定资产总值,而且每年还付给资本家高额的利息,利息率又多是根据两次世界大战之间所获得的最高的利润率来定的,这种国有化给英国政府带来了沉重的财政负担,也为日后国有企业出现的种种问题埋下了伏笔。

艾德礼时期,英国工党的民主社会主义理论体系已经比较系统和完善。《走向社会主义的意志和道路》一书是艾德礼系统阐述工党政策的著作。在此书中,艾德礼力图说明"工党政策的各部分如何构成前后连贯的整体,并且如何建立在明确的原则上,而接受这些原则,对本国和世界的和平与繁荣都是基本的"(艾德礼,1961a)[1]。

工党的民主社会主义继承了空想社会主义的一些特征,例如他们也批判社会的不平等和资本主义私有制所带来的种种问题,也把自己的理论主张建立在伦理道德的基础之上等等,但与空想社会主义有所不同的是,民主社会主义在维护资本主义的统治秩序方面表现得更为明显。他们认同资本主义的政治制度,认同建立在资本主义私有制基础上的所谓"公平""正义",从而使他们对社会主义的追求和对公有制的主张具有极大的局限性,不能从根本上超越资本主义政治经济制度,而只能在特定时期发挥一些改良作用,只能扮演"资本主义病床边的医生"的角色。

3.3.2　工党纲领中的国有化主张

费边社成立之初,就将实现公有制作为自己的目标。工党成立后,费边社又力图将公有制目标写进工党的党章。一战结束以后,在俄国社会主义革命的鼓舞下,英国和欧洲工人的革命热情高涨,纷纷要求实现社会主义。在高涨的社会主义呼声面前,英国政府成立了一个国有化委员会来调查社会主义组织所提出的实行国有化改革和工人自治的要求是否可行。但这个委员会的成员大多是各个大型垄断企业的资本家及其代表,报告最终否定了国有化的必要性(Federation of British Industries,1919)。但这件事本身就可以反映出当时英国社会中民众对国有化的要求已经使得英国政府不得不做出正式的回应。正是在工人运动的推动下,工党在成立 18 年后,终于明确地制定了自己的党章,把公有制作为党的目标确定下来。

学界一般认为,英国工党实行国有化的原因主要是实践工党的民主社会主义理论。第二次世界大战以前,英国虽然也建立了个别的国有企业,但并未进行大规模的国有化。直到第二次世界大战以后,工党政府才实行了大规模的国有化改革。这显然与工党一贯信奉的民主社会主义理论有关(王凤鸣,1997)[67]。早在 19 世纪末,早期的费边主义者就主张国有化。萧伯纳在《费边论丛》的初版序言里就曾指出:"本书所有作者都是社会主义者,他们具有一个共同的信念,认为必须把工业组织和生产资料委诸一个以完全民主的方法而与人民合而为一的政府去管理。"(肖伯纳,1958)[49] 1906年,工党议员在议会中提出了对矿山和铁路进行国有化改革的方案。1908年,工党曾作出决议,声称党的目标是生产资料、分配和交换的社会化(王凤鸣,1997)[67]。

1918 年 2 月工党通过的党章第 4 条规定:"在生产资料公有制和对每一工业或行业所能做到的最佳的民众管理与监督的基础上,确保手工与脑力生产者获得其勤勉劳动的全部果实和可行的最公平分配。"(佩林,1977)[46-47]这一条款是费边社会主义思想的集中体现(杨光斌,1988)[1]。可以说,至此,费边社成功地将自己的主张写进了工党的党章。正是由于这一公有制条款,柯尔认为,1918 年确立的党章标志着工党已经开始把社会主义当作奋斗目标,实现了"意识上的变革"(Cole,1969)[65-71]。1918 年 6 月,在公有制条款和 1916 年费边社文集《如何吸取战争的教训》的基础上,工党通过了韦伯夫妇起草的《工党与新社会秩序》(*Labour and New Social Order*)。这个政策声明是工党的第一个正式纲领。纲领中提出了一系列政策,包括成年人选举权、取消上院、提高公共服务、提高学生毕业年龄、提高失业保险等等,但主要内容是实施土地公有制和矿井、铁路运输、电力和轮船公司的国有化，煤炭分配的市政管理，设立国家保险局，邮电业的整顿和合理化等（柯尔，1984a）[178]，而且强调了工业国有化的必要性。纲领中有一项核心原则是"工业的民主监督"，但这项原则在此后的国有化实践中被忽视了。

这个政策声明和同年通过的工党党章常常被统称为"1918年工党党纲"，共同奠定了工党此后40多年的政策基础，标志着工党确定了实现"生产资料公有制"的目标（Pelling et al，1996）[39]。1929年的工党年会进一步将"生产资料公有制"改成"生产、分配和交换资料公有制"（Coates，1995）[6]。这就是标志着工党的社会主义性质的党章"第4条"的形成过程。1918年的工党党纲被认为是工党"社会主义一代"的起点（刘成，2003）[19]。此后，"生产资料公有制被工党认为是实现英国社会和经济变革的必要条件"（刘成，2003）[18]。一直到20世纪70年代，工党历届竞选纲领都将国有化放在了突出的地位，逐渐扩大公有制被认为是"迈向漫长而宽广的社会主义共同体大道的步骤"，"任何放弃公有制的行动，都被认为是对工党最终目标的背弃"（Jones，1996）[13-14]。

1923年3月20日，麦克唐纳在议会下院公开提出"消灭私有制，建立公有制"的工党决议案，要求"以合法和渐进的方法改变资本主义，建立一个立足于生产和分配工具公有的、民主管理的工业制度和社会制度"（MacDonald，1972）[209]。"这是英国议会历史上第一次出现社会主义性质的提案。"（刘书林，1989）[73]这标志着公有制主张超出了大众舆论和学者主张的范围，工党开始尝试将国有化主张上升为国家政策。

1927年，麦克唐纳发表了《劳工与国家》。在这份纲领性文件中，麦克唐纳重申了工业国有化的主张，强调了国家干预的思想，并许诺上台之后将扩大社会服务的范围，对基础工业实施国有化。1929年5月，为迎接大选，麦克唐纳将《劳工与国家》简编为竞选纲领，重点阐述了工党在对待和平、失业、煤矿国有化三大问题上的主张（刘书林，1989）[9]。在这份纲领中，麦克唐纳虽然将煤炭国有化作为实现公有制的一项具体计划提了出来（Dale，

2000)[34],但是麦克唐纳上台以后,却没能在这方面做出什么努力。这让人怀疑麦克唐纳的国有化主张似乎只是用来拉拢煤炭工人的选票,而并不愿为此付出更多的努力(李海东,2004)[10]。但也应该考虑到,麦克唐纳政府并不是一个多数派政府,工党占有的席位数量决定了麦克唐纳执政的两届工党政府都不可能完全按照自己的意愿实行国有化改革,如果一意孤行,就很可能被反对党的不信任案赶下台。这与后来的艾德礼执政时期在议会中具有多数席位优势的条件是完全不同的。麦克唐纳政府所面临的这种困境,体现了英国的议会民主制的稳定性和对激进改革的牵制,正是英国政治制度所具有的这种极强的维持政治稳定的作用,使得英国可以长期保持缓慢的改良而不发生激烈的变革。在两次世界大战之间的两次短暂执政中,工党虽然一直没有机会实施其国有化政策,但国有化目标在工党纲领中的地位却并没有削弱。但是,在这一时期,"虽然工党领导人关于向社会主义转变的设想中,工联主义与工业的集中管理之间具有显而易见的密切联系,但工党在工业方面的主张并不引人注意"(Thorpe,1996)[84]。

　　在整个 20 世纪 20 年代,工党对国有化的探索并没有太多实质性的进展。直到 1931 年以后,工党才开始认真对待国有化问题。工党的研究团体和费边研究院开始具体研究如何对主要工业实施国有化。另外,20 世纪 30 年代还出现了一些国有化的具体形式,如当时已经存在的中央电力局等。1934 年,在《为了社会主义与和平》这一纲领中,工党还扩大了原来所设想的国有化部门的范围,希望对交通、化工、银行、煤炭、钢铁、造船、电机、纺织、信贷、保险等行业都进行国有化改造和实行国家控制。这是工党提出的国有化改革范围最广泛的一个竞选纲领。这一纲领也初步奠定了艾德礼政府实施国有化改革的基础。"工党的思路在 1934 年党的纲领《为了社会主义与和平》中就已形成,战争只是使实施这些纲领的条件成熟而已。"(钱乘旦等,1999)[70]1935 年的工党大选宣言同样提出了银行、煤炭、交通、电力、钢铁和棉纺织业的公有制主张(Dale,2000)[46-47]。

　　在 1937 年发布的《工党的现实纲领》中,工党提出上台以后的施政目标是建立社会主义共同体(李海东,2004)[30-31]。这份纲领详细列举了英格兰银行、煤炭、电力、燃气、铁路以及其他运输服务业的国有化,还对土地共有进行了模糊的表述。但是,在以前的纲领性文件中曾经进行过详细探讨的机械制造和钢铁行业的国有化被悄悄忽略了,而且仅仅把股份制银行作为控制财政的杠杆,没有包含在国有化的清单之内。工党在这份纲领中提出的国有化行业范围的变化值得寻味,也与此后1945—1951年的国有化改革中对钢铁行业的摇摆不定的态度相呼应。不管怎么说,1945年大选中的工党宣言《让我们面向未来》就是以1937年的《工党的现实纲领》为蓝本的。

　　二战期间,工党参加了战时联合政府,为了维护国内政局的稳定,工党没有提出大规模国有化的要求,但实际上,出于赢得战争的需要,联合政府把大批工业企业收归国有。不过工党并没有因为战争而放弃宣传社会主义,在柯尔和拉斯基等人出版的著作中都提出过战后实行国有化的主张。柯尔在《费边社会主义》一书中,论述了首先对煤炭、银行和重工业实行国有化的必要性。现代工业各行业之间的联系十分紧密,如果把煤炭工业国有化,就不能继续保持钢铁工业的私有制状态。"煤炭工业明显地应当社会主义化,因为在私人管理下,它既不能给消费者提供公道的廉价的煤,也不能维持矿工的工作和付给它雇佣的人适当的工资。""煤的市场大部分是为满足其他工业如炼钢业等的需要,如果我们让钢铁工业受私人垄断组织的控制,而这些私人垄断组织为了保持高价巨利继续限制钢铁的产量,那么,即使煤矿工业掌握在公众组织手里,也将会有被解雇的矿工。"(柯尔,1984b)[31-33]柯尔指出,必须首先对国民经济的关键部门进行国有化,以占领制高点,只有先对银行、燃料和电力以及运输业进行国有化,才能控制整个国民经济的运行(柯尔,1984b)[50-51]。拉斯基也认为首先实现基础工业的国有化十分必要,虽然不一定要把所有的行业都进行国有化,但是关键的经济部门,例如运输、燃料和电力必须掌握在国家手中(拉斯基,1965)[342]。在二战期间,联合政府对主要工业进行了大范围的国有化,其中包括煤炭、电力和航运,战时国有化的大部分行业是工党以前提出和一贯要求的,这为工党执政后进一步发展和实施这些政策奠定了基础。1945年12月,黑沃斯

(Heyworth)的最终报告也要求对燃气工业实施国有化，并进一步对非竞争性的航空公司进行国有化。

1945 年，在工党的竞选纲领《让我们面对未来》中，艾德礼再一次宣称："工党是社会主义的党，并以此为荣。工党国内的最终目标是建立大不列颠社会主义共同体。"(Craig，1975)[127]工党将"对英格兰银行实施公有制，其他银行也要根据工业发展的需要进行调整……将已经成熟的基础工业实施国有化，运行良好的小企业将维持现状不变，那些转为国有的条件暂时还不成熟的大型企业也必须受到国家的严格监督"(Craig，1975)[126-127]。根据这个宣言，如果工党政府赢得大选，上台以后就会推进钢铁、燃料、动力和内陆交通等部门的国有化(Dale，2000)[54-56]。值得一提的是，此时工党所宣称的国有化范围已经比 1934 年时要缩小了许多，一些尚有盈利的轻工业、金融行业和银行被有意识地"忽略"了。

3.4　凯恩斯主义与工党民主社会主义理论的融合

从 19 世纪中叶到 20 世纪初，英国的资本主义经济领先于世界，英国资本家依靠自身实力"到处开发，到处建立联系"(马克思，恩格斯，1995a)[276]，攫取高额利润。彼时的资本主义生产还不需要政府的大规模经济干预，政府的作用仅限于为资本家提供有利的经营环境。因而，这一时期英国一直实行自由放任的经济政策，主导英国经济政策的是以萨伊、亚当·斯密和马歇尔为代表的古典政治经济学。随着资本主义进入垄断资本主义阶段，由于资本主义发展不平衡规律的作用，英国的经济实力被德、美等新兴资本主义国家赶上和超过，自由放任的经济政策已经无法适应资本主义竞争的需要。垄断资本家开始要求国家政权采取措施来保证自己的利润。早在 1903 年，约瑟夫·张伯伦就曾提议实行保护贸易和帝国特惠政策，以此加强帝国范围内的联系和防备来自其他帝国主义国家的竞争，但这一倡议被否定了(李海东，2004)[24]。第一次世界大战给英国造成了严重的破坏，英国的经济实力大幅下降,进口总值和贸易逆差不断提高,英镑作为国际货币的地位发生动摇,许多主张自由放任的剑桥经济学家也开始研究货币理论,以设法维护英镑的地位。

面对1929—1933年的世界经济危机,沿袭自由主义经济政策的各主要资本主义国家一开始都束手无策,这说明资本主义自由市场经济已无力自我修复,自由放任的政策失效,主张国家干预的凯恩斯经理论应运而生。凯恩斯认为,危机的根源是有效需求不足,解决危机的出路在于加强国家干预,政府应该增加投资以弥补有效需求的不足,"希望国家多负起投资之责"(凯恩斯,1988)[139]。凯恩斯把国家干预经济视为挽救资本主义的唯一途径,政府职能的扩大"是唯一切实的办法,可以避免现行经济形态之全部毁灭"(凯恩斯,1988)[323]。凯恩斯主义强调国家在经济活动中的作用,主张利用国家这只"看得见的手"来干预经济,这与工党的国有化思想有契合之处。凯恩斯主义和工党的社会主义都是对自由放任资本主义的否定,其基本观点都是主张国家对经济运行进行调控。此外,凯恩斯主义对资本主义弊端的认识与工党的思想也有近似之处。战后,凯恩斯主义成为主流经济学理论,为各国社会党上台以后推行其民主社会主义政策提供了理论依据。

1929—1933年的经济危机以后,特别是在二战期间,工党的社会主义理论逐渐与凯恩斯主义融合,凯恩斯主义成为工党的主要理论基础之一。凯恩斯主义主张通过国家干预来实现充分就业。1944年,工党依据凯恩斯的经济理论制定了"充分就业和财政政策",声称政府在战争结束以后将承担维持高就业水平的责任。这份文件成为1945年工党大选宣言中经济纲领的基础,也是资本主义国家经济政策史上的一个转折点(杨光斌,1988)[25]。

凯恩斯主义逐渐由经济学说上升为政府制定经济政策的指导思想,"这反映了英国当局对资本主义经济和谐和英国经济优势信念的部分动摇,也预示了国家干预思想的上升"(李海东,2004)[24]。以凯恩斯主义为代表的国家干预思想成为资本主义国家的指导思想,这是资本主义私有制与生产社会化程度不断提高这一资本主义基本矛盾发展的必然结果。为了保障剩余

价值顺利转化为资本,克服资本主义经济危机对资本积累的破坏,资产阶级
必然要求国家力量的介入。20 世纪 80 年代以后,随着新自由主义在全球
的兴起,许多资本主义国家进行了以私有化、自由化为导向的改革,似乎资
本主义要求国家干预的时代已经过去了。但是 2008 年爆发的世界经济危
机表明,新自由主义的改革违背了这一历史趋势,导致了更为严重的危机。
从总的历史趋势来看,随着资本主义基本矛盾的进一步发展,国家干预经济
的主张在资本主义国家经济政策的指导思想中的地位将越来越稳固,尽管
加强国家干预并不能从根本上解决资本主义的基本矛盾,但毕竟可以作为
推迟和挽救危机的手段。凯恩斯主义是国家垄断资本主义时代的资产阶级
经济学说。

　　战后兴起的工党修正主义理论颇受凯恩斯主义的影响。在凯恩斯主义
出现之前,英国正统的经济理论是主张自由放任的剑桥学派,费边主义一直
与之大相径庭,因此费边社的经济主张难以得到英国主流经济学界的支持,
而凯恩斯经济学的出现,为工党的社会主义理论提供了经济学上的支撑。
这是对工党社会主义有利的一面。另一面,凯恩斯主义和费边主义的融合
虽然使工党的社会主义主张获得了经济学理论的支撑,却暗中替换了费边
主义力求实现社会主义的原初诉求,使社会主义变成了工党政策主张的口
头标签。工党政策的内在实质却和凯恩斯主义一样,以维护资本主义经济
的稳定运行为目标。这也是工党修正主义理论的立场和出发点。"接受凯
恩斯经济学后,修正主义理论家全面对传统工党理论展开批判性的分析,提
出战后英国社会性质已不同于战前的英国,已完成了社会主义的某些部分;
批判了传统的国有化概念,视国有化为实现社会主义的一种无足轻重的手
段;重新规定了社会主义的目标。"(杨光斌,1988)[1-2]可以说,费边社会主义
与凯恩斯主义的融合,为战后工党内部关于国有化的长期争论埋下了伏笔。
实际上,早在第二次世界大战之前,工党内部已经出现了关于国有化的争
论。"1937 年,道格拉斯·吉出版了他的《论社会主义》一书……完全根据
凯恩斯学说而展开其对社会主义理论的论述……(认为)国有化已不再是取
得社会主义成就的决定性因素了。他否定社会主义就是计划这种说法……

而是平等和安全。"(杨光斌,1988)[28] 道格拉斯·吉认为,"国有化通常是错误的,它制造垄断并将从公众利益中提取垄断利润而不能降低成本。这样的垄断,不管是国家的还是私人的,都是阴谋损害公众利益"(Jay,1947)[237]。道格拉斯·吉把征收所得税和遗产税当作走向社会主义的主要途径,完全放弃国有化的主张,这是理论上的重大退步。

英国工党把凯恩斯主义当作制定经济政策的理论基础,并据此认为资本主义已经可以实现对经济的计划和管理,从而能够消除无序竞争所带来的问题。为了解决就业问题,艾德礼提出,"一个控制着金融系统并掌握着土地的工党政府将会立即实行一个伟大的建设计划。排水、给水、造林、道路、桥梁、港口建设以及铁路运输建设的附属工程、煤炭炼油和农业发展,将直接使许多人就业,并且间接地由于使那些因贫困而现在不是有效的消费者对商品的需求增加,把一大部分现在没有工作的人吸收到工业中去"(艾德礼,1961a)[36]。这种解决失业问题,刺激经济增长的办法,与凯恩斯主义如出一辙。正是凯恩斯主义和工党政策主张的这种高度一致性,使得英国工党很容易接受凯恩斯主义,并将其作为自己的民主社会主义的理论基础。而凯恩斯主义恰恰是在维护资本主义私有制的前提下通过加强国家政权对经济的干预来试图挽救资本主义经济危机的。这样的理论立场使工党民主社会主义以维护资本主义私有制为根本目的的特点表现得更为明显。

3.5　1945 年以前工党关于国有化的争论

直到 1945 年,虽然已经有了长期的讨论,但英国工党内部对于实施国有化的目标还不能取得共识,对国有化的具体路径、方法还存在诸多争议(李海东,2004)[10]。早期的国有化纲领偏重于更好地处理工业关系,侧重于追求社会公正和改善收入分配不公,但 1945—1951 年国有化改革的重点则更偏重于提高生产效率。在实施国有化的出发点和目的上的这一转变对我们理解工党国有化改革的实质具有重要意义。1945—1951 年国有化实践及其后的工党国有化政策，都是向着这一方向迈进的。

工党成立之初，工会和社会主义团体都有各自的主张。最初，国有化只是社会主义团体较为认同的主张。例如，英国独立工党的党章规定的目标是："土地和所有的生产、分配和交换手段的集体所有和控制。"（Reid，1955）[66-72]这与后来工党党章中的公有制条款基本一致。费边社的章程中明确规定其目标是："通过把土地和工业资本从个人和阶级所有中解放出来以改组社会，并为了全民的利益将其收为社会所有。"（柯尔，1984a）[350]社会主义团体的国有化主张最初是受到工会的反对的，但后来，各大工会普遍接受了国有化的主张。至于其中的原因，有的学者认为是由于工会本身就具有的集体主义传统使得工会自然倾向于公有制（McKibbin，1974）[102]。还有的学者指出第一次世界大战对工会的影响最值得重视。在战争中，工党建立了"战时应急委员会"（The War Emergency Committee），费边社、独立工党和工会等组成了战时联盟。在战时联盟中，工会、费边社和工党领袖之间的接触和了解增加了，费边社主要领导人西德尼·韦伯和工党负责人阿瑟·韩德逊还结下了友谊，工会增加了对工党的信任，这为 1918 年工党党章的制定奠定了基础（Laybourn，1997）[66-72]。在一战期间，为了赢得战争，英国政府进行了战时经济管制，强力控制国民经济运行的各个环节。在战时经济管制期间，失业现象消失了，工人的社会地位得到提高，工资收入增加。战时经济的高效率使工人阶级受到启发——由国家来控制经济运行，实行公有制，有可能改善工人的社会状况，提高工人的社会地位，甚至可能解决资本主义难以解决的失业问题。如果公有制比资本主义私有制有这么多优势，为什么不实行公有制呢？就这样，原来敌视社会主义和公有制的工会开始改变对社会主义的看法。工会感到社会主义与工会的利益诉求并不矛盾，有的工会还开始把实现公有制目标写进自己的章程里。正是由于工会态度的这种转变，在讨论 1918 年党章时，大多数工会对公有制条款都没有异议（刘成，2003）[15-16]。除了以上原因之外，本书在第 2 章中还着重探讨了俄国十月革命对英国工人运动的影响。正是俄国十月革命的胜利，激发了工人群众对社会主义的向往。战争加强了工人的组织性，锻炼了他们的组织能力,同时还破坏了大量的资本,削弱了资产阶级的力量。战争中政府对经济实施全面控制,让人们意识到一个由政府控制的经济有可能运行得更加高效,有助于人们打破对自由市场经济的迷信。在战争中,社会整合程度提高,各阶层之间的隔膜减少,打破了上层统治阶级在人民心目中的神秘形象。在战争中,失业状态的消失增强了工人的力量和自信,也让人们对通过政府控制来长期消除失业现象寄予了很大希望。第一次世界大战结束后,英国政府立即恢复自由市场经济,造成了经济的长期低迷,失业率居高不下。一直到二战结束之时,人们对一战后的悲惨境遇还心有余悸,纷纷要求继续延续战时政府管控经济的措施。

有学者认为,"工党在成立的初期必须依靠工人阶级的支持,身上深深地打上了工人阶级的烙印,并反映在其党章公有制的社会主义条款中"(刘成,2003)[1]。实际上,在1918年工党年会上,在讨论由西德尼·韦伯起草的工党党章时,参与年会的主要是费边社等团体和各工会领导人,主要争论的是工党的组织问题,几乎没有讨论到公有制条款的问题。公有制条款在当时并没有受到人们的重视,但在此后的政治活动中,工党发现公有制条款具有强大的号召力,有利于赢得工人阶级的选票,因而才开始认真对待这一条款。

1918年,西德尼·韦伯起草的工党党章获得通过,其中关于"公有制"的著名条款使工党终于有了明确的社会主义目标。这意味着,工党开始正式把公有制看作捍卫劳动者利益,实现经济平等与社会公正的手段,看作一条通往社会主义的道路。从此,公有制条款成为工党社会主义性质的一个显著标志,也是此后几十年中工党社会政策的核心思想(刘成,2003)[1],成为此后近80年的历史中"对工党的演变发生作用的关键性因素"(刘成,2003)[2]。1918年8月,工党大会通过了《工党与新社会秩序》,由韦伯夫妇起草的这份党纲将党章规定的目标进一步具体化。党纲中声明:"工党要尽最大努力使私有制和被它所毁灭的千百万生命一同埋葬。"(Pelling et al,1996)[48]

对于这个著名的"第4条"和1918年工党党章,艾德礼在《工党的展望》

一书中认为,1918 年的党章是工党在思想意识上的一次关键的变革,标志
着工党开始将社会主义作为奋斗目标。艾德礼认为,1918 年的工党纲领性
文件"是一个充满信仰和热情的宣言……是一个毫不妥协的社会主义者的
文件"(1961b)[24-26]。党章"第 4 条"使工党在英国的政治舞台上形成了自己
的特殊面貌,许多人都认为"第 4 条"是工党不同于自由党、保守党等资产阶
级政党的关键之处。起草人韦伯认为该条款"明确显示了工党的社会主义
主张,它根本否定了所有其他政党的个人主义的特性……毫无疑问,它今天
是工党的信仰和展望,明天将是工党成为 20 世纪大党的保证"(Coates,
1995)[9-11]。工党终于开始独立地提出自己的思想和政策,有意识地将自己
和自由党区别开来(Reid,1955)[222]。

在 1933 年的《社会主义与运输》中,赫伯特·莫里森(Herbert Morri-
son)曾经提出过"自主公共合作"(autonomous public corporation)的国有
化模式,希望这一模式能够成为工党国有化的基础,但在当时遭到了工会的
反对,它被指责"在私有的传统模式层面上,只产生了一个技术和浮皮潦草
的变化,用一个几乎相同的公共官僚专制机构取代了一个不负责任的私人
资本家机构"(Morgan,1984)[96]。1933 年,一份给国家运输局、电力局和煤
炭局的草案将莫里森关于国有合作的观点变成了实践框架。1945 年,莫里
森再次提出了一份报告,内容几乎没有发生什么显著的变化。莫里森所制
定的国有化技术路线最终成为 1945—1951 年工党国有化改革的直接依据。
这一国有化方案中所包含的缺陷也为这次国有化改革中出现的一些问题埋
下了伏笔。

国有化也是工党赢取选民支持的一种手段,并成为工党区别于保守党
和自由党的一个标志。虽然英国工党在 1945 年以前的竞选中没有获得大
多数选票,但其选票数量却是逐渐增长的,而且还曾经在 1924 年和 1929—
1931 年两次获得上台执政的机会。工党逐渐代替了自由党成为英国的第
二大党。对于一个新兴政党来说,短短几十年就能在英国政治舞台上占据
重要的一席之地,这是一个不小的成就,反映了工党提出的社会主义和国有
化的政策主张是颇得人心的。由于工党的国有化长期没有机会付诸实施,

因而没有现实效果,选民普遍认为对私营企业进行国有化改造就意味着美好的社会主义社会的实现,所以国有化的口号可以赢得选民的支持。也正是这个原因,在艾德礼执政之前,工党始终把国有化政策放在重要的地位,这与1945—1951年国有化实践之后,工党逐渐开始怀疑、模糊国有化主张的态度形成了鲜明的对比。

实际上,工党对国有化和社会主义的态度始终是有所保留的,工党拒绝用暴力革命的方式来实现社会变革,而主张"采用久经考验的民主的制宪方法来实现它的目的"(艾德礼,1961a)[2]。在这一点上,"社会党人连纯真的三大空想社会主义者都远远不如。因为,在三大空想社会主义对现实资本主义的批判中,就已经得出必须消灭私有制才能实现理想社会的蓝图,而社会党人却在这一点面前畏缩了"(刘书林,2004)[46]。工党走的是通过争取选票上台执政来实现自己纲领的议会道路,议会道路决定了工党不可能只代表工人阶级的利益。"在英国传统政治框架的约束下,工党不能够也不可能拘泥于意识形态的束缚,它必须考虑到更广泛的因素,如社会的接受程度、经济管理的需要等等。工党的政策也必须灵活而有针对性,不但要有助于解决英国现存的社会经济问题,而且能够迎合包括劳工在内的尽可能多的社会阶层的利益,以免激化社会矛盾。因此,对工党而言,如何权衡带有理想主义色彩的社会主义目标与执政的现实需要便成为是否实施国有化这样的政策的决定因素。"(李海东,2004)[2]工党提出的国有化方案总给人一种"摸着石头过河"的感觉,在组织结构、金融、私人股东的补偿、价格政策、工人协调机制以及与消费者之间的关系等方面都故意模糊不清,以至于时任能源大臣的伊曼纽尔·欣韦尔(Emmanuel Shinwell)等人后来经常抱怨"工党所倡导的公有制计划是相当模糊的"(Morgan,1984)[96]。尽管如此,在1945年那种特定的气氛中,在战时集体主义的鼓舞下,以及在民众迫切期待打碎旧有的早已令人失去信心的资本主义私有制的大背景下,这些细节看上去还是无关紧要的。1945年的工党政府一上台,就开始将社会主义付诸实践,以解决长期困扰英国的萧条和失业问题。在当时,国有化被认为是实现这些目标的重要途径(李海东,2004)[10],在这一点上,英国上下已经取得了广泛的共识。在会见工党的议会党团时,艾德礼表达了他所领导的工党政府在实行国有化上的决心:"我们决意尽力尽快地实施带有工党明显特色的纲领:我们的社会主义政策,我们的国有化政策。"(齐世荣,1996)[171]就这样,在为公有制摇旗呐喊了将近 30 年之后,工党终于开始实施其梦想已久的国有化主张了。

第4章 实践进程:1945—1951年英国国有化改革经过

经过长期的理论和政策的准备,在二战即将结束的特殊历史条件下,工党获得了大选中的多数席位,首次以多数派政党的地位上台执政,获得了实施国有化改革的绝好机会。本章将叙述1945—1951年工党国有化的实践进程,根据时间的先后和国有化所涉及的领域,大致将这次国有化改革分为金融行业、基础性行业和竞争性行业,金融行业的改革内容主要是对英格兰银行的国有化。基础性行业包含范围广泛,包括煤炭、电力、煤气、自来水和运输业等行业。这些行业要么早已丧失了竞争能力,连年亏损;要么属于自然垄断行业,要求统一全国市场,才能降低成本,取得盈利能力。这类行业的国有化改革没有遇到多大阻力。竞争性行业则主要指对钢铁行业的国有化。工党在对钢铁行业进行国有化的过程中,遭到了很大的阻力,最终放弃进一步推进国有化。本章对反国有化运动也做了介绍。

4.1 1945—1951年工党国有化改革概述

战后初期工党的国有化实践面临的问题更多是政治问题和经济问题,而不是技术问题。在一战和二战期间,无论是英国还是其他资本主义国家,都曾经为适应战时需要而实施过部分行业或企业的国有化。战争使经济受到严重破坏,资本主义民主制度的威信大为降低。在严峻的政治经济形势面前,工党在工人群众和资产阶级的共同拥护下上台执政,并立即为挽救英国资本主义而采取了一系列大刀阔斧的改革措施,实施了战时就酝酿已久的福利体系建设和国有化改革。可以说,正是在资本主义总危机中维护资本主义制度的迫切要求,导致了工党的上台及其国有化政策的实施。

工党上台之初,在议会中占有多数席位,而保守党尚未从选举失败中恢复过来,为了避免受人责备也时时保持低调,因而艾德礼执政之初,国有化的立法和实施过程都比较顺利。艾德礼政府按照原来的设想,将各工业分为了三类,第一类是运输、煤矿和钢铁工业等长期处于亏损状态,"已经成熟到或早就成熟到为了国家利益转归公共财产和管理的部门",连保守党都不会反对对这些部门进行国有化;第二类是资本家希望能够维持原状的中小企业;第三类是尚有盈利,资本家反对进行国有化的部门(刘成,2003)[41]。已经"成熟"到可以转归国家所有的工业部门还可以按照不同的目的和用途分为以下三种:一种是电力、运输和通信等为私营部门提供基础服务的行业,这些行业的国有化能够降低私营企业的成本,有利于资本主义经济的复苏。二是煤炭工业。煤炭行业长期忽视固定资本更新,技术水平落后,生产效率低下,企业长期亏损,而且私人资本无力也无意对其进行技术改造。这些基础工业的国有化能够为其他行业提供比较廉价的燃料,有利于降低私营企业的生产费用。而且亏损企业的国有化也为这些企业的资本家卸下了沉重的包袱。三是关系到全国金融事业发展的中央银行的国有化,主要是英格兰银行的国有化(罗志如等,1982)[258]。把英格兰银行收归国有有利于政府部门更方便地利用货币政策调节经济,提供信贷,从而促进私营银行和私营企业的发展。从这三类行业国有化的目的和作用来看,工党对基础工业实行国有化改造的目的主要有两个:一是为了使私营企业摆脱不利于实现资本积累的沉重包袱;二是为私营企业提供廉价的原料、燃料和基础设施及服务,以降低私营企业的生产费用,有利于私营企业获得利润——实现资本积累。

国有化过程中,英格兰银行和电力、煤炭等行业的争议较小,而运输和钢铁等行业的争议则较大。这是因为煤炭和电力行业的技术落后,生产效率低。煤炭行业长期处于亏损状态，成为资本家的沉重负担，资本家早就想关闭煤矿或通过国有化的方式来摆脱负担。电力行业的分散经营不利于大规模、低成本的电网建设，因而这些行业的国有化进行得较为顺利。"由于这些部门大多为具有自然垄断性质的基础工业，对他们进行改造不仅对社会有利，而且可以降低私营企业的运营成本，相应地增加利润，所以工党对这些行业实行国有化自然不会遇到大的反对意见。"（李海东，2004）[13]国有化改革在客观上起到了提高劳动生产率和增强英国产品的出口竞争能力的作用（李海东，2004）[12]，从而有利于实现资本积累，改善英国经济的整体表现。

英国工党的国有化主要是为资产阶级服务的，这从工党国有化的具体措施上就可以看出来。国有化丝毫没有损害资产阶级的利益，反而以国家财政为后盾给资产阶级的利益提供了更好的保障。国有化既保障了非国有化行业的利润，降低了他们的生产成本，又保证了国有化行业中原资本家的利益，给予他们大量的补偿，并保证他们能从国有化后的企业中继续获得高额利润。"国家付给被国有化企业的业主总数为 25 亿英镑的赔偿费，每年还付给前股东的利息和国有化企业贷款的利息几百万英镑。企业主根本没有任何损失，有的人还赚了一笔钱。原企业的董事和经理中，有不少继续留在收归国有化的企业中工作，或被任命为管理机构的官员。这样的国有化政策，对那些困境中的企业主来说，真是求之不得的。"（杨光斌，1988）[18-19]工党的国有化使资本家甩掉了不断消耗资本的亏损企业，又获得了大量的甚至超出原企业价值的赔偿。这是利用国家机器为资本家利益服务的一种典型的形式，与社会主义国家的国有化有着本质的区别。而且英国国有化后的企业中，原有的生产关系没有根本的改变，管理人员依旧，规章制度未变，工人受剥削的地位实际上也没有改变。

从 1945 年开始，工党凭借在议会中的多数席位，通过了一系列国有化法案，并建立了"工业委员会"负责国有化和国有企业的管理工作。各个行业的国有化程序一般是先建立一个中央管理局，负责接管私有企业，收归国有，再由国有公司根据立法细则经营。最初两年是试验阶段，被没收的工厂

大多是战争期间被政府控制的企业。1947 年后国有化速度加快(阎照祥,
2003)[377]。到 1948 年,国有化达到高峰,从这一年开始,工党的国有化改革
也开始受到来自保守党和私营企业的激烈反对,国有化进程明显放缓。在
工党的第二个任期内,除了把已经通过议会立法的钢铁工业进行国有化之
外,再也没有采取进一步的国有化措施。

　　为了使国有化有法可依,工党主导的议会先后通过了八个重要的国有
化法令,如表 4.1 所示。

表 4.1　1945—1951 年英国各行业国有化的基本情况

部门	相关法律	法律通过时间	国有化年份	管理机构名称	国有化企业占本部门生产的比重/%
银行	英格兰银行法	1945.10	—	—	—
煤炭	煤炭工业国有化法	1945.10	1947	全国煤炭管理局	100
电力	电力法	1947.8	1948	电力管理委员会	90
运输业	国内运输业法	—	1948	英国铁路管理局	100
煤气	煤气法	1948.7	1949	全国煤气管理委员会	约 100
钢铁	钢铁国有化法令	1949.11	1951	英国钢铁公司	91
电报和无线电通信业	电报和电话法	1947.1	—	—	—
航空	国家航空白皮书	1946	1939	英国海外航空公司、英国欧亚航空公司	约 90

　　资料来源:根据英国工党有关国有化问题的报告(1953 年)编制。转引自肖德周:《战后帝国主
义基本经济特征的发展》,南宁:广西人民出版社,1980 年版,第 66 页;王小曼:《英国工党的国有化
政策》,《西欧研究》1987 年第 5 期。

　　西方经济学界认为,某些行业国有化的原因是其自身的一些特征所决
定的。"被国有化的行业都有一些共同的特征:这些行业的经营常常受到外
部性和溢出效应的影响,其产出的社会价值常常超过私人价值;其中许多行

业是固定资本投资的重点领域,并且通常处于垄断状态,最小的有效经济规模和整个市场容量差不多大,而且通常很难降低成本;这些行业的产品的可用性和价格水平与全体选民的利益有持久的相关性。"(Chick,1998)[72] 对这些基础行业进行国有化,不仅是垄断资本进一步发展的需要,也符合广大选民的利益,因而得到了人民群众的支持。实际上,由于这些特征一般是由行业的自然性质所决定的,行业的发展本身也需要政府加以调控。英国政府早在 1945—1951 年的国有化之前就已经开始介入这些行业的运营了。出于对某些行业生产的外部性和产品的易获得性的综合考虑,地方政府在 19世纪就开始插手自来水、煤气管道和电力线路等公用事业的建设(Chick,1998)[72]。

但是,仅仅从外部性、垄断性网络、价格和产品的可获得性来考虑,难以解释有些行业虽然并不符合这些特征,仍旧在 1945—1951 年进行了国有化改革。例如 1947 年国有化的煤炭业,既没有自然垄断网络,在当时也甚少考虑环境问题,也没有什么重要的外部性问题。不同于其他行业的国有化,煤炭国有化主要是由于生产能力不足和私有制的缺陷。钢铁行业也是如此(Chick,1998)[74]。因此,西方经济学家从外部性和规模经济等角度来考虑一个行业是否需要实行国有化,并不能解释国有化的根本原因。Chick 认为,煤炭和钢铁行业并不具备国有化行业通常具备的特征,因而对这类行业进行国有化更多是出于意识形态的考虑,并受到艾德礼政府关于国有化的争论的影响(Chick,1998)[74]。

4.2　开端:英格兰银行的国有化

英格兰银行是国有化的第一个部门。现代资本主义经济中,银行对调控经济运行起着举足轻重的作用,是资本主义经济的核心环节。但作为英国的中央银行,英格兰银行却隶属于私人资本。私人资本追逐利润的本性与政府维护资本主义体系稳定运行之间的矛盾使得英格兰银行常常与英国

政府的政策发生矛盾。"这些私人企业实际上可以违反政府公开宣布的政策。"(艾德礼,1961a)[29]

在 20 世纪 30 年代的大萧条中,英国政府无法利用英格兰银行有效实施调控经济的货币政策和财政政策,这甚至迫使一向反对国有化的保守党提出将英格兰银行国有化的主张。一些自由主义经济学家也部分改变了原来自由放任的主张,转而支持英格兰银行的国有化。庇古认为:"国家在迫不得已的情况下可以通过立法,接管中央银行,一点也不影响资本主义制度的主要结构……控制中央银行实际上就是控制货币政策。因此,在实践中,资本主义国家就能根据自己的意志调整货币政策。"(庇古,1963)[38]而且工党领袖艾德礼对银行国有化所能产生的效果也十分乐观。"工党政府通过它对英格兰银行的控制就能将国家的信贷用来实行作为它的政策基础的伟大发展计划,并将资本引导到最有益于国家繁荣的途径中去。"(艾德礼,1961a)[29]在工党的一系列国有化设想中,银行由于在国民经济中的核心作用而成为实施国有化改造的第一个步骤。

当时英国的银行业也已经具备了实行国有化的条件。英格兰银行在英国扮演着中央银行的角色,而其他银行经过兼并已经集中为几家大的合股银行了。英格兰银行和几家大的合股银行对英国经济发展产生着重要的影响,但却为了私人利益而给英国经济带来种种风险,银行把资金都投在了利润丰厚的投机事业上,迫切需要贷款的工业却得不到贷款。

为尽快扭转经济颓势,控制影响英国经济运行的关键部门,工党上台后就首先对英格兰银行实行了国有化。财政大臣休·道尔顿鉴于大萧条的惨痛教训,主张对英国的财政金融体制进行一次彻底的改革。他率先提出将英格兰银行国有化。1946 年 2 月,工党政府颁布了《英格兰银行法》,将英格兰银行全部股份收归国有,并成立了 18 人的董事会,其成员由政府推荐并经英国国王任命。董事会下设 5 个特别委员会,其中常任委员会是银行的高级委员会,由正、副总裁和 5 名董事组成,掌握着银行的实际决策权。改革之后,通过英格兰银行,工党政府可以更方便地利用货币政策来调节经济。由于保守党在此前也提出过银行国有化的主张,因此不反对英格兰银

行的国有化(李海东,2004)[13]。正如丘吉尔所言："依我看,它不涉及原则性问题。"(佩林,1977)[100]

苏联学者认为,英格兰银行的国有化"是在保持资本主义生产方式和垄断组织统治的条件下实行的,因此,它丝毫也没有改变信用制度的资本主义本质"(佚名,1956a)[22]。"利用银行来获取最大限度利润的财政寡头,仍然主持已收归国有的银行。"(佚名,1956a)[22]这种说法是有事实根据的。在国有化之前,英格兰银行的股票价值1400万英镑,而政府却作价5800万英镑,以4倍的国债票额换取英格兰银行的股票。工党政府还保证每年付给英格兰银行的股东3%的利息,这相当于实际支付了12%的利率。这样高的利润,不仅无损于银行股东的利润,而且还使这个利润得到了国家政权的保障。国有化以后,英格兰银行的原有高级管理人员大多仍旧留任。总体来看,除了英格兰银行在名义上已经收归国有,并需要贯彻英国政府的政策以外,在管理人员的构成和运营方式上都没有什么大的变化。

工党对银行业的国有化曾经野心勃勃,想要把英国的银行都国有化。"工党建议对英格兰银行、合股银行以及其他认为适宜的金融机构实行社会化。"(艾德礼,1961a)[28]但实际上,在1945—1951年的国有化中,英国工党只对英格兰银行进行了国有化,而没有触及其他银行和金融机构。

4.3　扩展：基础行业的国有化

4.3.1　煤炭行业的国有化

煤炭工业在近代英国经济中发挥着举足轻重的作用,是英国工业的动力源泉。"没有一个英国人会低估煤对于英国现代经济的重要性,或者低估那些容易开采的煤矿对于以往的工业发展的影响。"(艾伦,1958)[55]英国煤炭的储量虽然并不多,但却开发得最早。在第一次世界大战之前,英国煤矿业一直处于扩张之中,从19世纪初的年产量约1000万吨,逐步扩大到

1913 年的 2.87 亿吨。1913 年,采煤业雇佣的人数占英国所有男性工人的十分之一,煤炭出口占英国出口总值的 10% 以上(艾伦,1958)[56]。1913 年,英国的煤产量约占欧洲的一半,占整个世界煤炭产量的四分之一(艾伦,1958)[63],占世界煤炭出口量的 55%。虽然这一比例在 1929 年降到了 47%,在 1937 年降到 40%(艾伦,1958)[64],英国仍旧是世界重要的煤炭出口国。但是这个行业的兴盛是不可持续的,随着英国优质煤矿资源日益枯竭,煤炭开采的成本逐渐上升。煤炭行业往日获得的巨大利润也使资本家疏于改进组织管理和技术设备。“对英国的煤矿工业来说,长期的繁荣产生了一种不容易引起组织和技术的改造的结构。”(艾伦,1958)[57] 从 1888 年开始,英国煤矿业的人均产量就已经开始下降了,但由于当时欧洲大陆一些国家正在开展工业革命,对煤炭的需求量大增,因而英国煤矿出口仍旧处于不断扩展的阶段。在 1904 年以后,煤炭价格的涨幅开始趋缓,吨煤利润开始下降(艾伦,1958)[57-58]。第一次世界大战期间,煤矿业被长期掩盖着的问题集中暴露出来。战争使煤炭出口中断,也使煤炭行业缺乏劳动力和必要的设备,因而生产效率下降得很快,即使只开采容易开采的煤层,产量也低于 1913 年的水平。一战结束后,随着经济的复苏,由于美国煤矿业受到罢工影响,德国的煤矿业受法国侵占鲁尔地区的影响等原因,国际市场对英国煤炭的需求量大增。这使英国煤矿业面临的问题一直拖延到 1924 年才集中地爆发出来。由于水力发电、石油开采和石油化工的发展,发电设备热转化效率的提高,以及其他国家大型煤矿的相继发掘等原因,英国的煤炭在国际市场上的竞争力开始下降。正如贝弗里奇爵士所说:“在所有国家煤矿工业的共同困难中,英国煤矿业的较长的开采期,较早的和效率较低的煤矿设计以及容易开采的煤层的较大消耗,足以把它挑出来作为主要的受害者。”(艾伦,1958)[64]经营上的困难促使许多煤矿主试图关闭煤矿,这必然使煤矿工人陷入失业的困境。1925 年 8 月,英国煤矿工人准备通过大罢工来反对关闭煤矿。面对大罢工的压力,英国政府被迫同意给煤矿 2300 万英镑的津贴,以使英国的煤矿能够继续维持一年。

　　1929 年,英国煤炭行业的产量比第一次世界大战之前还要低 4%。在

1929—1933 年的大萧条期间，煤炭的产量降低了 20％，而失业人数则达到 41％，大萧条过后的整个 30 年代，英国的煤炭产量一直没有恢复到 1929 年和 1913 年的水平（艾伦，1958）[61]，而且煤的出口量也逐渐下降，1929 年的出口量只有 1913 年的 84％，到 1937 年，更进一步降到了 57％（艾伦，1958）[63]。在两次世界大战之间，英国煤炭行业的生产率提高很慢，而其他国家则迎头赶了上来，英国逐渐落后了（参见表 4.2）。

表 4.2   欧洲各国按工作日计的煤炭产量

国家（地区）	基础年	基础年的每一工作日生产量（单位：112 磅）	1936 年的每一工作日生产量（单位：112 磅）	增加的百分数
波兰	1927	23.44	36.20	54
荷兰	1925	16.48	35.94	118
鲁尔	1925	18.42	33.66	81
英国	1927	20.62	23.54	14

资料来源：燃料与动力部"煤矿技术询问委员会报告（1949）"第 29 页。这一委员会通常称为里德委员会。转引自艾伦：《英国工业及其组织》，北京：世界知识出版社，1958 年版，第 65 页。

煤炭工业是英国劳资矛盾最为尖锐的工业。虽然煤炭行业曾经给英国的资本家带来了丰厚的利润，但煤矿工人的生活状况却一直没有多少改善。"煤矿留不住工人，1913 年煤矿工人超过 100 万，1946 年却只有 60 万。"（费孝通，1999a）[469]第一次世界大战之后，英国的煤炭行业每况愈下，煤炭工业在国际市场上的竞争力日益下降。煤炭资本家把原因归咎于煤炭工人的工资过高，要求降低工人工资，否则就关闭煤矿。这导致 1925—1926 年煤矿行业的劳资关系极度紧张，并最终引发了 1926 年的英国总罢工。煤矿工人的罢工坚持了半年多，是这次罢工中持续时间最长的。实际上，英国煤矿工人的工资高于欧洲其他国家，但正如当时的一位评论员所写的，"虽然德国矿工的工资低于英国矿工，但他们在德国工资梯子上比英国矿工在英国工资梯子上占着更高的一级"（艾伦，1958）[66]。艾伦评价道，煤矿工业的"萧条不能归因于英国矿工工资比大陆矿工工资为高，因为在两次大战之间的大部分时间中,差别缩小了。事实是:大陆上各项工业效率是相对地更高了"(艾伦,1958)[65]。其他国家相继完成了工业革命和电气革命,并逐渐采用了效率更高的新设备,这才是英国煤炭及其他工业的竞争能力下降的根本原因。要提高竞争能力,就要采用新的技术设备,并培训具有更高技术水平的工人,而这都需要大量的资金,这是英国资本家所不愿意承担的。当无法从殖民地和对外贸易中获益之后,资本家为了维持高额利润,就开始向工人的工资进攻,把工业衰退的原因归咎于工人工资过高。"煤业的停顿最基本的原因是业主分散,相互竞争,没有统筹的生产计划。关于这个弊病,英国的煤业也曾设法改良过:1930 年国会曾通过'煤矿法'强制煤业设立一个机构,统筹生产、运销和价格,使矿工的工资能提高;后来又设立销售局,把各矿出品批发包购,然后分销各厂;1938 年又通过一个法案,设法由国家来购取煤矿,但是成就不大。一直到战后,工党执政才断然采取国营政策。"(费孝通,1999a)[469]

煤炭工业的国有化在 20 世纪 20 年代就已经成为亟待解决的问题。1926 年英国总罢工曾经震撼世界,在英国甚至造成了短暂的无政府状态。作为英国经济的基础行业,煤炭工人的工作和生活状况却十分恶劣,而且在煤炭开采上存在着浪费严重、效率低下的情况,艾德礼认为造成这种状况的原因就是煤炭行业的私人经营,而"摆脱目前混乱情况的唯一办法就是以统一的国家所有制和经营来代替它"(艾德礼,1961a)[34]。

煤炭行业是工业革命时期就已经兴盛起来的老行业,从事煤炭行业的资本家许多是原来的土地贵族,在工业革命时期,靠自己领地内的煤矿发财。英国在世界资本主义体系中的重要地位保证了煤炭行业的长期利润,因而资本家疏于技术革新。到 20 世纪初,煤炭行业的设备陈旧,生产率低,其已经成为一个逐渐衰退的行业。"每 100 个中型和大型煤矿中就有 4 个超过 100 年的历史,有 13 个超过 70 年的历史,有三分之一超过 50 年的历史。"(Chick,1998)[75]加之英国世界地位的衰落,煤炭资本家难以保持其原有的丰厚利润,也无力再进行技术革新,难以和欧洲大陆的煤炭资本家竞争。许多煤炭资本家纷纷打算关闭煤矿,因此还引起矿工不断掀起罢工高潮。煤炭行业技术水平低,企业缺乏进行技术改造的资金,矿工和大部分公众都认为国有化是煤炭工业诸多问题的"最显而易见的解决方法"(艾伦,1958)[67,93]。

关于煤炭行业状况的报告,例如 1919 年的桑基报告、1925 年的塞缪尔报告或 1945 年的里德报告,都指出提高煤炭行业生产效率和国际竞争力的根本办法就是改变这个工业的结构(Kirby,1973)[273-284](Buxton,1970)[476-497]。在 20 世纪 20 年代中期,英国总共有 2481 个煤矿,其中三分之一的煤矿各自雇佣的工人还不到 50 人,这些煤矿雇佣着超过 1% 的工人却生产出不到 1% 的煤。另外三分之一的煤矿各自雇佣着 50~500 个工人,大约生产出 16% 的煤。这 2481 个煤矿属于 1400 个独立的公司所有,其中685 个公司雇佣的人数都少于 100 人。780 个公司每年生产的煤还不到5000 吨(Chick,1998)[75]。费孝通在《重访英伦》里写道:"根据战前的调查,英国 1750 个煤矿中,有 706 个规模小得只有 50 个工人。雇用 500 个工人以上的煤矿只有 566 个,其中只有 45 个雇用工人在 2000 人以上的。这许多煤矿又分散在许多煤业公司手上,有些公司只有一个矿,有的有近百个矿。"(费孝通,1999a)[469]鉴于煤炭行业在英国经济中的基础性地位,面对战后严峻的经济形势,"战后的英国若是要复兴的话,工业的基础——煤业,必须加以整理,这是无法否认的至理"(费孝通,1999a)[469]。同时,由于工党的"福利国家"建设等政策的实施,煤炭企业要承担更多的人力成本,而战后劳动力短缺也使煤炭工人的工资水平普遍上涨,这些都进一步挤压了煤炭行业的利润。对于资本家来说,煤炭行业已经从一个利润的源泉逐渐沦为年年亏损的负担。他们急迫地想摆脱这个不能带来利润的负担,关闭煤矿,但又由于煤矿工人的反对而不得不有所顾忌。只有政府出面将不断亏损的煤矿买下来,也就是把这个包袱甩给政府,才能够解决煤炭资本家的难题。就这样,"1946 年以后,煤的极端重要性已深深地被公众自觉地认识,因为供应的匮乏已使英国战后的建设大受阻碍。因此,长时期以来煤矿工业被认为在英国经济中占有特殊地位是并不奇怪的"(艾伦,1958)[55-56]。

1946 年,工党开始实施煤炭工业国有化,政府给予煤炭资本家 1.65 亿英镑的赔偿金,将全国 800 家公司收归国有,并建立了煤炭工业管理局进行统筹经营。1947 年英国发生经济危机,燃料供应短缺,生产下降,失业率上升。这次危机使英国人意识到,如果煤的产量不能满足经济发展的需要,将会导致灾难性的后果(艾伦,1958)[67],因而煤炭国有化得到了英国人的普遍支持。但煤炭行业生产效率下滑的趋势在短期内尚难以扭转。和战前相比,1948 年,英国的煤产量下降了 15%,工人数量减少了 7%(艾伦,1958)[67]。根据官方数据,煤矿"国有化"第一年就亏了 2900 万英镑(胡骑,1950)[27]。国有化后,英国煤矿开始更新技术设备,但到 1949 年,煤炭行业的生产率和产量仍旧低于战前水平。煤炭的出口量只有战前的三分之一,无法满足欧洲市场对煤炭的需求。

对于这次煤炭国有化,肯尼思·摩根认为这是工党国有化实践的第一阶段的顶峰。煤炭国有化大大改善了原来紧张的劳资关系,落实了工党的政策主张,并推动艾德礼政府超越了战时联合政府的尝试性安排(Morgan,1984)[104]。

把处于长期亏损状态的行业国有化,实际上是将这些部门的资本家从困境中解救出来。国有化以后,原矿主摆脱了对长期亏损的煤矿的经营责任,不必再为接连不断的矿工罢工而焦头烂额,并且无论国有化后煤矿的经营状况如何,煤炭资本家都可以确保每年获得 2.5% 的利润(胡骑,1950)[27]。因此,煤炭、铁路等亏损部门的国有化都没有受到该行业资本家和保守党的反对。工党政府通过煤炭行业的国有化减轻了资本家的负担,也缓和了劳资矛盾。

4.3.2　自然垄断性行业的国有化

现代电力行业多是自然垄断行业,依靠大规模生产和远距离传输来降低成本。但在 20 世纪上半期,英国的电力行业却不是如此。在实行国有化之前,英国的电力行业由数百家主要从事电力生产的市政企业和主要从事电力分销的私营企业构成。这些企业的经营范围都局限在特定的地域之内,因而电力行业的产业集中度较低,生产规模和销售额都比较小。在1934年,英国400多个电力企业的销售额总和才只有整个电力行业销售总额的十分之一(Hannah,1979)[213]。由于市政企业能够凭借地方政府的权力获取地域垄断利润,地方政府也能从中获益,因而各地方政府都不愿放弃对电力企业的控制权。在政府主导的领域,资本主义的自由竞争就起不到多少作用,因而电力行业的资本集中进展十分缓慢。电力行业长期处于小规模、高成本、低效率的经营状态,大规模、高效率的电网系统始终无法建设,各地区的用电标准、电压和输电器材等都缺乏统一性。电力生产企业重复建设现象严重,这严重影响了其他行业的生产经营,增加了生产成本。在1924—1925年,电力行业的运输成本大约占行业总成本的44%,而1933—1934年,电力的运输成本已经占到电力行业总成本的60%(王俊豪,1998)[59]。表4.3反映了国有化之前电力和煤气、自来水三个行业的分散经营状况。这种分散经营、各自为战的行业状况严重阻碍了其他行业的生产和经营,居高不下的电力成本和地方垄断地位也挤占了其他行业的利润。电力行业的分散经营成为阻碍英国资本主义发展的一个突出问题,这需要依靠中央政府来打破地方垄断,对电力企业进行强制合并。

表4.3　国有化之前英格兰和威尔士地区的电力、煤气和自来水行业中的企业数量

企业类型	自来水 (1954 年)	煤气 (1947 年)	电力 (1946—1947 年)
股份制企业	98	402	191
私人经营企业	7	361	N/A
合资经营企业	43	—	11
市政所有企业	906	207	363
合计	1054	1070	565

资料来源:James Foreman Peck and Robert Millward, Public and Private Ownership of British Industry 1982-1990, Oxford University Press, 1994, p. 280.

20世纪早期,工业集团不断游说英国政府,他们要求政府着手解决随着工业的发展而日益突显的电力生产的基础性问题(Chick,1998)[73]。技术

进步使得电力行业的生产规模日益增大,经济规模的扩大能够降低单位生产成本。但是,英国电力行业的资本集中度很低,一直存在许多小规模的地方垄断企业,这些企业所占有的市场规模很小,也不存在竞争的威胁,因而没有动力扩大生产规模和提高生产效率。20 世纪 20 年代,伦敦应该由四个大型的现代化电站而非 70 个小电站来供电。

出于促进英国资本主义发展的迫切需要,英国政府必须对电力行业进行管制。1919 年,自由党的劳合·乔治政府颁布了《电力法》,建立了"电力委员会"(Electricity Commission)。这个委员会只是在全国范围内负责促进、管制与监督电力供应,没有改变企业的所有权关系。来自工业部门的压力使保守党鲍尔温政府于 1925 年指定了一个维尔委员会(Weir Committee)负责电力行业的调查,该委员会给出的主要建议是建立一个中央电力委员会。1926 年,保守党政府又颁布了新的《电力法》,建立了中央电力委员会(Central Electricity Board),其主要职责是监督国家高压输电线路网的建设,使得政府在电力行业的职责从外部监管转为参与生产建设(Hannah,1977)。这意味着可以选择适合整个国家的电力市场的生产厂家,按照统一标准采购电力设备,还能够引入竞争机制。关键是这种做法可以规避所有权转换的问题,因为电站的所有权并没有被触动。

中央电力委员会的运作非常成功,电力行业的生产效率因此大幅度提高。从 1914 年每吨煤产出 443 单位电力,提高到 1920 年的 631 单位电力,而到 1939 年,电力产出更进一步提高到每吨煤产出 1566 单位电力。与此相对应,电力生产的成本也不断下降,电力的上网成本(即进入传输网络时的成本)从 1923 年的每单位 1.098 美元降到 1936 年的平均每单位 0.34 美元和 1940 年的 0.39 美元(Hannah,1977)。在 20 世纪 30 年代末,英国和美国在电站热能转化效率方面的差距已经相当接近了(Foreman-Peck et al,1994)[281]。生产效率的提高主要源于中央电力委员会统一改进了电站的发电设备,重新安排基底负载,以及减少在峰值负载时使用边际成本较高的电站等等。

1926 年英国设立的中央电力委员会已经使电力行业一定程度上集中

起来,建立了庞大的输电系统(艾德礼,1961a)[34]。但仍旧存在着企业分散、效率不高的问题,私人电力企业追逐利润的本性影响了他们对公众的服务质量。艾德礼设想:"工党政府……将包括铁路公司所属的电气工业在内的整个企业移交给一个有工人代表参加的国家电气委员会。在适当的时候还要取得私营的电厂。"(艾德礼,1961a)[34]一直到20世纪40年代中期,虽然总的趋势是加强政府在电力生产和供应中的作用,在一定程度上也扩大了公共所有制的范围,但"仍有大约560家独立的电力供应企业,其中约三分之一是私营企业"(李海东,2004)[14]。电力行业经营分散、规模小、效率低的状况没有根本改观。

艾德礼政府上台后,为了从根本上解决电力行业过于分散、规模小、效益差的问题,在1947年8月颁布了《电力法》,开始对电力行业进行国有化改造,总计把500多个电力企业收归国有。艾德礼政府建立了新的"中央电力局"(Central Electricity Authority),作为一个公共企业负责电力生产和电力供应,并由沃尔特·西特林(Walter Citrine)爵士领导。同时,工党政府还建立了14个地区电力局,作为独立的公共企业来负责本地区的电力分销业务。通过电力行业的国有化,英国终于统一了电压等行业标准,这对英国经济的发展意义重大。

可以说,工党对电力行业的国有化实际上是以往自由党和保守党政府政策的延续,保守党和工党在电力国有化上没有多少分歧。在维护和促进资本主义经济发展上,英国各政党是高度一致的。无论自由党、保守党还是工党,他们的分歧只是在资本主义不同阶段采取不同的政策,在促进资本主义经济增长这一点上没有本质的区别。

和电力行业类似,煤气和自来水行业也是适合于集中生产、管道运输的生产方式。这种生产方式决定了只有进行统一的大规模管道网络建设,才能够将这种生产方式的生产效率发挥到最佳,把成本降到最低。因而,煤气和自来水行业也需要解决分散经营的弊端,亟待实现大规模集约化经营,这同样只有依靠中央政府的权力才能解决。到第一次世界大战之前,已经有

300 家公营煤气公司,大约占整个煤气行业的 40%(Millward,1991)[117]。

自来水行业和煤气行业一样,也是在第一次世界大战之前就实现了部分的公有化。从 1871 年到 1915 年,英国的自来水行业中公有企业从 250 家增加到 786 家,而到 1912—1915 年间,自来水行业中公有企业已占到大约 80% 的比重(Millward,1989)[205-206]。只不过,这些公有企业只是市政公有,还没有触及中央政府的层面。市政公有一方面使得局部地区的自来水和煤气供应能够处于一定程度的计划控制之下,但也造成了各个地区的自来水和煤气供应标准的不尽一致,成为比较分散的局部垄断性行业,影响了这两个行业生产成本的下降。

1948 年 1 月 21 日,工党提交了《煤气法案》(The Gas Act),并于 7 月 30 日获得上议院通过。1949 年 4 月 1 日,艾德礼政府把总共 1046 个从事煤气生产经营的企业合并为 12 个国有地区公司,每个公司都有较大的自主权,政府还设立了一个煤气委员会(Gas Council),由主席、副主席和 12 名代表组成,12 名代表分别代表了 12 个国有地区公司。这个委员会的主要作用是提供咨询和建议,主要负责组织行业研究、教育与培训、生产与供应煤气设备,并为各个地区公司集资(李海东,2004)[13-14]。工党政府按照股票市值补偿给原资本家。与英格兰银行和电力行业国有化的顺利进行不同,保守党为了阻止工党政府的煤气国有化议案,向议会提出了 800 个修正草案。

4.3.3　运输业国有化

英国是最早使用铁路和建立铁路网的国家。铁路运输行业经历了激烈的竞争和兼并,在 20 世纪初已经出现了线路老化、设备陈旧的问题。铁路行业所形成的局部垄断增加了企业的运输成本,降低了铁路的运输效率。而且铁路难以抵御来自公路的竞争,收益不容乐观。公路运输的无序竞争则导致交通阻塞,危及人们的生命安全,以至于政府不得不用颁发特许证的办法来加以监管。公路、铁路和水运、航运之间相互竞争,导致英国运输系统十分混乱。航空运输对战争具有重要作用,"不允许它被私人使用"。艾德礼认为,"运输应该成为统一事业的时代已经到来了"(艾德礼,1961a)[32]。由于运输业和其他行业之间有广泛的联系,运输业的国有化具有重要的意义,艾德礼曾经设想,"政府的权利将会由于取得对运输工具的所有权而大大加强,因而政府的权力可以影响工业的布局"(艾德礼,1961a)[33]。由此可见,运输业的国有化是工党国有化计划中的一个重要组成部分。

在第一次世界大战中,英国政府开始积极介入铁路运输业,并于1921年通过了《铁路法案》,把121家独立的铁路公司按区域合并为4家大公司:南方铁路公司、伦敦和东北部铁路公司、西部铁路公司和伦敦、米德兰及苏格兰铁路公司。此后,又进行了一些整合,但四家公司之间仍旧保持着财务和运营上的独立性(Lewis,1952)[76]。1928年,英国通过了《铁路及公路法案》,使得铁路公司能够参与公路运输业务,但总的来说,铁路公司更希望能够摆脱来自其他运输方式的激烈竞争(Lewis,1952)[76]。第二次世界大战爆发以后,赢得战争的需要要求铁路和公路运输都能保持稳定高效的运作,但铁路的陈旧、落后导致其难以胜任战时繁重的运输任务。战争中,铁路大多处于战时交通大臣的管辖之下,并由一个铁路执行委员会来运营。这个委员会由四个主要的铁路公司的总经理和一个政府指定的主席组成。各个公司的组织结构仍旧没有变化,但运营则统一起来,而来自铁路运输的税收则由政府再次返还给各个公司(Lewis,1952)[77]。战争给运输行业留下了两个问题:铁路系统亟须修复、更新;运输系统需要进行整合,以建立一个协调统一的运输系统。"认为运输业应该成为一个整体的观点今天看来是如此不证自明,以至于过去反对这一原则的做法现在看来是多么令人吃惊。"[①]

运输业的国有化引起了较大的争论,因为工党政府不仅要把早已无利可图的铁路和运河收归国有,还把国有化的范围扩大到仍旧有利润的公路和拖运业。这无疑会受到尚能盈利的运输企业的反对。但工党还是利用议

---

① The Economist, October 5, 1946, p. 549. Quoted in Lewis. 1952. British Planning and Nationalization, George Allen & Unwin Ltd. p. 77.

会多数通过了关于运输业国有化的法案,并在公路运输行业成立了英国公路事务公司。

在国有化的过程中,虽然把某些盈利的行业收归国有引起了保守党和企业界的反对,但实际上,工党政府在实施国有化时总是尽力避免损害资本家的利益。为了实现铁路"国有化",政府付出了 10 亿英镑,而国有化前铁路行业的股票实值只有 5 亿英镑,政府给资本家的利息是按照股票实值的 5% 计算的。但实际上,在二战之前的几年,铁路行业的利润还不超过 1.5%。在收归国有之后,铁路行业第一年就亏损了 470 万英镑(胡骑,1950)[27]。

4.4 尾声:钢铁行业国有化与反国有化运动

4.4.1 钢铁行业的国有化

工党自称钢铁工业的国有化是"1945 年公布的伟大方案的最后一种"。钢铁工业在现代工业体系中的作用不言而喻。战后工业的恢复离不开钢铁行业,虽然英国钢铁行业的技术设备和煤炭行业一样十分陈旧,生产效率低下,但由于战后英国建筑、铁路等行业的重建需要大量的钢铁,钢铁行业的经济效益比煤炭等行业要好些,部分企业尚可以盈利。钢铁行业的资本家大多不希望实行国有化。再加上钢铁工业与机械加工等行业之间有着千丝万缕的联系,钢铁行业的国有化应当进行到何种程度以及如何调整钢铁行业与其他各行业之间的关系成为钢铁行业国有化过程中十分棘手的问题。"因此,关于钢铁工业是否应当实行国有化的问题,不仅在保守党和工党之间,而且在工党内部也是有争议的。"(李海东,2004)[16]保守党认为,钢铁工业应该依靠市场机制来保证钢铁生产和销售的灵活性和及时性,而不是大规模的国有化。钢铁工业的国有化会"大大损害市场机制的调节作用,而使英国的经济效率降低"(罗志如等,1982)[270]。1947 年,保守党在其政策纲领

《工业宪章》中宣称,将"坚持"反对钢铁工业的国有化(林赛等,1979)[155]。与电力、铁路运输、煤炭和英格兰银行等行业的国有化得到了英国资产阶级和保守党的认可不同,钢铁工业的国有化将在一定程度上损害资本家的利益,因而遭到他们的激烈反对。在工党内部,也有人建议暂缓钢铁工业的国有化,改由政府委派一个管理委员会去管理钢铁工业。但是,这种建议并没有得到工党主要领导人的支持(冯丽珍,2007)[38]。

1948年10月,下议院通过了钢铁工业国有化法案,但却被保守党控制的上议院行使的缓置权搁置了。由于上议院缓置权有效期限为两年,工党为了在保守党上台之前使钢铁工业国有化法案得以实施,不得不利用议会多数修改1911年的《议会法》,通过一个新的《议会法》,再次削弱上议院的权力,将其缓置权年限改为一年。这意味着上议院必须在1949年10月答复下议院议案。最后,上议院被迫同意了钢铁工业国有化法案。但通过的法案也附加了许多条件,在法案中规定只对占全行业工人总数三分之一的钢铁企业进行国有化,允许原有管理人员全部留任,允许钢铁企业之间互相竞争,并且将军火企业排除在外(胡骑,1950)[27]。

1951年2月15日,钢铁工业国有化法案正式生效。钢铁工业的国有化按原有股票近十年来最高的价格估价,"以政府证券加额偿付(每1英镑普通股得2英镑6先令8便士政府债券),保证5%的利润。为上浮1.345亿英镑的资本,政府支付2.43亿英镑,并且还准备以2亿英镑作为改良30%～40%各种设备之用,这一笔钱是为降低英国钢铁价格使其能在国际市场上进行竞争所必需,而又为私人资本家所不愿从自己腰包里掏出来的"(胡骑,1950)[27]。

4.4.2　关于国有化的争论和反国有化运动

在艾德礼执政时期,工党的国有化思想和政策之间始终面临着一个矛盾,即社会主义理想和具体政策之间的矛盾。国有化本来是工党实现社会主义理想的手段,而在真正能够实施国有化改革的时候,却成为挽救资本主义的措施。这个矛盾导致英国工党在国有化问题上陷入进退两难的困境。

在艾德礼政府进行国有化期间,钢铁行业是反对国有化的主要力量。这是因为,战后英国面临着庞大的重建任务,对钢铁的需求大增,钢铁公司虽然技术设备陈旧,但仍旧有利可图。因而许多钢铁公司极力反对国有化,他们的理由主要有两点:一是国有化使钢铁行业"很难筹集到资金来进一步发展企业"(伯恩斯,1958)。实际上正好相反,国有化后,英国政府给予被国有化的行业以大量的补贴。二是国有化损害了工人的利益,因为国有化后的煤气行业取消了分红制度。他们还批评国有企业的负责人并不负责,这的确是当时国有企业面临的问题。主张国有化的理论家们并没有对国有企业内部的经营管理机制进行过仔细思考,他们往往假设在国有企业中工作的都是一些无私的人(Kelf-Cohen,1958)[5]。这显然不符合现实情况。因此,当国有化企业出现管理问题时,工党的理论家们拿不出解决的办法。E. 伯恩斯提出,只有实施"一种较民主的经营管理制度",使"国有化具有更明确的阶级性"(伯恩斯,1958),才能够解决这个问题。

由于保守党等势力的强烈反对,到 1950 年,工党政府对钢铁工业的国有化已经失去了热情。工党政府决定,到 1950 年 10 月 1 日之前,不再增加向钢铁公司派驻的官员,到 1951 年 1 月 1 日之前,也不把资产转移给钢铁公司(杨光斌,1988)[20]。"1950 年工党的竞选纲领,已不再主张把最重要的经济部门国有化了。"(杨光斌,1988)[21]《经济学家》杂志称,"大概除了把不会引起激烈争论的自来水系统国有化外,他们未必会提出进一步国有化的计划"[①]。艾德礼下台以后,已经国有化的钢铁公司立即被保守党政府私有化。私有化后的钢铁公司利润丰厚,仅 1958 年上半年,15 家钢铁公司的利润就达到 1.04 亿英镑(伯恩斯,1958)。除了战后经济繁荣所带来的市场需求的增加之外,国有化期间英国政府对钢铁行业的投资与设备改造也是钢铁行业生产效率和盈利能力得以提升的重要原因。

---

① 　参见:《经济学家》,1950 年 5 月 27 日。转引自杨光斌:《论战后英国工党理论上的转变》,北京大学国际政治系硕士论文,1988 年 5 月,第 21 页。

　　工党和保守党在钢铁工业国有化上的主要分歧,虽然有意识形态之争的色彩,但这并不是主要的方面,两党关于钢铁工业的经营管理和决策模式的争论,以及如何提高钢铁行业生产效率的争论,其最终的目的都是围绕着如何发挥钢铁工业在资本主义经济体系中的作用,如何保证钢铁行业或整个资本家阶级的利润问题。产生分歧的原因在于工党主要是从社会总资本的角度来考虑,认为钢铁工业的国有化有利于确保整个资本主义经济体系的运行,从而保证资本家阶级的整体利益。保守党则更多地从钢铁行业的资本家的角度考虑,认为国有化会损害尚能盈利的资本家的利益。

　　在保守党的激烈反对面前,工党步步妥协。工党所面临的这种被动局面,从根本上说,是由于在国有化实践过程中,工党主要不是将国有化作为实现社会主义的重要手段,而更多的是从恢复国民经济,保持资本主义经济秩序的正常运行的角度来考虑和实施国有化政策。虽然在危机面前,工党的政策能得到保守党的暂时支持,但在危机缓解之后,保守党就会立刻表现出咄咄逼人的进攻态势。这反映了工党所走的改良主义路线的局限性。何况任何一项大规模的社会改革,都不可能完美得没有一点失误,这些失误就成为保守党的口实。"改良主义者的政策总是有利于保守党并帮助他们卷土重来。工党右翼推行的国有化方式和右翼反对进一步实行国有化给保守党提供了有效的反对国有化的宣传。"(英国共产党,1985)[228]"工党执政的后期在国有化问题上的暧昧态度,更助长了反国有化情绪的增长。"(杨光斌,1988)[21]

　　工党推行的国有化改革虽然主要局限在一些基础性行业,但其他行业的资本家也颇有危机之感,担心本行业会步国有化的后尘,自己的利益会受到国有化的损害。在这种背景下,在艾德礼执政的后期,英国出现了规模浩大的反国有化运动。反国有化运动受到许多私营公司的支持,保险公司还通过自己的代理人在全国建立了 400 个反国有化委员会。《工党政府与英国工业(1945—1951)》一书绘声绘色地描述了塔特和莱尔制糖厂的反国有化活动。这家制糖厂在所有的食糖包装纸和食糖供应簿上都印上一个卡通形象:丘伯先生。这是一个反国有化的糖块状漫画人物。这家工厂还印刷了大量的反国有化宣传品,出动 6 辆宣传车,跑遍了整个英国,攻击工党的国有化政策。他们组织了 3000 次演讲,向工人、青年、妇女和士兵进行反国有化宣传。他们还花了 20 万英镑在 400 家报纸上登载反对国有化的报道(斯克德,1985)[67]。许多行业的资本家都纷纷行动起来,支持反国有化运动。这些反国有化运动严重打击了工党继续推进国有化的决心。虽然 1949 年工党的竞选宣言中仍旧提出要进一步扩大国有化的领域,但实际上除了继续推动钢铁工业的国有化以外,再也没有采取什么实质性的措施。

1950 年,费边社发布了《国有化工业中的工党》(*Labour in Nationalized Industry*)的小册子,本来还打算再发布关于国有化的进一步的报告。但这本小册子激起了广泛的争论,使费边社不可能提出任何能被广泛接受的报告。这说明关于国有化的争论在当时就已达到十分激烈的程度(Clegg,1951)[5]。

有学者认为,把国有化政策运用于加工工业是导致国有化运动遭受挫折的原因。"战后第一届工党政府的实践表明,国有化计划虽然在基础工业中得以顺利推行,一旦运用于加工工业,它所遇到的障碍超乎想象。"(杨光斌,1988)[1]"当工党的国有化主张在加工工业部门遭到挫折后,工党的大部分理论家认识到有必要修改传统的国有化理论。而这一认识上的变化是建立在接受凯恩斯主义基础之上的。对国有化的反思,也引出了一系列不同于传统观点的思想。"(杨光斌,1988)[27]实际上,国有化在基础工业和加工工业的不同境遇,不是由于这些行业自然属性的差异,而是由于这些行业的利润率水平的不同。能够顺利实施国有化的行业,不仅是基础性行业,而且大多连年亏损,成为资本家的沉重负担。一旦国有化改革触及尚能够盈利的行业,立刻就受到激烈的反对。这也使得工党所能实施的国有化改革实际上主要发挥了为资本家利益服务的作用。

4.4.3　国有化实践的结束

1947 年英国陷入严重的经济危机之中,工党内部也对国有化政策产生了动摇。1949 年，工党发布了竞选宣言——《工党信任英国》，打算把更多的行业国有化，包括自来水、所有尚未国有化的矿产、肉类批发、大型冷库、制糖业、水泥、工伤保险（Industrial Insurance），以及工党经过考查认为适合国有化的某些化工部门（Lewis,1952）[42]。在这项宣言中，工党还提出要实施土地国有化，"出于公共利益的需要，政府将对土地实行公有，并交由农田委员会进行管理"（Labor Party,1949）[14]。同时，该宣言承认国有化的实施不尽如人意，并表示工党今后的任务就是想办法提高现有的国有企业的效益。工党还宣称，国有企业将和私营企业展开竞争，不过工党对国有企业与私营企业的竞争领域做了一些限定，例如只在私营企业不能提供社会所需的新产品的领域，为了保持较高的就业水平而需要进行更多的工业投资的领域，以及尽管有充足的原料和劳动力供应，但对国家至关重要的产品仍旧持续短缺的领域等等（Lewis,1952）[42-43]。这些领域要么是私营企业尚不能有效发挥作用的领域，要么是恢复私营企业的生产经营所必不可少的领域。实际上，与其说是国有企业将与私营企业展开竞争，不如说此时工党已经将国有企业的作用定位为对私营经济的补充了。

1948 年以前，工党进行国有化的部门大多是长期亏损的行业，对这些行业进行国有化不仅是工党主张的政策，而且也得到了保守党的认同。急于摆脱亏损负担的资本家自己也要求对这些企业进行国有化。再加上保守党在 1945 年大选中受挫，不得不在公众的左倾情绪面前小心翼翼地保持低调，不敢大肆张扬地反对国有化。因此，在工党执政的最初两年，工党的国有化政策没有遭到激烈的反对。但从 1948 年开始，随着对英格兰银行和煤炭行业的国有化改革的完成，工党积累了进行国有化的经验，而且战后经济状况最为困难的时期也已经过去，工党决定加快国有化的步伐，把钢铁行业的国有化提上日程。随着国有化的行业越来越多，保守党对工党国有化政策的反对逐渐强硬起来，英国的新闻媒体也开始纷纷指责国有化企业的效率太低，政府为国有化负担太重等等。在工党方面，工党"似乎并不想用一个全面的国有化来招致政治上的风险，或者说，工党根本就没有全盘国有化的打算。对他们来说，20%的国有企业已经足以取代过去的萧条和失业，克服私有经济带来的危害"(李海东,2004)[22]。工党的真实目的达到了,英国的资本主义经济已经从战后严重的危机中走了出来,资本主义制度日渐稳固,国有化的紧迫性渐渐丧失。因此,在 1948 年以后,工党国有化的进程明显放慢了。

在 1950 年的大选宣言中,工党没有提出什么新的说法,只对 1949 年的宣言修改了一个地方,工伤保险(Industrial Insurance)由"国有"改为了"共有"。1950 年的英国大选,英国工党只取得了 5 票的微弱优势,在议会中难以继续推行其国有化政策和民主社会主义改革,国有化渐近尾声。这个时候,保守党提出了一项提案使得任何进一步的国有化改革都只能等到下次大选之后。这项提案以 310 票对 296 票通过,无疑对工党继续推进国有化的企图造成了严重的打击。"在 1951 年的大选宣言中,工党已经没有任何国有化的承诺,即将下台的艾德礼政府对国有化的热情降到了历史最低点。"(李海东,2004)[35]1951 年,工党在大选中获得了历史上一个政党所获得的最多的选票——1394 万张,占全体选票的 48.8%,比保守党多出 23 万张选票,高出 0.8 个百分点。但是由于选票比较分散,工党在议会中获得的席位数却低于保守党。艾德礼无奈地提出了辞呈,战后英国国有化的第一次高潮也就此结束了(李海东,2004)[22]。

1951 年保守党上台以后,对艾德礼政府国有化的大部分行业都没有做太大的变动,但在钢铁工业上则动作较大。保守党认为,钢铁工业与电力、铁路、煤炭和英格兰银行的情况不一样,钢铁工业既不属于为国民经济提供燃料、运输或信贷的基础行业,也不是必须实行国有化才能扭亏为盈的行业,因而可以继续维持其私有化状态。于是在工党实行钢铁行业的国有化仅仅两年之后,1953 年,保守党就开始对钢铁工业进行私有化改革,把国营钢铁企业卖给了原来的私营企业主,在国有化期间国家对钢铁行业的大量投资都奉送给了资本家。不过,也有一些钢铁企业由于原来技术水平很差,即使卖给私人也难以实现盈利,这些企业的原有业主不愿意赎买这些无法盈利的企业。就这样,一部分国有化了的钢铁企业最终保留了下来。到 20世纪 50 年代末,英国钢铁工业的国有化程度大约为 25%,即国家仍占有四分之一的钢铁生产能力。1960年10月的工党年会上,工党又决定把钢铁工业重新国有化作为下届大选的主张之一,以对付保守党内阁一直推行的钢铁工业私有化政策(冯丽珍,2007)[39]。1967年工党重新上台,决定再次将钢铁工业国有化。1970年保守党再度上台,维持了钢铁工业国有化的法令(肖德周等,1980)[66]。战后几十年中,两党之间在钢铁工业上多次较量,工党上台就把钢铁工业国有化,而保守党上台就进行私有化。这样的反复,是英国基础工业国有化和私有化交替的一个缩影。在国有化和私有化的交替过程中,政府投入了大量的资金进行设备更新,以改进技术,提高劳动生产率,而从中获益的主要是这些企业的原有资本家。

第5章 历史影响:英国资本主义的
稳定与发展

在 20 世纪的英国历史中,1945—1951 年的工党政府应该算是比较有成效的。工党长期主张的国有化政策基本都实现了,还建立了影响深远的"福利国家"体系,基本实现了充分就业。这次改革成为民主社会主义在战后初期的一次典型实践,也成为西欧国家纷纷效仿的对象。20 世纪 90 年代以后,艾德礼两次被评为对英国产生了深远影响的首相之一。甚至有人认为英国在 1945—1951 年改革之后的社会性质也如工党所期望的那样发生了某种变化。例如英国工党的理论家克罗斯兰就曾这样评价国有化对英国社会的影响,他认为英国已进入一个新的社会,"这个社会基本上是一个混合性质的社会。它具有资本主义的性质,因为工业私有制占着统治地位;它具有非资本主义的性质,因为统制经济控制着竞争活动;它又是社会主义性质的社会,因为收入的分配比较公平"(德罗兹,1985)[36]。

本章主要考察 1945—1951 年的国有化实践对英国经济、政治和工党本身产生的影响。但在分析国有化的影响时,很难区分战后出现的种种变化哪些是国有化直接导致的,因为每一种变化的原因都是复杂的、多方面的,国有化在其中起了一定的作用,但未必是主要的作用。要分析国有化在这些变化中究竟起到了多大的影响是很困难的。因此,我们只能说明国有化和这些变化之间的关系,而不能把国有化当作这些变化的唯一原因。国有化的实施效果和社会影响在当时还没有充分显现,这需要我们结合战后一二十年的英国历史来对国有化的影响进行具体的考察。

5.1　对战后英国经济的影响

基础工业的国有化是 1945—1951 年英国工党在经济领域进行的最能体现民主社会主义性质的改革，也是工党在执政前讨论得最久，在执政中受到的关注最多，在执政后引起争议也最多的一项改革，对战后英国经济产生了多方面的深远影响。

第一，加强了英国工业资本的集中。

在国有化的过程中，英国政府把私营企业收归国有之后，以成立相应行业委员会的方式进行管理，使各个企业合并在一起。这种做法促进了英国工业资本的集中。通过对电力企业进行强制合并，艾德礼政府把 500 家企业合并成为一个国有企业，又通过煤气法把总共 1046 个从事煤气生产经营的企业合并为 12 个国有地区公司。据统计，虽然经过几次国有化和私有化的折腾，但 1976 年英国 1 家钢铁公司的产量就占全国钢产量的 85.8%，钢铁行业的资本集中程度还是高于美国、日本、联邦德国等国家（参见表 5.1）。

表 5.1　1976 年各国大钢铁公司对本国钢铁生产的垄断情况

国别	公司家数	钢产量/万吨	占本国钢产量的比重/%
美国	8	8620	74.1
日本	5	8310	77.5
联邦德国	5	3070	72.4
英国	1	1910	85.8
法国	3	1720	74.1

资料来源：中国社会科学院世界经济研究所《世界经济统计简编》编辑组：《世界经济统计简编：1978》，北京：生活·读书·新知三联书店，1979 年版，第 418-419 页。

企业规模的不断扩大，巨型企业所占市场份额的不断提高，正是战后资本主义发达国家资本集中和垄断程度加深的表现。战后英国资本集中的程

度一直在不断加强。1965 年,英国政府开始监督公司之间的兼并行为,促
进了企业之间的兼并。"1966 年,英国大公司进行兼并的有 63 家,兼并的
资产总额为 0.98 亿英镑;而 1978 年已增加到 229 家,兼并的资产总额达
119.99 亿英镑。"①加强政府对经济活动的控制,实行国有化和私有化的交
替政策,是加速资本集中的一种有效手段。垄断行业的几个大企业之间的
竞争常常对国民经济和人民生活产生重大影响,造成整个经济的起伏,加大
了发生经济危机的风险,政府通过对大企业的国有化可以有效控制垄断企
业之间激烈的竞争,使资本集中的过程变得平稳、缓和,这无疑有利于国民
经济的持续发展。

　　第二,实现了基础工业的升级换代,提高了国民经济的整体效益。

　　战后,英国的基础工业普遍面临设备陈旧,技术落后,生产效率低下等
问题,已经无法满足英国在国际经济竞争中的要求。私营资本长期依赖英
国在资本主义世界体系中的地位来获得丰厚利润,到 20 世纪上半叶已经无
力也无意愿对这些落后产业进行固定资本更新。这种状况成为英国政府实
行国有化的重要原因。因此,在国有化后,英国工党政府及历届保守党政府
都不断加强对国有化工业的投资,一些国有化改革之前长期亏损的行业,在
国有化后设备更新和技术升级明显加快,提高了劳动生产率。但是由于技
术水平过于落后,整个基础行业的技术设备改造需要一个较长的时间,其效
果不是短期可以显现的,一些行业直到 20 世纪六七十年代才逐渐显现出国
有化带来的好处。例如在 1945—1951 年国有化期间,煤炭工业的产出率没
有太大变化,但到 1971 年,每人每班的煤炭产量已从 20 世纪 50 年代末的
1.3 吨提高到 2.4 吨,使煤炭这一古老的工业重新焕发"青春"(Jones,
1978)[501]。国有化后,铁路运输业的技术也得到改进,采用了较好的运输设
备,运输效率大为提高。

　　除了直接提高国有化行业的生产效率之外,基础行业的国有化改革也

---

　　①　参见美联社—道·琼斯新闻社 1979 年 9 月 14 日消息。转引自肖德周、杜厚文、王怀宁:
《战后帝国主义基本经济特征的发展》,南宁:广西人民出版社,1980 年版,第 10 页。

给那些没有进行国有化改造的私营行业带来不少好处。国有化行业为其他行业提供了廉价的原料和动力、低成本的服务,这对私营行业降低生产成本,提高经营效益起到了重要作用,也增强了英国工业产品在国际市场上的竞争力(王凤鸣,1997)[68-69]。在电力行业国有化后,英国终于结束了各地采用不同电压和输电器材的局面,形成了统一的标准,这大大便利了工业企业的生产经营。政府还调整电价政策,使私营企业用电的电价低于家庭用电电价,变相地补贴了私营企业。私营企业借助国有企业增强了竞争力,提高了经济效益,但国有企业却因为担负着过多的社会责任,往往是以低于成本的价格销售工业产品,导致国有企业的经营效益一直表现不佳。国有化过程中,政府一方面发行债券来筹集资金,另一方面又给原来的资本家大量补偿,这造成了沉重的财政负担,使得用于工业设备升级改造的资金十分匮乏。这些问题都冲抵了国有化对英国经济的积极作用。但在受资产阶级控制的新闻媒体的操控下,英国的社会舆论却将政府财政负担沉重的原因归结到国有企业本身,而不是在国有化过程中给资本家的过多补偿。把经济停滞的原因都归罪于国有化,这显然是偏颇的。

仅看盈利能力,由于向私营企业和资本家转移了大量利润,国有企业的盈利能力的确不如私营企业,但如果考察不同所有制企业的生产效率,国有企业在大多数时候都比私营企业表现得更好。Chrisafis H. Iordanoglou考察了 1954—1979 年英国国有化工业的劳动生产率,并与私营部门以及美国相同的工业部门的劳动生产率做了比较。根据资本密集度、拥有大规模不可分割的固定资本投资以及市场广阔三个因素,Iordanoglou 选择了煤气、电力、电信、航空和邮政服务业 5 个国有化行业和 24 个私营工业,把处于衰退中的煤矿业、公路客运和铁路排除在外。在比较了这 5 个行业的劳动生产率之后,Iordanoglou 发现,在 1954—1977 年间,相对于私营部门,英国这 5 个国有化部门的劳动生产率都有较快的增长,与美国相同行业的差距也在缩小。其中英国电力行业的劳动生产率增长稳定,而航空业在1954—1963 年间,煤气工业在 1963—1977 年间的劳动生产率有跳跃式的增长。只有在 1963—1968 年间,英国私营部门的劳动生产率增长快于国有工业部门。Iordanoglou 由此得出结论,国有化工业的劳动生产率的表现要好于人们通常所认为的那样,"那些主张国有化的人很可能是对的"(Iordanoglou,2001)[298]。他的发现挑战了通常认为英国国有企业完全失败的观点。[①]

第三,增强了政府对经济的控制力。

1951 年,英国工党的国有化实践告一段落,国有经济已经成为英国国民经济的重要组成部分,开始扮演举足轻重的角色。截至 1951 年 11 月,英国国有企业的从业人数已达 218.8 万人,国有资产总额占固定资本形成总值的 20%[②],而且这个比率一直保持到 1980 年(Foreman-Peck,1994)[275],直到撒切尔进行大规模的私有化改革之后才有较大的下降。到 1979 年撒切尔上台时,国有化企业的产值占英国国内生产总值的 10%[③],职工人数占劳动力总数的 5.9%[④],固定资本投资仍占全国固定资本投资总额的 15%(王凤鸣,1997)[67]。国有经济在国民经济中的比重虽然不高,但大大增强了英国政府对经济的控制能力,这表现在以下几个方面。

首先,国有企业控制着国民经济的基础工业,为私营企业提供原料、电力和基础服务,因而能够对私营企业产生重要的影响,政府可以在财政、税收等政策之外,通过对国有企业的投资和产业结构调整来影响经济运行,甚至影响私营企业的经营。特别是英格兰银行的国有化,使政府可以方便地

---

① 转引自 Martin Chick 对 Chrisafis H. Iordanoglou 的 *Public Enterprise Revisited : A Closer Look at the 1994-1979 UK Labour Productivity Record* 一书的书评,载 The Economic History Review,New Series, Vol. 55, No. 3 (Aug. ,2002), pp.573-574.

② 也有的学者统计国有化行业在英国固定资本形成总值中占 19.5%,相差不大。参见:*Central Statistical Office*, *National Income and Expenditure*, 1946-1952, London: HMSO, 1953, Table 39.

③ 一方面是国有资产总额占固定资本形成总值的 20%,另一方面是国有企业的产值只有国内生产总值的 10%,这种数字上的悬殊被一些经济学家视为国有企业效率低的证据,但如果我们考虑到国有企业在英国经济中的作用,考虑到国有企业的产品价格被有计划地压低,以降低私营企业的生产成本,就可以理解为什么会有这样的差距。

④ 职工人数占劳动力总数的 5.9%,但国有资产总额占固定资本形成总值的 20%,这说明国有化的行业大多是资本密集型和技术密集型企业,资本的技术构成和有机构成都比较高,才能以较少的劳动力来推动较多的固定资本。这本身就是国有企业技术水平和生产效率较高的证明。

运用货币政策来调节经济。通过调整国有企业的工资、福利政策,还可以影响国民收入的分配和消费,进一步影响投资、进出口等领域,这为英国工党实施"福利国家"建设提供了基础性条件。

其次,国有化减少了市场经济中的投机行为。工党的国有化改革之后,"国家作为行为主体,分别扮演着生产者、消费者、投资者、企业主商品市场的购置者和销售者等角色。"(王凤鸣,1997)[67]国家对市场经济的有效控制,使战后千疮百孔、百废待兴的英国免遭投机商人的洗劫。虽然进行国有化改革之际正是英国身处困境之时,但国有化使英国避免了在经济动荡时期常有的投机行为的冲击。比万认为,英国在战后的经济困难时期之所以没有遭受严重的通货膨胀,国有化是主要原因之一。(比万,1963)[120]。国有化缓和了英国通货膨胀的压力,"如果英国的煤炭、煤气、钢铁、电力、电报和无线电等没有转为公共所有,通货膨胀的压力会比今天的大得多"(比万,1963)[120]。

再次,国有化使国家可以直接干预经济,丰富了国家调节经济的手段,提高了调节的效果。国有行业的存在,便利了政府对经济的干预。国家可以通过国有企业直接影响经济发展,使国有企业的经营符合一国经济长远发展的需要。私营企业出于追逐利润的目的,其市场行为常常与政府调节经济的政策相左,通过复杂的财政和货币政策引导私营企业的经济调节方式,常常由于经济条件的不断变化和私营企业追逐利润的本性而难以达到政策预期的调节效果。比万认为,国有化的"一个重要后果就是权力的转移,这种转移可以消除公私权力之间的冲突,因而可以减少享有既得权的私人集团操纵国家机器的危险。此外,还有一个结果,也是最重要的结果之一,那就是国有化工业可以成为经济计划的直接工具。再不需要依靠像在过去和落后的纺织公司交涉时所用的一系列复杂的财政诱导的办法,那时不得不用财政上的种种好处来诱使这些公司安装新式机器;即使这样,这些诱导办法也只获得了部分的成功"(比万,1963)[107]。

但工党的国有化改革是不彻底的,绝大部分行业,特别是有利可图的行业没有进行国有化,政府不得不为了维持国有化行业的运行而背负沉重的财政负担，而且国有化行业的管理体制也存在职责不清、管理不力等问题。英国政府对经济的控制仍然受到相当大的限制，基本上仍旧是在市场经济的条件下进行的局部调控。到 20 世纪 70 年代，随着经济全球化趋势的加强，英国经济更多地受到国际因素的影响。跨国资本对全球的统治也日益加强，控制了世界上大部分的产品生产和交换，削弱了政府对经济的控制能力，使凯恩斯主义的经济政策逐渐失灵，也在相当程度上削弱了国有化对英国经济的积极作用。

第四，为战后英国经济的快速恢复奠定了基础。

研究英国经济史的学者常常认为，战后初期的艾德礼政府时期，英国的经济状况乏善可陈，经常被煤炭和电力的紧缺所困扰。实际上，虽然战后英国经济遭遇了前所未有的困难，但无论与英国战前的最高水平相比，还是与其他资本主义国家相比，英国在艾德礼执政时期的经济表现都是比较突出的，英国的经济状况比除了美国以外的其他资本主义国家都要好，即使与美国相比，英国的经济增长速度也并不逊色。

1948 年，英国工业总产值和出口就超过了战前水平，如果以实物计算，在 1947 年就超过了 1938 年的水平。但英国的传统行业仍旧恢复较慢。"列为英国主要工业生产部门的采煤业及棉纱业，直到 1949 年也还离战前的水平相当远（煤产量 1939 年 23100 万吨，1948 年 19700 万吨；棉纱产量 1939 年 109200 万磅，1948 年 79500 万磅）。"[1]而到 1949 年，英国的生产已经比战前超出将近 50％，这与第一次世界大战之后的十年中工业产值一直没有超过战前水平的情况形成鲜明对比。而且英国在战后 10 年中一直保持了超过战前水平的增长速度，如果以 1937 年的工业生产指数为 100，1946 年则为 90，1951 年为 131，工党执政的五年间增长了 45％。"1948 年英国各公司的利润已经达到了 163900 万英镑。1949 年，257 个最大的公司的利润已经比 1948 年超过了 35％。"（别列日科夫，1950)[11]"1951 年到 1967

① 参见 1949 年 8 月《伦敦—剑桥经济服务社公报》。转引自胡骑："就英国大选结果回顾工党政策"，载《从英国大选看工党》，北京：新华书店，1950 年版，第 34 页。

年间为经济平稳的缓慢增长阶段……国内生产总值年平均增长率为 2.
8％,经济危机不那么严重,通货膨胀一般不超过 5％,失业低于 50 万人。"
(余开祥,1987)[191]按 1954 年的价格计算,英国国民生产总值,1947 年为 147
亿英镑,1951 年增至 166 亿英镑(黄若迟,1983),超过战前 24％,出口超过
19％(威尔逊,1966)[15-16]。如果把 1938 年英国的出口量定为 100,那么英国
战后初期历年的出口指数如下(表 5.2)。

表 5.2　战后初期英国的出口(以 1938 年的出口量为 100)

1946	1947	1948	1949	1950	1951(1—3 月)	1951(4—6 月)
91	99	126	139	160	158	171

数据来源:比万:《代替恐惧》,北京:商务印书馆,1963 年版,第 176 页。

　　如果将两次世界大战之后的经济状况加以比较,第二次世界大战结束
初期英国经济所取得的成就更加显著。英国在第一次世界大战之后立即将
经济模式转回到原来自由市场经济的状态,结果导致了两次世界大战之间
英国经济的长期低迷,"到 1926 年,即第一次世界大战后的第八年,在'自由
企业'方式经营下的英国制造工业,产量仍比 1913 年低 21.2％"(比万,
1963)[182]。而第二次世界大战后仅仅两三年就超过了战前水平,显示出工党
政府的经济政策的效果十分卓著。

　　英国能在第二次世界大战后取得这样的发展速度不能说与工党进行的
国有化改革没有关系。20 世纪 50 年代中期,英国"富足的社会"的来临在很
大程度上是工党所实行的一系列民主社会主义改革的结果。如果与艾德礼
政府上台之初的情况相比,更能显示出工党改革的巨大成就。二战甫一结
束,英国政府面临着 30 亿英镑的外债,出口贸易还不及战前的 30％,煤炭、纺
织等基础行业都在战争中受到严重破坏,不能满足经济复苏的需要。同时,
殖民地的丧失和基础工业的破坏还导致了原料的紧缺,尤其是煤炭和动力的
紧缺,成为困扰艾德礼政府的一个重要问题。当时,英国还面临着严重的失
业问题。为了赢得战争,英国在战争期间征兵 800 万人,这些人在战后都要回
到工作岗位,但在濒临崩溃的战后经济面前,大部分人将面临失业的命运。

应对这些问题,仅靠市场经济的自由竞争的自发调节是远远不够的。1929—1933 年的经济危机已经证明,在垄断资本主义阶段,资本主义自由市场经济已经逐渐失去了有效调节经济的能力,更何况,面对二战之后更为严峻的形势,自由市场经济更是毫无办法。二战结束之际,英国人对一战之后立刻向自由市场经济转型所带来的严重的经济困难,仍旧记忆犹新。因此,人们普遍认为,唯有像苏联那样对经济实行国家控制,才有可能尽快摆脱困境。为解决战后经常出现的煤炭紧缺和动力不足的问题,工党政府除了将煤炭和电力等行业收归国有外,还通过制定经济计划对煤炭和电力进行配给,使紧缺的资源能够用到最为需要的地方。比万曾经举过这样一个例子:"我在 1948 年访问意大利时,看见有些电影院用进口钢材修建房屋。在英国,我们连修建住宅都是禁止使用建筑钢材的,因为我们需要把它全部用在兴建工厂、电力站等方面。在意大利的电影院正在消耗珍贵的钢材和熟练工人的劳动力的同时,战时夷为平地的乡村和城镇还根本没有重新建设起来。"(比万,1963)[188]由此可见工党的国有化改革和经济计划对英国经济复苏所起到的重要作用。

工党政府通过调配国有资源、创办新兴工业等措施,到 1947 年就使英国的失业人数下降到 100 万人,1948 年底基本解决了失业问题,实现了充分就业(李海东,2004)[19]。从 1948 年到 1950 年,英国国民收入实际增长了20%,仅低于美国的 22%。在出口以及解决"美元荒"等方面,英国的情况也好于欧洲其他国家。这使得英国成为战后经济最活跃的资本主义国家之一。如果将战后欧洲实行民主社会主义改革和没有实行民主社会主义改革的国家加以比较,实行民主社会主义改革的国家工农业生产的增长都比较快(参见表 5.3、表 5.4)。

表 5.3　占欧洲工业生产 1%以上的国家 1950 年的工业生产
指数(以 1938 年的工业生产为 100)

瑞典	丹麦	挪威	英国	荷兰	法国	比利时	意大利	联邦德国
165	155	151	150	139	121	120	109	96

表 5.4 占欧洲农业生产 5% 以上的国家 1950 年的农业生产

指数(以 1934 年或 1933 年的农业生产为 100)

英国	西班牙	法国	意大利	联邦德国
121	90	96	102	84

数据来源:欧洲经济委员会出版的《1950 年欧洲经济概况》。转引自比万:《代替恐惧》,北京:商务印书馆,1963 年版,第 178 页。

战后美国的援助确实对英国经济的恢复帮助很大,"工党艾德礼政府在 1946 年与美国签订财政协议,获得 37 亿美元贷款。接着,英国通过马歇尔计划,取得比其他西欧国家更多的美国经济援助"(余开祥,1987)[191]。但如果说英国经济状况的好转主要是依靠美国贷款的支持,这并不符合事实。战后英国接受美国的援助达 18.93 亿英镑,而对外贷款、赠款和各种支出则达 15.7 亿英镑。英国虽然接受美国的援助,但也援助了其他国家,而且对外支付的货币量占接受美国援助的款额的 82.9%,可以说英国主要是靠自己的力量取得经济恢复的成就的(比万,1963)[185-186]。

即使与战后经济状况最好的资本主义国家美国相比,英国的发展也并不逊色。我们可以把美国与英国的工业产出指数进行比较(表 5.5)。

表 5.5 美英二战前后工业产出指数

年份	美国(以 1934—1939 年的平均产量为 100)	英国(以 1934—1938 年的平均产量为 100)
1943	239	126
1946	170	104
1947	187	112
1948	192	125
1949	180	133

数据来源:比万:《代替恐惧》,北京:商务印书馆,1963 年版,第 182 页。

与战前的平均水平相比,1943 年,美国工业产量获得 139% 的增长,远超过英国的 26%,但这主要是由于战争带来的军事生产的刺激。按照表 5.5 的指数,战后,美国的工业产出指数立刻下降了 69 点,而英国只下降了

22 点。在 1946—1949 年,美国的进展是 10 点,而英国则为 29 点。再加上英国的工业设备在战争中遭受重创,这表明"英国已经作出了甚至和美国比较起来也能算是显著的恢复努力"(比万,1963)[183]。联合国经济合作署派往英国的调查组的报告也支持这种观点:"英国战后年代工业产量上的进展速度与美国的比较,甚至在 1946—1948 年,也是占上风的。而且 1949 年的衰退曾使美国工业产量降落,但并没有影响英国生产的上升趋势。"(比万,1963)[183]

和美国相比,英国农业生产的成就也很突出,"美国自 1947 年以来农业生产提高了 6%,而最可与之抗衡的联合王国,净产量的指数表明提高了将近 9%(净产量反映从英国本国资源中得到的增产以及在使用进口粮食上作出的节约等等)。在美国和联合王国,1949 年的生产都不仅大大超过战前水平,而且十分重要的是,保持在高的战时水平的上下"(比万,1963)[183]。

第五,国有化改革加重了英国的财政负担,为 20 世纪 70 年代的经济"滞胀"埋下了隐患。

国有化在增强英国政府的经济控制能力的同时,也带来了沉重的财政负担。在国有化的过程中,政府给予原企业主的赔偿要大大高于市场价值,而且付给原企业主的利息是按照战前最高的利润水平来计算的。这本身就带来了巨大的财政负担,再加上国有化后需要对落后设备进行更新换代,又需要一大笔投资。"国有化企业往往由于'先天不足'(即国有前经营不景气和收归国有沉重的赔偿负担),'后天失调'(企业与政府关系较难妥善处理和政府经济政策波动较大),有时还要承担非营利的社会劳务,因而自筹资金能力弱、赢利少或亏损严重,从而成为政府支出过多和税收过重的一个不可忽视的因素。"(余开祥,1987)[196]而且为了降低私营企业的生产成本,国有企业的产品价格被刻意压低,不能为政府提供充足的财政来源,所以,英国工党进行的国有化改造基本上就是在不断投入财政资金,而没有多少回报。国有化过程中形成的巨额债务导致英国国库亏空,政府通过税收来支付国有化过程中形成的债务,又增加了纳税人的负担。

英国经济学家罗伯特·米尔瓦德指出,从 20 世纪 50 年代到 70 年代,国有化部门的利润率一直很低,1950—1952年,1955—1962年和20世纪70年代初期都处于亏损状态,其余年份的利润率也只有1%～2%,至多4%～5%(Millward,1976)。因此,虽然国有企业的生产效率得到提高,但盈利状况一直不好,到70年代还开始出现亏损。

英国经济在20世纪70年代陷入"滞胀","通货膨胀率在20世纪50年代为2%～3%,到了60年代变成4%～5%,而在70年代初期超过9%……1975年的通货膨胀率竟然高达24%!失业人数在20世纪50年代为年均33.5万人,60年代为年均44.7万人,到了70年代飙升至年均125万人(1974—1979年)。经济增长率在1948—1973年间年均为2.8%,而在1973—1979年间却一落而为区区1.4%"(考克瑟等,2009)[66]。1967年英镑危机之后,"英国病"趋于激化,1973年经济危机之后,英国进入了"滞胀"阶段。"从1950年到1984年,国内生产总值的年平均增长率,英国为2.2%,而美国为3.0%、联邦德国4.7%、法国4.3%。"(余开祥,1987)[192]在"滞胀"阶段,英国的经济增长率下降严重,拉低了战后英国经济的年平均增长率。滞胀的发生,主要是英国长期实施凯恩斯主义经济政策的结果,从根本上来说,是英国资本主义基本矛盾日益深化的结果,凯恩斯主义经济政策在解决这一矛盾方面所能发挥的作用已经十分有限。虽然国家干预的加强一度延缓和减弱了经济危机,但并不能解决资本主义的基本矛盾。单纯依靠扩大投资来拉动经济增长的策略,最终仍将面临由于无产阶级的贫困化而日益缩小的市场空间,从而导致继续扩大投资对经济增长的拉动效应衰减。大量的投资还推动了通货膨胀的恶化。

1945—1951年的国有化改革虽然是英国历史上一次最大规模的社会主义尝试,对英国经济的复苏起到了重要作用,但国有化毕竟是在没有彻底改变资本主义私有制基础的前提下进行的,这种改革并不能解决资本主义所固有的基本矛盾。随着这一矛盾的加深,英国经济再次陷入困境。一方面,维持高水平的社会福利需要大量的财政支出,造成了日益严重的财政赤字。1959—1964年,公共开支达到英国国内生产总值的三分之一,1970年更进一步上升为 38%(钱乘旦等,1999)[79]。到威尔逊执政时期,虽然也试图进行国有化改革,但英国的经济状况已经不允许再进行大规模的国有化改造了。1965—1970 年,英国的工业增长率年均只有 2.5% 左右;进入 20 世纪 70 年代,英国的工业发展近乎停滞,甚至不时出现负增长的情况。另一方面,英国的物价指数却直线上升,通货膨胀加剧,失业人数也突飞猛进。1971 年失业人口达到 86 万人,1975 年突破 100 万人,1978 年 8 月达到 160 万人,战后初期充分就业的良好局面早已不复存在(钱乘旦等,1999)[80]。英国出现了"滞胀现象"——生产停滞与日益严重的通货膨胀并存。"滞胀现象"是凯恩斯的经济理论解释不了的。按照凯恩斯的理论,政府通过增加公共投资和公共消费,可以刺激需求增长,从而刺激生产,扩大就业。因此政府应当增加货币供应,维持一定的通货膨胀率。但凯恩斯主义经济政策的后期,出现了政府扩大货币供应,却无法刺激生产的情况。面对生产停滞与通货膨胀并存的局面,凯恩斯主义的经济理论就束手无策了。在这样的困境下,西方经济学也发生了转向,新自由主义经济学说逐渐兴起,许多经济学家开始将"英国病"归咎于国有化和高福利政策,认为这两项政策导致英国的劳动力成本过高,使经济负担沉重,增长乏力。这样的观点为撒切尔时期的私有化改革提供了理论基础。

实际上,战后英国经济增长乏力有多种原因。英国资本的国际化程度一直比较高,资本追逐利润的本性使它只向利润率高的地方流动,所以自从殖民时代以来,英国资本家更多的是在本土以外的地区进行投资,这使得对英国本土工业的投资长期不足。这才是英国落后于其他国家的主要原因。国有化实际上正是为了改变这种长期投资不足所带来的生产落后的状况。但由于工党的国有化具有许多局限性,仅仅对一小部分工业进行国有化不可能根本改变英国资本主义经济和工业生产逐渐衰落的长期趋势,只是使这种衰落得以延缓。另一方面,对国际市场的深度参与,也影响了英国对本国资源的有效配置,英国政府常常要考虑国际市场的变动情况,无法制定长期稳定的经济政策,从而影响了经济调控的力度和效果。

5.2　对英国阶级关系的影响

国有化在促进英国经济复苏上起到重要的作用,但作为工党所宣扬的社会主义理想的标志性政策,国有化在政治上的作用远不如在经济上那么明显。国有化虽然缓和了战后英国的阶级矛盾,但对改变英国社会的资本主义性质并没有产生多大的作用,反而在一定程度上损害了工人阶级的整体利益。

需要说明的是,战后英国阶级关系的变化是多种因素共同作用的结果,与国有化相比,战后科技革命的发生和"福利国家"建设等因素对阶级关系的影响更为明显,因此,本节所述英国阶级关系的变化,并非完全由国有化所引起,国有化只是其中的一个因素。

第一,国有化改革缓和了英国的阶级矛盾,但没有改变基本的阶级结构。

比万曾经将英国工党的做法与意大利的做法相比较,来说明工党的民主社会主义改革对缓和阶级矛盾的作用:"同少数人的贪婪形成鲜明对照的其他忽视平民需要的事情所造成的后果,甚至在一贯保守的意大利南部也会助长共产党的发展。我曾对当时意大利政府的成员说过这番话。事实证明的确如此。"(比万,1963)[188]可见,工党之所以要回应"平民需要",一个重要的目的正是为了防止共产党在英国的发展,缓和阶级矛盾,防止英国发生真正的无产阶级革命。在这方面,实行国有化改革可以回应民众对社会主义的呼声,用这种在资本主义框架内可以容纳,甚至有利于资本积累的国有化改革来制造一种似乎正在走向社会主义的幻象。

1951年,艾德礼政府下台以后,英国的"福利国家"建设仍得以延续,在缩小各阶级阶层之间的收入差距方面取得了一定的效果。1949年,英国收入最高的1%的家庭,其收入占税后英国国民收入总额的6.4%,到1978年撒切尔进行私有化改革之前,这一比例下降到4.4%。战前英国最富有的

1％的家庭占有全国财产的 56％,到 1972 年,这个比例下降到 27.6％。从
1949 年到 1978 年,中产阶级所占比重则从 46.7％上升到 49.7％(张泽,
1994)[244]。虽然工党的民主社会主义改革一定程度上起到了缩小贫富差距
的效果,但没有改变英国国民收入差距仍旧巨大的基本现实,更没有改变英
国基本的阶级结构。到 1975 年,"占人口总数 5％的最富有的人几乎占有
整个财富的一半,而占人口 80％的下层拥有的财富却不到五分之一。有钱
人的财富主要是股票和土地,因此,仅占人口总数千分之八的 32 万人就占
有私人拥有的全部股票的 70％和 72％的土地。约有 1300 万人却生活在或
几乎生活在官方所宣称的贫困线上"(英国共产党,1985)[197]。1945—1951
年的国有化改革,只将占国民经济 20％的基础工业进行了国有化,对于英
国阶级关系和经济基础的影响有限。虽然工党的左翼领袖比万曾设想在基
础工业国有化后可以影响进而改造其他行业,但实际上到工党下台时,大多
数行业的私有制基础仍旧没有触动。1948 年,工党的国有化改革就进入了
尾声,英国 80％的劳动力仍旧在私营企业中工作(钱乘旦等,1999)[70]。

　　工党政府还利用国有企业限制工人的罢工斗争。"企业为'国家'所有
之后,资本家自己可以不必再为工人的要求伤脑筋,罢工将会变成损害'国
家'利益而受到国家权力的镇压。"(胡骑,1950)[27]根据这个理由,工党颁布
法令,禁止国有企业的工人罢工。在国有化过程中,工党还给资本家大量的
补偿。"工党政府让铁路股东们一次净赚 5 亿英镑,并且每年保证他们得利
3200 万英镑,却断然拒绝了每周工资不足 5 英镑的 13 万名铁路工人每周
增加半英镑的正当要求(这笔增加全年总和不过合 3200 万英镑的零头而
已),并且连谈判的余地也没有,这最讽刺地说明了工党的'国有化'究竟是
为了谁的利益。"(胡骑,1950)[27]

　　有学者认为战后英国产生了一个所谓的"中产阶级",这是战后英国社
会能够保持长期稳定的阶级基础。这种情况也不同程度地出现在其他资本
主义发达国家,成为战后资本主义社会的一个新现象。"中产阶级"的出现
一向被视为现代资本主义国家能长期保持社会稳定的阶级基础,是资本主
义国家阶级矛盾缓和的标志。实际上,"中产阶级"并不是一个科学的定义,

一般根据占有的生活资料的多少来界定,反映的主要是人们的生活水平,而非如马克思主义对阶级的界定那样依据与生产资料的占有关系和在生产中的地位。"中产阶级"只不过是具有较高的知识和技术水平,能够从事复杂的劳动,因而在生产中具有比单纯的体力劳动者更高的地位。"中产阶级"仍旧是为资本增殖服务的,仍旧是依靠工资生活的雇佣劳动者,因而所谓的"中产阶级"不过是在科技水平高度发展的现代社会中以脑力劳动为主的雇佣劳动者。他们比资本原始积累和工业革命时期的无产阶级的生活境况要好,但就阶级地位而言,并非处于无产阶级和资本家之间,而是属于无产阶级的一部分。

第二,工党的国有化改革没有改变国有企业内部的生产关系。

苏联、中国等社会主义国家在公有制改造的过程中,企业中的生产关系都发生了根本性的变化。工人成为企业的主人,对企业的经营管理具有发言权、参与权和决定权。中国在国有企业中还推行过"两参一改三结合"的"鞍钢宪法",使得工人在生产中的地位大为提高。虽然英国工党早期的国有化理论借鉴了空想社会主义关于公有制的设想,也受到苏联公有制改造的影响,但实行国有化改造后,"虽然现有工党领袖们一向所想象到的法案,差不多都已经完全被通过,但是一般人发现,社会机构和工业生产关系几乎完全没有改变"[①]。国有化的企业在管理上仍旧如私营企业一样官僚化和集中化,甚至更加官僚化,却几乎没有关于工人参与生产管理的规定。国有企业的工人仍旧没有权利参与企业的管理和经营,企业的所有权属于国家而非工人阶级。如果在企业微观的生产关系中没有确立工人当家作主的地位,在宏观的社会政治生活中,工人也不可能真正成为国家的主人。工党领导人比万也承认,在国有企业中,"感情上'董事会'仍然与所有权属于别人的概念连在一起,而'工人们'仍然是'雇工'"(比万,1963)[107]。

工党政府其实并不相信工人群众具有管理国有企业的能力,因而在国

---

①　参见《新政治家与民族》周刊1949年12月10日。转引自胡骑:"工党主义和英国经济",载《从英国大选看工党》,北京:新华书店,1950年版,第27页。

有企业中雇用了许多原来的经理人员。这些管理人员的思想观念大多与资本家一致,甚至本人就是大资本家。他们敌视国有化改革,又担心工人在国有化的企业中不能像以往那样工作,因而仍旧执行着原来的各种压迫工人的规章制度,"许多的、虽然不是全部的收归国有的工业的管理部门,怀着增加了的恐惧心理去执行自己的任务,以为工人们既然是在自己的工业中工作,对于必要的纪律的服从甚至会做得不如过去。这使他们强调,一切都没有真正改变"(比万,1963)[109]。这让工人们感觉国有化的企业和以往的私营企业没有什么区别,因而大大挫伤了工人的劳动积极性,让他们对国有化改革大失所望,也影响了国有企业的劳动效率。

也有的学者认为国有化的企业在生产关系上已经发生了一些变化。"在生产关系的量的方面,毕竟与以前有了一些区别。单个资本家的生产资料已归国家所有,由国家统一使用,私人资本家失去了对企业的财产所有权、经营管理权和人事调配权。原先的资本家具有不同程度的现代科学文化知识,有一定的技术专长和管理经验,把实际的管理权保留在部分原资本家手中也是当时历史条件下明智的选择。"(王凤鸣,1997)[71]国有化作为资本主义所有制的一次局部变革,在生产关系方面自然会引起局部的变化,这种变化在客观上有对工人有利的一面,但更应该看到,在生产过程中,工人仍旧处于无权的地位。生产关系的本质仍旧没有改变,工人受剥削受压迫的地位没有改变。原有企业的经营管理人才和技术人才,是任何社会制度下进行生产都需要的。在工党当时所面临的历史条件下,简单地留用这些资本家或其代理人的确是面对现实的一种选择,但这并不意味着要保留以往的带有压迫性质的规章制度,更不意味着这些人才的思想观点和管理方式就都是正确的。在社会主义社会,这些人才应该根据新社会的要求来改变运用自己才能的方式,改变自己的思想观念来适应新社会的要求。而且,在社会主义社会,由于阶级关系发生根本性的变化,剥削阶级作为阶级已经被消灭,社会生产的管理将变得简单,不再需要那些执行阶级压迫功能的管理职能,从而使得社会主义社会的生产管理成为大多数人都能胜任的事情。也只有这样,才能建立社会主义的牢固的上层建筑和思想意识。换个角度来看,工党自身的局限性使它未必愿意真正改变英国资本主义制度的经济基础和生产关系。在内心里,他们是害怕社会主义的真正实现的。

社会主义社会的国有企业应该建立社会主义性质的生产关系,实现无产阶级的领导。这种领导的主要实现形式就是无产阶级掌握一切关键岗位和领导岗位,否则就体现不出国家政权的无产阶级性质。列宁曾经指出:"必须比过去大胆百倍地把这些工人贵族或资产阶级化了的工人的代表人物从他们所占据的一切岗位上赶走,宁愿用最没有经验的工人去代替他们,只要这些工人同被剥削群众息息相关,在反对剥削者的斗争中得到这些群众的信任就行。无产阶级专政要求任命这些没有经验的工人去担任国家最重要的一些职务,不然工人政府这种政权就会没有力量,而这个政府就会得不到群众的支持。"(列宁,2012d)[240]

第三,损害了工人阶级的利益。

客观地说,工党的改革对工人阶级有一定的好处。工党积极解决战后失业问题,凯恩斯主义经济政策刺激了生产的繁荣,工业生产迅速恢复。战后初期英国出现了"充分就业"的局面,失业率达到和平时期的最低水平,工人们即使失业也可以很快找到其他工作,不必担心被解雇。而雇主也由于工人后备军的缩小,难以很快找到替代的工人,因而不再轻易解雇工人。工会组织的力量大大加强,工人的地位也有一定的提高。这其中,国有化也发挥了一定的作用。在国有化企业中,工人不能像在私营企业中那样被随意辞退,这一定程度上减少了失业。但也有人认为,工党执政初期"充分就业"的局面"是战争造成的,而不是工党政府造成的……是战时经济条件的继续"①。

战后英国实现的充分就业只是暂时的,斯大林曾经对资本主义条件下的充分就业进行过分析:"我们假定,在保存资本主义制度的情况下,可以做到把失业减少到某种最低限度。但是不论哪一个资本家,从来不会而且无

---

① 参见《经济学家》,1949 年 10 月 8 日。转引自胡骑:"就英国大选结果回顾工党政策",载《从英国大选看工党》,北京:新华书店,1950 年版,第 34 页。

论如何也不会同意完全消灭失业,消灭失业工人后备军,因为失业工人后备
军的使命,就是压制劳动市场,保证工资比较低廉的劳动力。"(斯大林,
1985)[10]因此,充分就业的状况与资本追逐利润的本性是相违背的,资产阶
级会想尽一切办法恢复失业大军的存在。失业率上升的情况,在艾德礼执
政时期就已经出现。1949 年 11 月,英国的失业人口达 32.4 万人[①];1950
年,英国失业工人也超过了 30 万人[②]。

　　国有化虽然符合工人对工党的期望,但国有化的具体实施却损害了英
国工人的利益。这主要表现在国有化过程中对工人工资的压制上。工党政
府反对增加工资,还特别颁布了冻结工资的法令,禁止工人罢工。他们认为
增加工资会导致物价上涨、生产成本提高从而导致出口减少,降低企业的竞
争力(伊顿,1955)[12]。工党政府要求工人"必须严格遵守白皮书"(即不增加
工资),并强调:"特别是任何部门工人,均无任何理由试图为他们自己取得
由于任何汇率改变而造成的生活费增加的补偿。"[③]工党政府声称自己所遵
循的是"购买力和生产量同时增长"的政策,但现实的情况是,根据英国财政
部于 1949 年 12 月底所公布的材料,1949 年英国的工业生产水平比 1948
年提高了 7%,而每一个工人的生产量增加了 4%到 5%。根据工党官方公
布的材料,工资大约总共提高了 2%。"根据官方的统计,自 1947 年到 1949
年贬值前夕,零售物价指数涨了 12%,而工资指数却只增加了 9%。"(胡骑,
1950)[32]所以工人的实际工资是一直下降的。这说明,"工党政府一方面竭
力增强劳动强度和增加生产量,另一方面却不断地压低劳动大众的生活水

---

　　① 参见英国新闻处电 1949 年 12 月 8 日。转引自胡骑:"就英国大选结果回顾工党政策",载
《从英国大选看工党》,北京:新华书店,1950 年版,第 34 页。
　　② 即使在失业人数最低的年份,也有人认为工党政府公布的失业数字并不准确,没有实现
"充分就业"。实际失业人数要比官方发表的要多,因为官方统计只包括登记的失业者,不包括未登
记的失业者,这种失业者有时候可以达到几十万人(如 1947 年 2 月),也不包括因残废而导致的失
业者,由于战争的原因,这类失业者也相当多。所以非官方的估计,失业者应有 40 万至 50 万之多。
参见胡骑:"就英国大选结果回顾工党政策",载《从英国大选看工党》,北京:新华书店,1950 年版,
第 34 页。
　　③ 参见 1949 年 9 月 27 日英国下议院辩论记录。转引自胡骑:"工党主义和英国经济",载
《从英国大选看工党》,北京:新华书店,1950 年版,第 32 页。

平"(别列日科夫,1950)[11]。根据工党政府的统计,零售物价自 1947 年 6 月
到 1949 年 9 月上涨了 20％,其中占人民生活最重要部分的衣食两项各增
加了 19％及 17％,而同时期的工资却只上升了 9％。[①] 与战前的 1938 年相
比,1949 年第一季度批发物价指数涨了 118％,而工资却只上升 92％。这
还是官方的数字,实际情况自然要比官方数字所承认的还要糟。与此同时,
公司的利润却获得巨大增长。从 1938 年到 1949 年第一季度,公司利润整
整涨了三倍有余。1945 年资本家与地主的利息、利润和租金的收入占国民
总收入的 33％,而到 1948 年,已占国民收入的 41％,在纳税之后,尚能净余
29.22 亿英镑,等于全体工人全年工资收入的 80％。与此形成鲜明对照的
是,英国成年男工全年收入只有 200～300 英镑,女工的工资则几乎还要低
二分之一。工党还利用税收政策来保证资本家的利润,同时却加重了人民
的负担。例如自 1946 年到 1948 年,对利润的抽税减少了 8000 万英镑,对
工资收入者的所得税及保险费的征收却增加了 5500 万英镑,主要由劳动人
民负担的间接税增加了 5.02 亿英镑。[②] 一方面是财富的加速积累,另一方
面是工人的相对贫困的日益加深。从这些数字中可以明白地看出工党的政
策是为哪个阶级的利益服务的。

在国有化过程中,工党政府采取凯恩斯主义的经济政策,用通货膨胀来
刺激经济。从 1950 年 2 月到 1951 年 2 月,英国基本工业品价格上涨了一
倍多,甚至有些物价一个月中上涨 15％～20％。而在工党执政期间,工人
工资基本没有上涨。因此,"在艾德礼任职的几年里,由于通货膨胀太厉害,
工人的实际收入并没有什么提高,国有化部门的职工也是如此"(杨光斌,
1988)[21]。关于艾德礼执政时期工人生活水平的下降,还可以从主要食品的
消费量上体现出来,1949 年,英国的人口比战前增加了 300 万人,但主要粮
食和肉的消费量却均有下降(参见表 5.6)。

---

　　① 参见英国劳工部杂志 1949 年 10 月号。转引自胡骑:"就英国大选结果回顾工党政策",载
《从英国大选看工党》,北京:新华书店,1950 年版,第 23 页。
　　② 参见英国《工人日报》"时事述评",1949 年 4 月 25 日。转引自胡骑:"就英国大选结果回顾
工党政策",载《从英国大选看工党》,北京:新华书店,1950 年版,第 33 页。

表 5.6　三种重要食物 1948 年消费量与战前的比较

（单位:千吨）

食物类别	战前(平均)	1948 年
小麦	5538	5444
玉米	3396	1141
肉	2152	1639

资料来源:《经济学家》杂志,1949 年 10 月 8 日。转引自胡骑:"就英国大选结果回顾工党政策",载《从英国大选看工党》,北京:新华书店,1950 年版,第 33 页。

艾德礼执政时期,虽然工业生产恢复较快,但人们的生活始终没有大的改善,这也是导致工党逐渐失去选民信任的原因。在生活日益恶化的情况下,工党执政期间工人的罢工斗争一直不断,1949 年的前 9 个月,英国工人罢工达 1127 起,参与罢工的人数达 392000 余人,比 1948 年同时期多两万余人。[①]

英国左翼人士曾经评价:"工党的政策,在实际上正在走向保守党所要造成的状况。工党领袖一直竭力反对增加工资,而雇主们的利润之高为从来所未有,物价又是不断地上升。他们所经营的那种国有化,是为大企业和它们的旧股东谋利益的。"(佚名,1950)[52]人们逐渐意识到,工党的民主社会主义改革不过是表面现象。资本主义社会的种种不合理和不平等的现象仍旧存在。工党进行改革的真实意图是缓和阶级矛盾,平复工人运动,避免工人阶级采用革命的手段来推翻资本主义制度,而不是真正去消灭剥削和解放无产阶级。这说明工党的领袖已经背叛了工人阶级,"福利国家"和国有化都没能改变工人属于雇佣劳动者的地位,没能改变普通人的命运。"阶级社会中的国家不可避免地首先捍卫居于主导地位的经济利益。其'真正'目的和任务就是保证而不是阻碍经济利益继续占主导。"(密利班德,1969)[265-266]马克思曾经断言,在资本主义社会,"一切都服从于一个目的,而对工业资本家来说则是极为重要的目的:减低各种原料特别是工人阶级的

---

① 参见英国劳工部杂志 1949 年 10 月号。转引自胡骑:"就英国大选结果回顾工党政策",载《从英国大选看工党》,北京:新华书店,1950 年版,第 23 页。

一切生活资料的价格,减少原料费用,压住(即使还不能压低)工资"(马克思,恩格斯,1995d)⁴²⁵。即使是工党打着社会主义的旗号进行的民主社会主义改革,也是如此。

从另一个角度来说,如果我们不把工党当作一个工人阶级的政党,而是当作资产阶级的政党,当作资产阶级维护其统治的工具,那么,工党一方面宣传国有化是通往社会主义的桥梁,另一方面又在实践中压低国有企业工人工资。这种做法在客观上打破了工人对社会主义的梦想。因为国有化没有给工人带来多少好处,反而导致他们的生活水平下降。在资本主义的历史上,在阶级矛盾激烈的情况下,资产阶级常常会在表面上满足无产阶级对实行公有制的要求,进行一定的国有化,但又在实际上利用国有化来加强对工人的剥削,以此来图谋让工人放弃对公有制的向往。正如在法国大革命时期,资产阶级政权曾经在无产阶级革命高潮之际建立"国家工场",让工人进行毫无意义而且要求苛刻的劳动,当工人提出抗议时,资产阶级就争辩说:"这不就是公有制吗? 这不正是你们所要求的吗?"资产阶级在无产阶级斗争的压力下,有可能做出妥协,在表面上满足无产阶级的要求,但他们一定会在实质上损害无产阶级的利益,把无产阶级要求实行的政策推向极端,使这个政策出现种种的失误,然后再把这些失误都归咎于无产阶级的要求本身,以此来证明无产阶级所要求建立的社会主义社会是不可能实现的,只有资本主义社会才是现实可行的。这是资产阶级常用的一种统治策略。

5.3　对英国工党的影响

国有化是工党长期主张的经济政策。在工党的理论体系中,国有化不仅是为了解决英国所面临的促进经济复苏、提高经济效益等现实问题,而且是作为实现工党所宣扬的民主社会主义的一个主要手段。在不对资本主义制度进行革命性的变革的前提下,通过对一个又一个的行业进行国有化,使英国渐进地、和平地进入社会主义社会。这就是工党实现社会主义的主要思路。战后初期的国有化使工党首次有机会按照这个纲领来实现自己的理想,但国有化实施的结果是工党的改革不仅令工人阶级感到失望,而且在国有企业的运作中还出现了种种问题。这些问题引起了英国左翼和右翼势力的不满,不仅英国保守党认为国有化弊病重重,而且英国共产党也不满意,认为工党的国有化根本没有可能实现社会主义。工党的国有化改革因此遭到来自各方的反对,不得不草草收尾。在这次改革过程中和改革之后,工党开始反思国有化政策在其民主社会主义理论体系中的地位,由此形成了工党内部的修正主义思潮。

5.3.1　对英国工党执政的影响

1945—1951 年英国工党的国有化实践虽然基本实现了对基础行业进行国有化的目标,但是其效果却不尽如人意。不仅英国的其他党派对此不满意,而且工人阶级和工党本身对国有化也不满意。"热情支持国有化和激烈反对国有化的人,实际上都错了,国有化的结局是双方都不满意。中等阶级本来就对国有化心存疑虑,随着 1947 年经济危机的到来,大批选民离工党而去,在这种压力下,工党修改政策,国有化到此基本结束。但强烈主张'社会主义'的人又对工党的'背叛'表示不满。"(钱乘旦等,1999)[70-73]工人群众希望能如工党所宣称的那样,通过国有化来实现社会主义,改变工人被压迫的地位。但国有化后,企业中的生产关系没有发生根本性的变化,工人仍旧处于被压迫的地位,原有企业的经理人员大多原样留任,也没有废除不合理的规章制度。国有化前后,除了企业的所有权改变之外,没有发生什么本质性的变化。工党政府还禁止国有企业的工人罢工,加重了对工人的压迫程度。这些与工人们对国有化的期望相差甚远。

虽然各方对国有化都不满意,但工党实施的"福利国家"等政策仍旧大得民心。1950 年的大选,工党得以继续执政,但只得到 5 票的多数,很难再像战后第一届工党政府那样大刀阔斧地推进改革。而 1951 年的大选,工党得到了英国历史上一个政党获得的最高的得票率,但却因为在议会中的议席低于保守党,而不得不下台。应该说,虽然工党的国有化政策不尽如人意,各方反应均不太满意,但工党的其他社会政策,例如恢复经济的政策、建立英联邦和"福利国家"建设等,却是卓有成效的。因此,总体而言,这两届工党政府还是赢得了选民的支持。但此时保守党已经从战后初期的失败之中恢复过来,而且抓住工党国有化改革中的问题进行猛烈抨击。更为重要的是,随着英国经济的恢复和社会矛盾的缓和,英国资产阶级对利用工党政府来缓和阶级矛盾,迷惑工人群众的需要也大大降低了。英国的选举制度在导致工党下台的过程中也起到了重要作用。按照英国的选举制度,有可能出现一个政党获得了多数选票,但却没有赢得议会多数而不能上台执政的情况。作为资本主义国家民主制度的典型代表,英国的民主制度未必能够充分地反映选民的真实意图,更难以反映下层选民的要求。这样的制度设计无疑给统治阶级操控选举结果提供了空间。英国历史上也多次通过重新划分选区等办法来改变某个政党在选举中的优势地位。

英国民主选举制度主要的目的并不是推动社会的进步,而是维护资本主义制度的稳定,维护英国统治阶级的利益。代表资产阶级不同部分的政党虽然总是争夺对议会的主导权,但在防止无产阶级政党上台执政,维护资产阶级的利益方面,议会中的各方各派并没有什么本质的差异。在战后英国社会左倾氛围的威胁下,为了防止英国共产党在人民群众中影响的扩大,抬高由工人贵族所控制而且在工人中具有广泛影响的工党的地位,推动工党上台执政,无疑能够防止这部分群众被英国共产党争取过去。何况,经过两次世界大战之间对两届工党政府的检验,根据工党所提出的各种主张,已经可以明确地判断出工党的执政不会对英国资本主义制度产生根本性的损害。在许多情况下,还可能有利于英国的资产阶级。因此,战后初期工党的执政,与其说是其自身努力和工人群众拥护的结果,不如说是资产阶级在特殊的历史条件下为维护本阶级的整体利益而做出的妥协。当这种条件已经发生变化,工党的利用价值降低之后,让工党下台,换成资产阶级的正宗代表——保守党执政,自然就是理所当然的了。

在1945—1951年的执政之后,直到1964年,工党才再次获得了执政的机会,此后虽然数次上台执政,但始终没有多大的作为。1951 年下台之后,工党开始反思自己的理论和政策主张,逐渐不再把国有化作为目标,而只是作为一种可供选择的实现民主社会主义的手段。后来,工党内部甚至多次试图修改党章中的公有制条款,并最终在布莱尔时期修改了党章,去除了党章中的公有制条款。在威尔逊执政时期结束之后,工党基本再也没有提出什么像样的国有化主张。直到 2008 年经济危机之后,工党内部才逐渐又出现了国有化的呼声。工党上层为了进一步削弱工会的力量,对内部选举机制和党员资格进行了改革,开始允许个人加入工党。在经济危机中日益左倾的青年学生纷纷涌入工党,推动了工党内部左翼思潮的兴起。2015 年科尔宾成为工党党魁之后,工党内部的左翼力量得到加强。在 2019 年的英国大选中,工党再次把大范围的国有化诉求写进了竞选宣言。虽然由于应对脱欧政治议题的失误,在这次大选中科尔宾遭到惨败,但在全球经济危机和长期衰退的背景下,资本主义所面临的总危机日益深重,国有化诉求是有可能成为英国长期存在的一种备选的改革方案的。

经过 1945—1951 年的改革,除了逐渐放弃国有化诉求之外,工党对民主社会主义理论也进行了大幅修正。20 世纪 80 年代,"一个所谓的'工党现代化'运动在党内展开了,新任党领袖金诺克虽然出自左派,却认识到变革党的迫切性。他在理论上开始承认市场的积极意义,主张在国家指导下发挥市场作用"(钱乘旦等,1999)[93]。这样的政策主张已经与保守党和新自由主义的主张没有什么本质的区别了。20 世纪 90 年代,布莱尔所提出的"第三条道路"基本是从伦理道德的角度来进行论证,而没有多少实质性的政策主张,在国有化问题上,更是沿袭了撒切尔时期的私有化政策。因此,经过 1945—1951 年的执政,在英国政治舞台上,工党已经泯然与保守党趋同,失去了自己的特征。这样的政党无论上台与否,所起到的作用都不再是向着某种社会主义前进,而是服务于巩固资本主义制度。

5.3.2　对工党国有化理论的影响

由于 1945—1951 年的国有化实践并没有达到工党预期的效果,国有化后企业的经营效益也没有得到根本的改善，国有化改革遭受保守党的攻击。工党也认为1951年大选的失败与民众对国有化的不满有关。因此，工党在20世纪五六十年代开展了对国有化理论的反思，这对民主社会主义理论产生了深远的影响。

1951年大选失败后，工党右翼认为应该首先巩固已经取得的国有化的成果，使已经国有化的企业尽快实现盈利，改变长期亏损的状况，没有必要进一步扩大国有化的范围。工党左翼则认为已经取得的国有化的成果只是实现社会主义的第一步，要实现社会主义就必须继续推进国有化，把国有化扩展到其他行业，而不能仅仅满足于已有的成果（冯丽珍，2007）[10]。战后直到20世纪80年代，工党左翼表现较为强势，虽然党内右翼不断有人提出应该放弃国有化的主张，但这种意见在工党内部并未占据主流。

工党在1945—1951年的国有化实践中，基本上是把整个行业进行国有化，而且采用的是政府独资的形式。此后，工党内部对国有化的理解开始出现分歧。在1959年工党代表大会上，左翼和右翼进行了激烈的争论。1960年工党年会发表了一个声明，重新解释了党章第4条，提出公有制的实现形式也包括公私合营和国有、私有企业并存的"混合经济"。由于党内存在着严重分歧，整个20世纪60年代，工党政府都没有再进一步推进国有化；到70年代，工党威尔逊政府进行了第二次大规模国有化改革，这次改革虽然也把船舶制造业、飞机和城市建筑土地收归国有，但更多的是以"混合经济"的形式，即通过收买一些行业的部分股份的方式来实现国有化。这种做法成为80年代工党一直坚持的政策主张（王小曼，1987a）[10-13]。这说明工党对国有化程度的要求降低了，认可了通过政府参股的"混合经济"来实现国有化的方案。

工党右翼认为应该去掉国有化的意识形态色彩，修改党章中的公有制条款，形成了工党内部的"修正主义派"。"修正主义派"认为工党的社会主义理论并不系统，尤其不适于分析战后资本主义出现的新情况。他们主张重新界定社会主义的含义，重新认识当代资本主义，重新审视实现社会主义的手段和途径(王凤鸣,1997)[34]。修正主义理论家们要求"修正"工党社会主义理论的理由正是基于 1945—1951 年的国有化实践。首先,在工党的社会主义理论中,国有化是逐渐消灭剥削和不劳而获现象的手段。但在基础行业的国有化过程中,英国政府给了资本家高额补偿,每年向资本家支付大量利息,因而这些行业的国有化没有消除不劳而获的现象。其次,工党将国有化作为实现充分就业的一个手段,但战后重建所形成的巨大需求,使得"现在即使在一个资本主义经济中,也有可能维持充分就业了"(盖茨克尔,1962)[7]。工党执政后期,失业率还大幅攀升。国有化在实现充分就业方面的作用并不明显。再次,工党主张国有化的理由是私有制会妨碍公共利益,但战后初期的国有化实践表明,"所有权的权力即使在公共手中也仍然可能是危险的。必须找到控制所有权的权力的种种办法,不论这种权力是由私人掌握还是由公共掌握"(英国社会主义同盟,1964)[118]。正是 1945—1951 年的国有化实践及其结果,使人们发现工党在战前所主张的进行国有化改革的几个理由都难以站得住脚。国有化并没有消除英国资本主义的固有弊端。

　　右翼对工党国有化理论的"修正",以盖茨克尔最为积极。1959 年,在工党的一次特别会议上,盖茨克尔提议修改党章第 4 条,他认为要重新认识社会主义和国有化,把工党关注的焦点更多地转移到白领阶层身上,减少工党对蓝领工会的选票的依赖。当时英国工会的左倾还比较强烈,工党左翼和多数工会代表认为盖茨克尔的这个提议是要抛弃社会主义,因而强烈反对。这是工党右翼试图修改党章第 4 条的初次尝试。在激烈的反对声中,盖茨克尔虽然妥协,但又提出了一个对第 4 条的附加声明:工党执委会承认在国民经济中应该既有国有企业也有私人企业地位,同时建议对公有制范围的扩大必须能够适应客观的经济情况,并充分考虑相关企业的工人和消费者的意见。这个附加声明虽然没有直接否定国有化,但实际上取消了依据党章第 4 条进一步推进国有化的可能。修改党章第 4 条的努力说明,工党内部的修正主义正在逐渐兴起。修正主义者认为国有化并不是实现社会主义的一个必要手段,不应当把社会主义等同于国有化(王凤鸣,1997)[34]。后来,工党的修正主义派占据主流,在布莱尔时期终于修改了党章第4条,去除了其中的公有制内容。

克罗斯兰是工党修正主义派的理论家,他发表的《社会主义的未来》是战后工党最重要的理论文献,被称为"新费边社宣言"。这本书"与西德社会民主党1959年的'哥德斯堡纲领'一起,被当作战后社会民主主义[①]思想发展的里程碑"(杨光斌,1988)[3]。克罗斯兰认为能否实现工党宣传的民主社会主义,关键并不在于所有制的改变。"工人阶级的较高的生活水平,更有效的共同协商,融洽的劳动关系,经济资源的合理利用,权力的更广泛分散,更高程度的合作,或更多的社会和经济平等,其中任何一项的实现都不主要因为所有制的大规模变化。"(杨光斌,1988)[41]克罗斯兰甚至认为,对于判断一个社会的性质而言,所有制的形式的重要性已经越来越低了。

1961年10月,根据文件《工党在六十年代》,工党制定了一份最新的政策声明——《六十年代的路标》。在这个文件中,工党再次强调了实现公有制的重要性,并且指出公有制必须与加强经济的计划性相结合,必须允许混合经济的存在,并且第一次将公有制和经济计划以及科学革命结合起来,这份文件得到了党内各派的普遍赞同(冯丽珍,2007)[21],成为此后威尔逊执政时期的指导思想。

1963年,威尔逊写了《英国社会主义的有关问题》一书,他在书中提出了一种新的国有化理论。理论上,威尔逊一直捍卫工党党章第4条。他一直认为工党社会政策的核心就是实现公有制和国有化。不过,考虑到工党在战后初期推行国有化的经验教训和党内右翼势力对扩大国有化范围的反对态度,威尔逊重新定义了公有制和国有化。他认为公有制可以有多种实现形式,国有企业可以采取生产者和消费者合作的形式,也可以采取公私合

---

① 西欧社会党把自己的理论有时称为"社会民主主义",有时称为"民主社会主义",两个概念虽有差异,但区别不大,是西欧社会党在不同历史时期面对国际共产主义运动的起伏而采取的一种策略。在本书中对这两个概念不作区分,统一采用"民主社会主义"这一表述,这是1951年社会党国际法兰克福代表大会后采用的概念。

营的形式,还可以由地方政府所有。由于不同所有制企业在经济中都发挥着各自的作用,因此,在扩大国有化范围时必须充分考虑工人和消费者的利益。这种对国有化的新的解释等于认为"混合经济"也是实现公有制的一种形式。根据这种解释,威尔逊提出不同的工业部门应该采取不同的国有化措施,进行不同程度的国有化。钢铁行业的主体部分应该重新国有化,但并非全部企业都应国有化。铁路行业不应再进行更进一步的国有化,而应该努力扩展已经国有化的铁路托运业。其他行业则主要是通过建立新企业的方式来扩大公有制的比重,而非将现存的私有企业收归国有(冯丽珍,2007)[19]。

　　威尔逊执政时期一直没有直接提出修改党章第 4 条的主张,因为此时工党党内的左派力量仍旧十分强大,但威尔逊逐渐从工党的议事日程中取消了关于国有化问题的讨论(王凤鸣,1997)[34]。"70 年代以后,党内左派势力日益高涨,其高潮是 1983 年大选中工党提出的竞选纲领《英国的新希望》。这个纲领不仅表现出强烈的意识形态色彩,而且提出大幅度扩大公共开支(从而意味着大幅度提高税收),加快国有化步伐,以及退出欧共体、单方面实行裁军等等。强烈的意识形态色彩使工党在大选中惨败,这终于使工党领导层大为震动。这以后,一个所谓的'工党现代化'运动在党内展开了。"(钱乘旦等,1999)[93]到金诺克主政时期,工党已经不再主张进行大规模的国有化改革,转而强调发挥市场机制的作用,仅仅要求对市场进行国家干预。所有制问题已经渐渐地从工党的政策主张中消退了(王凤鸣,1997)[35]。

　　到 20 世纪 90 年代,工党对国有化的主张越加倒退。1992 年大选失败后,约翰·史密斯接替了金诺克。1993 年 2 月 7 日,约翰·史密斯提出,工党要想重新上台执政,就必须放弃以往通过国有化来实现社会主义的主张(王凤鸣,1997)[36]。在工党看来,"混合经济具有很多优越性,国营部门和私营部门之间必须进行积极的和创造性的合作"(王凤鸣,1997)[36]。布莱尔上台以后,很快就修改了党章第 4 条,实际上放弃了国有化主张。

第6章 讨论与结论:1945—1951年 英国工党国有化实践的本质

　　1945—1951年,英国工党在特殊的历史条件下对基础行业进行了大规模的国有化改造,在一定程度上改变了英国的所有制结构。国有化改革和工党同时进行的"福利国家"建设是英国民主社会主义的典型实践,对西欧民主社会主义的发展产生了深远的影响。在全面考察了这次工党国有化实践的历史背景、理论准备、实践进程和历史影响之后,本章将从两个层面探讨这次国有化实践的本质,以此作为本书的结论。

6.1 特殊本质:缓和英国资本主义制度危机的手段

　　战后初期英国工党的国有化实践是在特殊的历史条件下进行的。第二次世界大战的爆发使资本主义总危机进入了第二阶段。一方面,二战给各参战国造成沉重的打击,摧毁了大批固定资本,国民经济的正常秩序被打乱,各国资产阶级在战争中损失惨重,统治力量被削弱。另一方面,第二次世界大战也促进了世界革命高潮的到来,社会主义阵营形成,殖民地民族独立运动兴起,资本主义各国国内无产阶级的力量也空前增强。这种形势使世界资本主义制度面临着空前的危机,资产阶级的意识形态受到严峻挑战。如何抵御社会主义革命的兴起,如何防止本国发生无产阶级革命,维护资本主义制度的稳定,这是各资本主义国家共同面临的首要问题。面对资本主义历史上空前严重的总危机,各资本主义国家纷纷学习社会主义国家的做法,甚至打着实现社会主义的旗号,实施了一系列改良措施,改善工人阶级的福利待遇,加强国家政权对经济的干预,采用更加灵活的统治策略,允许工人阶级政党参与竞选,改换对殖民地和半殖民地的统治手段,允许部分殖民地实现民族独立等等。这些措施逐渐缓和了资本主义国家的阶级矛盾,平息了高涨的工人运动和殖民地的民族独立运动,使得资本主义制度逐渐恢复了稳定。

第二次世界大战给英国带来的危机空前严重。大批的厂房、设备、道路、桥梁等固定资本毁于战争。为赢得战争,政府不得不压低普通群众的生活消费,加强对经济的管制,建立起战时经济体制,这进一步促进了英国社会左倾氛围的生长。人民群众在战争中作出了牺牲,要求战争结束后能够建立一个没有贫困和失业的社会。战争使社会主义思想深入人心。此外,英国的工人阶级在战争中经受了锻炼,组织性和纪律性都大为增强,工人内部的阶层区别趋于消失,阶级内部的整合程度得到提高。战后初期,英国的资本主义制度面临着工人运动的严重威胁,同时英国还面临着殖民地民族独立运动的高涨,难以像以往那样从殖民地攫取高额利润,因而没有能力再继续收买部分工人,继续培育和维持一个工人贵族阶层。在这种情况下,英国资产阶级唯有做出让步,让在工人阶级中影响力最大的工党上台执政,实行社会改革,部分地满足工人阶级的要求,才能保证英国资本主义统治秩序不被可能爆发的革命所推翻。英国资产阶级长期精心培育的工人贵族阶层这时也发挥出了自己在资本主义制度中的作用,通过代表工人上台执政,给工人许下将要逐步实现社会主义的诺言,向工人描绘了一幅美好的幻象,以此来缓解工人阶级对资本主义制度的反感。工人贵族没有辜负资产阶级的金钱和期望,他们的存在及其在英国工人中的影响力,使得英国工人阶级始终无法突破工联主义和资产阶级意识形态的控制。这些因素的综合作用,使得英国工人阶级这一世界上最古老也曾经最具革命性的工人阶级群体虽几经抗争,却一直困厄于改良主义的圈子里无法自拔。这就是战后英国工党政府能够实行民主社会主义改良的阶级基础。

　　处于资本主义总危机中的英国,虽然内外交困,但仍旧有一些有利于恢复资本主义稳定的因素。战争虽然打击了英国的资本主义经济,但战争的胜利却提高了英国资本主义制度的威信;战争虽然激化了阶级矛盾,但也在一定程度上使社会各阶级之间的整合程度提高,阶级之间的沟通和交流增多。再加上英国资产阶级统治策略的成熟老到,因而可以在危机时刻化险为夷,逐渐缓和了阶级矛盾,用一个改良的资本主义社会代替了工人阶级对社会主义的向往。英国统治阶级对战后危机的应对表明,统治阶级在被统治阶级的压力下对社会制度进行的局部调整,其根本目的是维护统治阶级的统治地位,因此这种改良不能带来社会制度的根本变革。"由于从下面来的压力、群众的压力,资产阶级有时候可以实行某些局部的改良,而依然保存现行的社会经济制度的基础。他们在这样行动时,认为这些让步是为保存自己的阶级统治所必需的。改良的实质就在这里。革命则表示政权从一个阶级转移到另一个阶级。因此,任何改良都不能叫作革命。正因为如此,所以不能期望社会制度的更替可以通过改良,通过统治阶级的让步,使一种制度悄悄地过渡到另一种制度来实现。"(斯大林,1985)[24-25]这就是马克思主义对民主社会主义所宣扬的"和平长入社会主义"的改良道路的回答。

　　作为缓和阶级矛盾的措施之一,国有化在形式上与社会主义国家对工业进行的公有制改造颇有相似之处,因而国有化被工党视为实现其社会主义目标的一个手段。英国工人对社会主义的理解也主要是实行国有化、公有制,因而工党的国有化改革在一定程度上满足了英国工人阶级对社会主义的向往。这无疑有利于暂时缓和英国的阶级矛盾。但实际情况却是,英国的国有化与社会主义国家的公有制改造不同,在国有化的过程中只是通过法令对企业的所有权加以变更,虽然也设立了一些不同于私营企业的管理机构,但没有对企业内部的生产关系进行根本的变革,无产阶级在国有化企业中的地位没有得到根本改变。国有企业在国民经济中也并非处于各种经济成分的领导地位,国有经济虽然掌握了国民经济的基础行业,但却通过压低产品价格来服务于私营企业对利润的追求,在英国资本主义经济中处于从属的地位。

因此，笔者认为，1945—1951 年英国工党国有化实践的特殊本质是英国资产阶级在资本主义总危机的历史背景下，为维护资本主义私有制，缓和阶级矛盾而对所有制进行的局部调整。英国工党的国有化及"福利国家"等政策的实施，缓解了英国的国内矛盾，促进了资本主义经济的进一步发展，但最重要的作用是抵御了社会主义革命在资本主义体系中的扩展。

6.2　一般本质：实现资本积累的辅助而必要的形式

资本积累是剩余价值转化为资本的历史过程。这个过程始终伴随着资本形式上的变化和资本主义生产关系在空间上、领域上的扩展。在资本原始积累时期，资本主义生产关系最早在农业和纺织业中出现。新兴资本家和资产阶级化的土地贵族通过圈地运动，使资本主义生产关系在英国得以确立。不仅如此，通过对外扩张，资本主义生产关系还扩展到世界各地，瓦解、冲击了亚洲、非洲和美洲落后的生产方式。工业革命的发生，最终确立了资本主义生产关系的绝对主导地位，使得资本主义生产关系扩展到几乎一切生产领域。

资本总是孜孜不倦地寻找新的增殖空间，如果不能在地理空间上扩展，就寻找新的行业。在这个过程中，许多新兴行业的出现本身就是由资本主义生产发展的需要所催生的。对空间上的扩展，不过是使整个世界都纳入资本主义体系，使资本扩张的空间日益狭小。对新的行业的发掘，则更多受到科技进步的影响。新的科学技术的应用提高了资本的技术构成，资本技术构成的提高会导致资本有机构成的提高，从而导致资本的利润率下降，最终会导致资本利润空间的消失。这对资本来说显然是致命的。资本没有利润就不能扩大再生产，如果不能增殖就不能存在。"资本主义生产是不能停下来的：它必须继续增长和扩大，否则必定死亡。……这正是资本主义生产易受伤害的地方，它的阿喀琉斯之踵。必须经常扩大是资本主义生产存在的基础，而这种经常的扩大现在越来越不可能了。资本主义生产正陷入绝境。"(马克思,恩格斯,1995d)[430]因此,资本主义生产不断发展的过程,就是资本主义逐渐陷入困境的过程,但这并不是说资本主义就不可能暂时摆脱困境。对生产资料私有制进行改造,在一定程度上承认和实现生产的社会性质就是资本主义力图摆脱困境的一种方式。生产资料的逐步社会化能够暂时满足生产社会化的要求,但在私有制的范围内对生产社会化的适应,总有一定的范围,不可能实现完全的、彻底的社会化,否则不成其为私有制。

随着资本主义生产关系的确立,资本扩张的需要和扩张的空间日益狭小之间的矛盾逐渐尖锐起来。这一矛盾根源于资本主义的基本矛盾,即生产日益社会化和生产资料的资本主义私有制之间的矛盾,正是这一基本矛盾推动着资本必须不断突破私有制的狭隘界限,寻求更加社会化的实现形式。"猛烈增长着的生产力对它的资本属性的这种反作用力,要求承认生产力的社会本性的这种日益增长的压力,迫使资本家阶级本身在资本关系内部可能的限度内,越来越把生产力当作社会生产力看待。"(马克思,恩格斯,1995c)[628]然而,这种更加社会化的实现形式,也不过是在资本主义私有制的范围内,资本为了适应生产社会化的要求进行的一种自我调整。生产力日益社会化的压力,促使资本家不断采取新的所有制形式,在早期的单个资本形式不能适应生产社会化的需要之后,股份制资本形式发展起来,这是对资本主义早期的个体私有制的突破。通过资本的集中和积聚,在股份制的基础上出现了垄断组织,使得资本的社会化程度进一步提高。随着科技的进步,有些科技成果的研发和应用需要大量的资金,并且具有较高的风险,已经超出了单个垄断资本所能承担的范围,这就要求国家承担起推动科技进步的使命。同时,有些行业的自然性质也要求在全国范围内进行统一的生产经营,以提高生产效率,降低成本,实现规模效益,例如铁路运输等行业。资本采取的种种日益社会化的形式反映了生产社会化和资本主义私有制之间的矛盾的局部解决和在更高程度上的进一步激化。

垄断资本主义与自由资本主义有本质的区别,它不满足于获取一般的利润,而要求获取高额垄断利润。"现代垄断资本主义所要求的不是平均利

润,而是比较正常地实现扩大再生产所必需的最大限度的利润。"(斯大林,
1979b)[567] "不是平均利润,也不是那照例比平均利润稍为高些的超额利润,
而正是最大限度的利润才是垄断资本主义的发动力。"(斯大林,1985)[627] 为
了达到这个目的,垄断资本不惜采取一切手段,不惜发动最具毁灭性的战
争,而它所采取的最主要的手段就是和国家政权紧密地结合在一起,利用政
权的力量为自己牟利。正如斯大林所指出的:"现代资本主义基本经济规律
的主要特点和要求,可以大致表述如下:用剥削本国大多数居民并使他们破
产和贫困的办法,用奴役和不断掠夺其他国家人民、特别是落后国家人民的
办法,以及用旨在保证最高利润的战争和国民经济军事化的办法,来保证最
大限度的资本主义利润。"(斯大林,1985)[627] 在垄断资本主义阶段,垄断资本
追逐最高利润的办法与自由资本主义时期有所不同,资本和国家政权紧密
结合并形成国家垄断资本主义是垄断资本主义时代的主要特征。帝国主义
是垄断资本主义的另一个表述方式。对于帝国主义,卢森堡认为"整个帝国
主义无非是积累的一个特殊方法"[①]。

　　虽然垄断资本追逐的是最大限度的利润,但在这个过程中资本主义的
利润率平均化的趋势仍旧在起作用,这个趋势阻碍了垄断资本对高额垄断
利润的追逐,导致利润率降低,使他们不能获得最高的利润。因此,垄断资
本主义要求把自己内部利润率较低的行业排挤出去,使这些低利润率的行
业不再参与利润的平均化。但这并不意味着这些被排挤出去的行业不再参
与资本的积累,不再剥夺工人的剩余价值。只不过是通过计划安排和压低
这些行业的产品价格等方式,使得本应在这个行业的产品流通中实现的剩
余价值的一部分,留到或流动到下游行业,在未国有化的下游行业中得到实
现,最终在私有制行业完成了资本积累的过程。这相当于故意压低国有化

---

　　① 在卢森堡的《国民经济学入门》一书的俄译本序言中,苏联学者依·拉普切夫教授指出:
"按照她的定义,帝国主义无非是积累的特殊方法。"参见卢森堡:《国民经济学入门》,北京:生活·
读书·新知三联书店,1962 年版,第 278 页。在《资本积累论》一书中,卢森堡曾说:"帝国主义是一
个政治名词,用来表达在争夺尚未被侵占的非资本主义环境的竞争中所进行的资本积累"。参见卢
森堡:《资本积累论》,北京:生活·读书·新知三联书店,1959 年版,第 359 页。

行业的利润率而补贴了非国有化行业。因此,国有化成为社会总资本实现资本积累的一种方式,它没有减缓对无产阶级的剥削,相反,是加强和巩固了这种剥削,并使资本主义剥削戴上了公有制和公共利益的虚幻的光环。但这种光环并不能使资本主义剥削更具欺骗性,恰恰相反,它更明显地暴露了国家政权与资本主义剥削之间的秘密,它向无产阶级提出了夺取政权的最终要求:要么真正掌握国家政权,要么在资产阶级政权之下继续忍受剥削,不管这种剥削是以公有制还是以私有制的名义进行的。

第二次世界大战后,资本主义的发展在所有制上的显著表现就是国有经济的局部兴起。国有化在不同的国家有不同的表现,1945—1951年的英国国有化是通过对几个基础行业的全盘国有化来实现的,采取的主要是国家独占国有化行业的所有权的形式。而在法国等国,则主要是通过政府参股的方式对某些企业实行了国有化,采用的是混合所有制的形式。这种形式在后来威尔逊时期也被工党所采用。虽然国有经济在战后取得了较快发展,并且在英国固定资本中还达到了20%的比重,但是,"在资本主义制度下,国有经济不可能完全取代私有经济"(宋涛,1988)[161]。国有经济在资本主义经济体系中所发挥的作用,主要是增强了政府调控经济的能力,为国民经济的有序运行提供基础条件,为私营经济提供廉价的原料、电力和运输。因此,虽然国有经济在资本主义经济体系中的比重还有可能提高,在特定条件下也有可能超过半数而成为资本主义经济的主体部分,但其为私有制服务的附属地位却不可能得到改变。因而在资本主义条件下,国有经济只能是资本主义私有制的附属,为资本主义私有制服务,而不可能占据主导地位。"在资本主义制度下,国有经济是资本社会化的最高形式,在一定历史时期内适应了社会生产力发展的需要。但是,资产阶级存在的经济基础是私有制,他们追逐剩余价值的本性决定了资本主义经济不可能全盘国有化。在整个资本主义历史时期,由于企业规模大小不同、产品种类不同、各产业在经济体系中的地位不同,资本家个人占有、垄断组织占有和国家占有这三种资本占有形式将长期并存。并且,随着社会生产力发展和经济情况的变化,这三种资本占有形式也在不断相互变换。然而,它们共同的基础——生产资料的资本主义私有制,在资本主义整个历史时期内是不会改变的。把握住这一理论根本,对下列现象就不会感到奇怪:当代资本主义国有经济的发展时起时落,在 20 世纪 70 年代中期达到高峰,80 年代以来,大部分资本主义国家的国有经济又转向私有化,进入低潮,这些都只不过是资本占有形式在资本主义经济运行中的局部调整。"(宋涛,1988)[161] 由于资本总是要寻求扩张的空间,经过技术改造的国有企业,提高了生产效率,恢复了盈利的能力,因而成为资本垂涎的对象。这就是 20 世纪 80 年代以后,资本主义各国进行国有企业私有化改革的原因,资本就是通过这种方式再次实现了一定程度上的扩张。

国有化是资本主义私有制的边界,在这个问题上鲜明地暴露出资本主义国家的资产阶级本质。资本主义私有制和生产社会化之间的矛盾要求生产资料的社会占有。为了缓解社会矛盾,在私有制范围内尽量清除生产力发展的障碍,为资本增殖创造条件,就要在资产阶级可以容许的范围内,进行一定程度的生产资料的国家占有。从本书的分析中可以看出,国有化并不意味着公有制和社会主义,只要国家政权掌握在资产阶级手里,就不会改变整个社会的资本主义性质。由此,我们可以认为,资本主义国有化的一般本质是垄断资本主义实现资本积累的一种辅助的但必要的形式,是国家垄断资本主义的一种表现形式。资本主义国有化是资本主义私有制的一种实现形式,是资本主义私有制的附属物,其本身并不具备社会主义的性质,更不可能通过资本主义的国有化来实现社会主义。

参考文献

(一)中文文献

艾德礼,1961a.走向社会主义的意志和道路[M].北京:商务印书馆.

艾德礼,1961b.工党的展望[M].北京:商务印书馆.

艾洪,1950.关于英国选举[M]//新华时事丛刊社.从英国大选看工党.北京:新华书店:39-43.

艾伦,1958.英国工业及其组织[M].北京:世界知识出版社.

巴兰,斯威齐,1977.垄断资本[M].北京:商务印书馆.

伯恩斯,1958.英国钢铁公司和国有化[J].世界经济文汇,(11):56-57.

庇古,1963.社会主义和资本主义比较[M].北京:商务印书馆.

比万,1963.代替恐惧[M].北京:商务印书馆.

别列日科夫,1950.英国工党领袖的行动和言论[M]//新华时事丛刊社.从英国大选看工党.北京:新华书店:10-13.

宾符,1951.英国工党政府的危机和英国人民的斗争[J].世界知识,(18):6-8.

布莱尔,1998.新英国[M].北京:世界知识出版社.

布哈林,1983.布哈林文选(中)[M].北京:人民出版社.

布哈林,1988.布哈林文选(下)[M].北京:人民出版社.

蔡声宁,王枚,1987.当代发达资本主义国家阶级问题[M].石家庄:河北人民出版社.

陈其人,1992.布哈林经济思想[M].上海:上海社会科学院出版社.

陈晓律,1996.英国福利制度的由来与发展[M].南京:南京大学出版社.

德伏尔金,1957.英国右翼工党分子的思想和政策[M].北京:世界知识出版社.

德罗兹,1985.民主社会主义[M].上海:上海译文出版社.

邓小平,1993.邓小平文选(3)[M].北京:人民出版社.

厄尔温,1985.第二次世界大战后的西欧政治[M].北京:中国对外翻译出版公司.

樊亢,宋则行,池元吉,等,1973.主要资本主义国家经济简史[M].北京:人民出版社.

费孝通,1994.芳草天涯[M].苏州:苏州大学出版社.

费孝通,1999a.费孝通文集(3)[M].北京:群言出版社.

费孝通,1999b.费孝通文集(4)[M].北京:群言出版社.

冯丽珍,2007.哈罗德·威尔逊政府改革研究(1964—1970)[D].陕西师范大学.

盖茨克尔,1962.社会主义与国有化[M].北京:商务印书馆.

格伦内斯特,2003.英国社会政策论文集[M].北京:商务印书馆.

弓人,1962.序言[M]//盖茨克尔.社会主义与国有化.北京:商务印书馆:1-9.

哈耶克,1997.自由秩序原理(下)[M].北京:生活·读书·新知三联书店.

胡才珍,1986.浅议英国武装干涉苏俄的原因[J].武汉大学学报(社会科学版),(4):107-112.

胡骑,1950.工党主义和英国经济[M]//新华时事丛刊社.从英国大选看工党.北京:新华书店:36-38.

胡康大,1993a.英国的政治制度[M].北京:社会科学文献出版社.

黄嘉德,1989.萧伯纳研究[M].济南:山东大学出版社.

黄若迟,1983.试论战后英国艾德礼工党政府的民主社会主义改革[J].

世界史研究动态,(6).

霍尔,1947.工党一年[M].上海:生活书店.

江恩健,1998.民主社会主义与科学社会主义比较研究[M].北京:中央编译出版社.

蒋孟引,1988.英国史[M].北京:中国社会科学出版社.

金志霖,1990a.中世纪英国行会和雇佣工人:兼论雇佣工人与生产资料的关系[J].历史研究,(6):147-161.

凯恩斯,1988.就业利息和货币通论[M].北京:商务印书馆.

考克瑟,罗宾斯,里奇,2009.当代英国政治[M].北京:北京大学出版社.

柯尔,1984a.费边社史[M].北京:商务印书馆.

柯尔,1984b.费边社会主义[M].北京:商务印书馆.

克雷默,1992.西欧社会主义:一代人的经历[M].北京:东方出版社.

肯尼迪,1990.大国的兴衰[M].北京:世界知识出版社.

邝杨,马胜利,2012.欧洲政治文化研究[M].北京:社会科学文献出版社.

拉斯基,1962.现代国家中的自由权[M].北京:商务印书馆.

拉斯基,1965.论当代革命[M].北京:商务印书馆.

兰道尔,1994.欧洲社会主义思想与运动史[M].北京:商务印书馆.

赖特,2000.新旧社会主义[M].北京:新华出版社.

李贵强,2007.英国"社会主义"的理想与变革:1945—1951年英国工党政府改革研究[D].北京:北京大学.

李海东,2004.艾德礼政府国有化政策评析[D].北京:北京大学.

李海舰,1998."国有企业改革:中国及英国的经验"研讨会观点综述[J].中国工业经济,(11):78-80.

李洪,1990.英国国有企业的效率低吗?[J].世界经济,(11):40-44.

李华锋,2019.英国工党对公有制态度的百年嬗变[N].中国社会科学报,2019-1-31(5).

李世安,1999.英国与冷战的起源[J].历史研究,(4):38-51.

李世安,2002.艾德礼政府和1951年英国大选[J].史学集刊,(4):77-82.

李一氓,1954.英国工党的所谓"国有化"政策[J].世界知识,(5):13-14.

梁中芳,2004.国有化与英国经济[J].发展,(1):42-44.

列敏,1950.为帝国主义反动派服务的英国工党的思想和政策[M].东北新华书店.

列宁,2012a.列宁选集(1)[M].北京:人民出版社.

列宁,2012b.列宁选集(2)[M].北京:人民出版社.

列宁,2012c.列宁选集(3)[M].北京:人民出版社.

列宁,2012d.列宁选集(4)[M].北京:人民出版社.

列宁,1985.列宁全集(33)[M].北京:人民出版社.

列宁,1988.列宁全集(26)[M].北京:人民出版社.

列宁,2017.列宁全集(39)[M].北京:人民出版社.

林建华,李华锋,2008.论英国工党与工会关系嬗变的特质[J].理论学刊,(4):82-85.

林甦,1988.战后英国工党的理论与实践[M]//殷叙彝.当代西欧社会党的理论与实践.黑龙江:黑龙江人民出版社:239-265.

林赛,哈林顿,1979.英国保守党[M].上海:上海译文出版社.

刘成,2002.论英国艾德礼政府国有化实践的动力和制约[J].世界历史,(2):23-33.

刘成,2003.理想与现实:英国工党与公有制[M].南京:江苏人民出版社.

刘书林,2004.论民主社会主义思潮[M].北京:高等教育出版社.

刘书林,1989.麦克唐纳社会主义新评[M].北京:中国人民大学出版社.

卢森堡,1959.资本积累论[M].北京:生活·读书·新知三联书店.

卢森堡,1962.国民经济学入门[M].北京:生活·读书·新知三联书店.

禄德安,2012.民主社会主义的兴荣与困境[M].北京:知识产权出版社.

罗志如,厉以宁,1982.二十世纪的英国经济:"英国病"研究[M].北京:人民出版社.

马克思,恩格斯,1995a.马克思恩格斯选集(1)[M].北京:人民出版社.

马克思,恩格斯,1995b.马克思恩格斯选集(2)[M].北京:人民出版社.

马克思,恩格斯,1995c.马克思恩格斯选集(3)[M].北京:人民出版社.

马克思,恩格斯,1995d.马克思恩格斯选集(4)[M].北京:人民出版社.

马克思,恩格斯,1995e.马克思恩格斯全集(1)[M].北京:人民出版社.

马克思,恩格斯,2001a.马克思恩格斯全集(44)[M].北京:人民出版社.

马克思,恩格斯,2003a.马克思恩格斯全集(21)[M].北京:人民出版社.

马克思,恩格斯,2003b.马克思恩格斯全集(46)[M].北京:人民出版社.

马克思,恩格斯,2009a.马克思恩格斯文集(1)[M].北京:人民出版社.

马克思,恩格斯,2009b.马克思恩格斯文集(2)[M].北京:人民出版社.

马克思,恩格斯,2009c.马克思恩格斯文集(3)[M].北京:人民出版社.

马克思,恩格斯,2009d.马克思恩格斯文集(9)[M].北京:人民出版社.

马克思,恩格斯,2009e.马克思恩格斯文集(10)[M].北京:人民出版社.

马克思,恩格斯,2012a.马克思恩格斯选集(1)[M].北京:人民出版社.

马克思,恩格斯,2012c.马克思恩格斯选集(3)[M].北京:人民出版社.

麦克唐纳,1933.社会主义运动[M].严恩椿,译.上海:商务印书馆.

马克唐纳,1934.社会主义与社会[M].史乃绍,陈子和,译.上海:上海社会书店.

马特洛克,1996.苏联解体亲历记[M].北京:世界知识出版社.

麦唐纳,1959.批评的和建设的社会主义[M].于树生,译.上海:上海人民出版社.

麦克米伦,1980.时来运转:1945—1955[M].北京:商务印书馆.

毛锐,2005.撒切尔政府私有化政策研究[M].北京:中国社会科学出版社.

梅德利科特,1990.英国现代史:1914—1964[M].北京:商务印书馆.

莫尔,1982.乌托邦[M].北京:商务印书馆.

倪学德,2005a.中外学者论战后初期英国工党的"民主社会主义"改革[J].历史教学,(2):34-38.

倪学德,2005b.克莱门特·艾德礼论英国社会主义[J].当代世界与社会主义,(5):42-45.

倪学德,2005c.和平的社会革命:战后初期英国工党艾德礼政府的"民主社会主义"改革研究[M].北京:中国社会科学出版社.

倪学德,2006.论战后初期英国工党政府的国有化改革[J].华东师范大学学报(哲学社会科学版),(3):64-68.

倪学德,2007.安奈林·比万的民主社会主义思想论析[J].社会主义研究,(6):15-17.

倪学德,2008.论战后初期英国工党艾德礼政府的外交政策[J].学海,(3):189-194.

倪学德,2009.学术界关于工党民主社会主义改革研究的回顾与展望[J].聊城大学学报(社会科学版),(5):16-19.

欧文,2009a.欧文选集(第1卷)[M].北京:商务印书馆.

欧文,2009b.欧文选集(第2卷)[M].北京:商务印书馆.

潘恩,1989.潘恩选集[M].北京:商务印书馆.

潘恩,2011.常识[M].北京:中国对外翻译出版有限公司.

佩林,1977.英国工党简史[M].上海:上海人民出版社.

佩林,2009.丘吉尔[M].北京:国际文化出版公司.

齐世荣,1996.当代世界史资料选辑(第二分册)[M].北京:首都师范大学出版社.

钱乘旦,1999.日落斜阳:二十世纪英国[M].上海:华东师范大学出版社.

钱乘旦,陈晓律,2003.英国文化模式溯源[M].上海:上海社会科学院出版社.

乔治,2010.进步与贫困[M].北京:商务印书馆.

塞耶斯,卡恩,1980.反苏大阴谋[M].北京:商务印书馆.

沙加洛夫,1957.英国垄断资本[M].北京:世界知识出版社.

商务印书馆编辑部,1961.出版说明[M]//艾德礼.走向社会主义的意志和道路.北京:商务印书馆.

商务印书馆编辑部,2009.三大空想社会主义者选集总序[M]//欧文.欧文选集(第一卷).北京:商务印书馆.

斯大林,1954.斯大林全集(10)[M].北京:人民出版社.

斯大林,1955.斯大林全集(12)[M].北京:人民出版社.

斯大林,1956.斯大林全集(13)[M].北京:人民出版社.

斯大林,1958.斯大林全集(7)[M].北京:人民出版社.

斯大林,1979a.斯大林选集(上)[M].北京:人民出版社.

斯大林,1979b.斯大林选集(下)[M].北京:人民出版社.

斯大林,1985.斯大林文集(1934—1952)[M].北京:人民出版社.

斯克德,1985.战后英国政治史[M].北京:世界知识出版社.

《世界经济统计简编》编辑组,1979.世界经济统计简编:1978[M].上海:上海三联书店.

宋涛,1988.当代帝国主义经济[M].北京:经济科学出版社.

孙成木,李显荣,康春林,1980.十月革命史[M].北京:生活·读书·新知三联书店.

孙静淑,1961.序言//艾德礼.工党的展望[M].北京:商务印书馆.

汤普森,2001.英国工人阶级的形成[M].南京:译林出版社.

陶大镛,1954.斯大林关于资本主义体系总危机的理论[M].北京:中国青年出版社.

陶大镛,1985.现代资本主义经济研究[M].长沙:湖南人民出版社.

王凤鸣,1997.工党在英国政治社会生活中的地位和作用[D].北京:北京大学.

王俊豪,1998.英国政府管制体制改革研究[M].上海:上海三联书店.

王小曼,1983.英国工党的国有化政策[J].西欧研究(参考资料),(1):16-28.

王小曼,1987a.对英国工党国有化政策的思考[J].西欧研究,(5):10-13.

王小曼,1987b.战后英国工党的发展道路[M]//张契尼,潘琪昌.当代西欧社会民主党.北京:东方出版社.

王霄燕,2012.英国法治现代化研究:以国会立法为视角[M].北京:法律出版社.

王章辉,1999.英国文化与现代化[M].沈阳:辽海出版社.

威尔逊,1966.英国社会主义的有关问题[M].北京:商务印书馆.

维戈兹基,1979.外交史(第3卷)[M].北京:生活·读书·新知三联书店.

韦白,1958.社会主义的历史基础[M]//肖伯纳.费边论丛.北京:生活·读书·新知三联书店.1958:81-119

肖伯纳,1958.费边论丛[M].北京:生活·读书·新知三联书店.

肖德周,杜厚文,王怀宁,等,1980.战后帝国主义基本经济特征的发展[M].南宁:广西人民出版社.

阎照祥,2000.英国贵族史[M].北京:人民出版社.

阎照祥,2003.英国史[M].北京:人民出版社.

杨光斌,1988.论战后英国工党理论上的转变[D].北京:北京大学.

余开祥,1987.西欧各国经济[M].上海:复旦大学出版社.

佚名,1950.英国共产党竞选宣言[M]//新华时事丛刊社.从英国大选看工党.北京:新华书店:49-54.

佚名,1956a.苏联大百科全书选译·银行国有化[M].北京:人民出版社.

佚名,1956b.苏联大百科全书选译·运输业国有化[M].北京:人民出版社.

英国共产党,1985.英国走向社会主义的道路[M]//中共中央党校科学社会主义教研室国外社会主义问题教研组,欧洲共产主义资料选编(下).北京:中共中央党校出版社.

英国社会主义同盟,1964.二十世纪的社会主义[M].北京:商务印书馆.

于维霈,1990.当代英国经济:医治"英国病"的调整与改革[M].北京:中国社会科学出版社.

张晓,1995.英国工党民主社会主义研究[D].北京:北京大学.

张泽,1994.当代资本主义分配关系研究[M].北京:经济科学出版社.

赵绪生,2007.论斯大林的资本主义总危机理论[J].贵州师范大学学报(社会科学版),(4):16-20.

庄起善,1990.关于资本主义总危机理论的若干思考[J].世界经济文汇,(3):49-53.

（二）英文文献

ADELMAN P,2014. The Rise of the Labour Party,1880-1945[M]. 3rd ed. London: Routledge.

ALLEN G C,1959. British Industries and Their Organization[M]. London: Longman.

BALDWIN G B,1955. Beyond Nationalization: The Labor Problems of British Coal[M]. Cambridge: Harvard University Press.

BARKER B, 1972. Ramsay MacDonald's Political Writings [M]. London: Allen Lane.

BEALEY F,1970. The Social and Political Thought of the British Labour Party[M]. London: Weidenfeld & Nicolson.

BRIVATI B, HEFFERNAN R, 2000. The Labour Party: A Centenary History[M]. Macmillan Press Ltd.

BUXTON N K, 1970. Entrepreneurial Efficiency in the British Coal Industry Between the Wars' [J]. Economic History Review, (23): 476-497.

CHICK M, 1998. Industrial Policy in Britain, 1945-1951: Economic Planning, Nationalization, and the Labour Governments[M]. London: Cambridge University Press.

CLEGG H A, 1951. Industrial Democracy and Nationalization: A Study Prepared for the Fabian Society[M]. Oxford: Basil Blackwell.

CLIFF T, GLUCKSTEIN D, 1988. The Labour Party: a Marxist History[M]. London: Bookmarks.

COATES D,1975. The Labour Party and The Struggle for Socialism [M]. Cambridge: Cambridge University Press.

COATES K,1995. Common Ownership: Clause IV and the Labour Party[M]. Nottingham: Spokesman.

COLE G D H,1969. A History of the Labour Party from 1914[M]. London: Routledge & Kegan Paul.

CRAIG F, 1975. British General Election Manifestos 1900-1974[M]. London: Macmillan.

CROSLOND A, 1963. The Future of Socialism [M]. New York: Schocken Books.

DALE I, 2000. Labour Party General Election Manifestos 1900-1997 [M]. London and New York: Routledge.

DEAKIN N, 1987. The Politics of Welfare[M]. London: Methuen.

EATWELL R,1979. The 1945-1951 Labour Governments[M]. London: BT Batsford Ltd.

FEDERATION OF BRITISH INDUSTRIES, 1919. The Control of Industry: Nationalisation and Kindred Problems: CAB/24/86/38 [A]. (1919-7-30)[2017-6-30]. London: The National Archives.

FOREMAN-PECK J, MILLWARD R, 1994. Public and Private Ownership of British Industry: 1820-1990[M]. Oxford: Clarendon.

FOSTER C D, 1992. Privatisation, Public Ownership and the Regulation of Natural Monopoly[M]. Oxford: Blackwell.

FRANCIS M, 1997. Ideas and Policies under Labour, 1945-1951: Building a New Britain[M]. Manchester: Manchester University Press.

FOOTE G, 1997. The Labour Party's Political Thought: A History [M]. New York: Palgrave.

GRAUBARD S R, 1956. British Labour and the Russian Revolution: 1917-1924[M]. Cambrige: Harvard University Press.

HANNAH L, 1977. A Pioneer of Public Enterprise: The Central Electricity board and the National Grid, 1927-1940[M]//SUPPLE B, Essays in British Business History. Oxford: Clarendon Press, 207-226.

HANNAH L, 1979. Electricity before Nationalisation: A Study of the Development of the Electricity Supply Industry in Britain to 1948[M]. London: MacMillan.

HANSON A H, 1963. Nationalization: A book of Readings [M]. London: George Allen and Unwin.

HINTON J, 1983. Labour and Socialism: A History of the British Labour Movement, 1867-1974 [M]. Massachusetts: The University of Massachusetts Press.

HOLLOWELL J, 2003. Britain Since 1945[M]. Oxford: Blackwell.

HUTT A, 1937. The Post-war History of the British Working Class [M]. London: Victor Gollancz.

IORDANOGLOU C H, 2001. Public Enterprise Revisited: A Closer Look at the 1945-1979 UK Labour Productivity Record[M]. Cheltenham and Camberley: Edward Elgar Publishing.

JAY D,1947. The Socialist Case[M]. London: Faber & Faber.

JEFFERYS K,1992. The Attlee Government, 1945-1951[M]. London & New York: Longman.

JONES K,1978. Policy of Nationalization[M]// BLACKABY F T. British Economic Policy, 1960-1974. Cambridge: Cambridge University Press.

JONES T,1996. Remaking the Labour Party: from Gaitskell to Blair [M]. New York: Routledge.

KAVANAGH D, MORRIS P, 1994. Consensus Politics from Attlee to Major[M]. Oxford: Blackwell.

KELF-COHEN R, 1958. Nationalisation in Britain: The End of a Dogma[M]. London: Macmillan.

KELF-COHEN R, 1973. British Nationalisation: 1945-1973 [M]. London: Macmillan.

KIRBY M W,1973. The Control of Competition in the Coal Mining Industry in the Thirties' [J]. Economic History Review, (26): 273-284.

LABOR PARTY,1949. Labour Believes in Britain[M]. London: The Labour Party.

LAYBOURN K,1997. The Rise of Socialism in Britain, C. 1881-1951 [M]. Gloucestershire: Sutton.

LEE T' AI-LAI, 1930. Nationalization of Banking: A Treatise on Credit and Price Control[D]. Yenching University.

LEWIS B W, 1952. British Planning and Nationalization[M]. New York: Twentieth Century Fund.

MACDONALD J R, 1972. Ramsay MacDonald's Political Writings

[M]. London: Allen Lane.

MACDONALD J R,1905. Socialism and Society[M]. London: Independent Labour Party.

MCKIBBIN R,1974. The Evolution of the Labour Party, 1910-1924 [M]. Oxford: Oxford University Press.

MILLWARD R, 1976. Price Restraint, Anti-Inflation Policy and Public and Private Industry in the United Kingdom 1949-1973 [J]. The Economic Journal,(342):226-242.

MILLWARD R,1989. Privatisation in Historical Perspective: the UK Water Industry[M]//COBHAM D, HARRINGTON R, ZIS G, et al. Money, Trade and Payments. Manchester: Manchester University Press.

MILLWARDR R,1991. Emergence of Gas and Water Monoplies in Nineteenth Century Britain: Contested Markets and Public Control[M] // FOREMAN-PECK J. New Perspectives on the Late Victorian Economy. Cambridge: Cambridge University Press.

MILLWARD R, SINGLETON J, 1998. The Political Economy of Nationalisation in Britain, 1920-1950[M]. Cambridge: Cambridge University Press.

MORGAN K O,1984. Labour in Power: 1945-1951[M]. Oxford: Clarendon.

PELLING H,1984. The Labour Governments: 1945-1951[M]. London: Macmillan.

PELLING H, Reid A J,1996. A Short History of the Labour Party [M]. London: Macmillan.

PHILLIPS J,1996. The Great Alliance: Economic Recovery and the Problems of Power,1945-1951 [M]. London: Pluto Press.

PRITT D N,1963. The Labour Government: 1945-1951[M]. London: Lawrence & Wishart.

REID J H S, 1955. The Origins of the British Labour Party[M].
Minneapolis: Minnesota University Press.

ROSS G W, 1965. The Nationalization of Steel: One Step Forward,
Two Steps Back? [M]. London: Macgibbon & Kee.

JOHN R, 2013. Lessons on Railway Reorganization[EB/OL]. [2013-
03-24]. http://www. china. org. cn/ opinion/2013-03/20/content _
28292994. htm.

SLOMAN M, 1978. Socialising Public Ownership [M]. London:
Macmillan.

THORPE, 1996. The Industrial Meaning of "Gradualism": The La-
bour Party and Industry, 1918-1931 [J]. The Journal of British Studies,
35(1): 84-113.

ULLMAN R, 1968. Britain and the Russian Civil War: Nov. 1918-
Feb. 1920[M]. Princeton: Princeton University Press.

ULLMAN R, 1972. Anglo-Soviet Relations, 1917-1921[M]. Prince-
ton: Princeton University Press.

ULLMAN R, 1961. Intervention and the War[M]. Princeton : Prin-
ceton University Press.

VINOGRADOV V, 1966. Socialist Nationalisation of Industry[M].
Moscow: Progress Publishers.

WEBB S, WEBB B. 1936, Soviet Communism: A New Civilization?
[M]. New York: Charles Scribner's Sons.

WEBB S. 1918. Labour and the New Social Order: A Report on Re-
construction[M]. London: Labour Party.

WILLIAMSON R V, GREENE L S. 1950. Five Years of British La-
bour: 1945-1950[M]. [S. I.]Southern Political Science Association.

WINTER J, 1983. The Working Class in Modern British History: Es-
says in Honour of Henry Pelling[M]. Cambridge: Cambridge University

Press.

WOLFE W,1975. From Radicalism to Socialism:Men and Ideas in the Formation of Fabian Socialist Doctrines,1881-1889[M]. New Haven: Yale University Press.

WORLEY M,2005. Labour Inside the Gate:A History of the British Labour Party Between the Wars[M]. London:I. B. Tauris.

后　记

　　本书是在我的博士论文的基础上修改而成的。读博期间，我师从刘书林教授。在论文选题时多次与导师交流，从我的诸多感兴趣的研究题目中，导师认为1945—1951年英国工党的国有化改革很值得研究。这个题目也就成为我的博士论文的研究课题。其实，这个题目的选定还有更深的渊源。

　　2007年，谢韬的《民主社会主义模式与中国前途》一文引发了国内理论界关于民主社会主义的大讨论，也引起了我对社会思潮的兴趣。当时我正在北京科技大学马克思主义学院读硕士。我的硕士导师左鹏教授邀请刘书林教授来做了一次关于民主社会主义的讲座。这场讲座十分精彩，我印象深刻，深深服膺于刘老师的学识和风采。硕士研究生期间，我也旁听过其他几个学者关于民主社会主义的讲座。比较而言，我更认同刘老师的观点，所以在考博的时候，就报考了清华大学马克思主义学院，并顺利进入刘老师门下。

　　研究社会思潮不仅应当观察当代社会思潮的动态和趋势，而且必须对社会思潮的形成历史及其理论基础有深入的研究。我想写关于民主社会主义的题目，但国内关于民主社会主义的研究成果已经比较多了，要进一步推进这一领域的研究，就必须从这一思潮的历史渊源和理论基础入手，从社会主义运动史和西方社会思想史的角度反观这一思潮的历史作用及其本质。英国工党是民主社会主义形成过程中的一支重要力量，艾德礼执政时期也是战后民主社会主义形成的一个关键时期。刘书林教授的博士论文写的是工党的第一任党魁麦克唐纳。我便想沿着这个方向对艾德礼执政时期的理论与实践做一些梳理,最终选定了国有化实践这个领域。研究过程中,我虽然阅读了许多材料,但现在看来,这个题目的难度比我最初估计的要大得多。它要求对国际共产主义运动史、英国政治制度史和经济史、政治经济学等领域都要有很好的理论功底,而这些都是我虽有浅显的了解,但又比较欠缺的。所以直到现在,我仍旧认为本书还很不成熟。这也是我迟迟不愿将其出版的原因。

虽然时间已经过去了几年,研究的水平也十分有限,但我仍然认为这项研究是有意义的,我的观点是能够成立的。2008年的世界金融危机爆发以来,世界形势已经发生了巨大变化,进入了"百年未有之大变局"。国际共产主义运动正在复苏之中,英、美、法等老牌资本主义国家的社会主义组织和部分民众对国有化的呼声再次响亮起来。科尔宾、桑德斯等民主社会主义者在英、美政坛上取得了不凡的成就。民主社会主义是否会重新成为资本主义国家的未来选择? 如何看待国际共产主义运动中的民主社会主义问题? 资本主义国家的国有化是否会结出社会主义的果实? 这些问题相信读者都可以从本书获得一些启发。

致　谢

本书付梓之际，首先要感谢我的导师刘书林教授。读博期间，刘老师不仅从学业上对我悉心指导，在生活上也十分照顾我。他不仅教我如何做学问，也教我如何做人做事。刘老师的思想、品格始终是我学术和人生道路上的榜样。毕业以后，刘老师对我也十分关心。我的研究方向的选择，学术观点的形成，研究方法乃至教学风格都深受刘老师的影响。

我还要感谢我的家人。我的爱人孙慧娟，她在我一贫如洗的时候嫁给了我，给我的理想和生活以毫无保留的支持。父亲、母亲为我的成长付出了无尽的心血。在我读博期间，父亲患病去世。没能让父亲看到我完成学业，这是我人生中最大的遗憾。我的爷爷和叔叔去世很早，父亲一生坎坷孤独，坚韧不屈，特别珍惜家庭。现在，看着我的两个孩子玩耍，我经常会想起父亲慈爱的目光。在我的心里，这本书是献给父亲的。我的母亲和岳母帮我们照顾孩子，承担了大量家务劳动，没有她们的帮助，我不可能有从事科研工作的时间。

2016—2017年，浙江大学教育基金会浙江移动人文社科基金曾资助我到英国伦敦大学国王学院访学一年。在那一年里，我搜集了大量关于英国社会主义运动史和国有化方面的材料，其中有些已经在书稿中有所体现，但更多的材料还未能吸收进去，只能留待以后有机会再作完善。本书的修改也得益于在访学期间和 Alex Callinicos、Lucia Pradella、Heiko Khoo 等学者和好友的交流。

浙江大学马克思主义学院为本书的出版提供了全额资助，在此感谢学院领导刘同舫院长和李小东书记对本书出版的支持及对我本人的关怀。此外,我的同事刘召峰教授、代玉启教授、丁堡骏教授和教研室主任傅夏仙老师也常常关心此书的出版和我的科研工作,在此一并致谢。

　　本书虽几经修改,但难免还有许多不完善之处,希望能得到学界的批评。

高　永

2020 年夏于杭州紫金西苑

图书在版编目（CIP）数据

英国工党国有化理论和实践研究：1945—1951 / 高永
著. —杭州：浙江大学出版社，2020.8
ISBN 978-7-308-20405-7

Ⅰ. ①英… Ⅱ. ①高… Ⅲ. ①英国工党－基础产业－
国有化－研究－1945－1951 Ⅳ. ①D756.164②F269.561

中国版本图书馆 CIP 数据核字（2020）第 134228 号

英国工党国有化理论和实践研究：1945—1951

高　永　著

责任编辑	余健波
责任校对	汪　萧　杨利军
封面设计	周　灵
出版发行	浙江大学出版社
	（杭州市天目山路 148 号　邮政编码 310007）
	（网址：http://www.zjupress.com）
排　　版	杭州好友排版工作室
印　　刷	浙江印刷集团有限公司
开　　本	710mm×1000mm　1/16
印　　张	13.5
字　　数	200 千
版 印 次	2020 年 8 月第 1 版　2020 年 8 月第 1 次印刷
书　　号	ISBN 978-7-308-20405-7
定　　价	55.00 元